자아를 잃어버린 현대인

# 자아를 잃어버린 현대인

롤로 메이 지음 | 백상창 옮김

문예출판사

MAN'S SEARCH FOR HIMSELF
Rollo May

탐구는 불안을 낳지만 탐구한다는 것이
자아상실을 뜻하지는 않는다……
그리고 가장 높은 의미에서의 탐구는
단적으로 말하면
자아를 의식하게 된다는 것이다.
― 키르케고르

자신을 찾으려고 이웃에게 가는 사람도 있지만
자신을 잃어버린 채 방황하는 이도 있다.
당신 자신을 잘못 사랑하면 일생
고독한 감옥 같은 인생을 보내게 된다.
― 니체

머리말

 불안한 시대를 사는 오늘날의 우리에게, 자신을 알지 않으면 안 된다는 요청은 그래도 하나의 축복이다. M. 아놀드(Matthew Arnold)가 지적한 것처럼 인간 사회는 그 가치 기준이 높아졌지만, '인생은 무엇이며, 무엇을 해야 하는가'에 대한 명백한 해답을 주지 못하고 있다. 때문에 오늘날 인간은 스스로 자기 발견의 길로 나서지 않을 수 없게 된 것이다. 고통스럽게도 우리는 지난날 미처 깨닫지 못하고 지나쳐버린 방향성과 힘의 원천이 어디에 있는가를 찾아야 한다는 새로운 결심을 하게 된다. 물론, 이것이 '축복의 길'인지는 확실하지 않다.
 오늘날과 같이 통합성(統合性)을 잃은 세계에서 '어떻게 내면적 통합을 찾을 수 있을까' 하고 사람들은 묻는다. 현재뿐 아니라 미래에 있어서도 도무지 무엇이 무엇인지 확실치 않은 세상에 살면서, 우리는 어떻게 하면 자아구현(自我具現)[1]이라는 장기적 목표를 이룰 수가 있겠는가.

　많은 사람들이 이 물음에 대해서 숙고해왔다. 정신과 의사라고 해서 신기한 대답을 가진 것은 아니다. 인간이 부지불식간에 생각하고 느끼고 행동하는 숨은 동기에 대해서 심층심리학[2]이 제시해 준 방법이 인간을 탐구하는 데 틀림없이 큰 도움이 될 것이다. 그러나 이 학문에 대한 지식뿐 아니라 필자의 임상경험과 필자 자신에 대한 이해를 총동원했다. 필자는 이 책에 나오는 여러 가지 어려운 질문들에 감히 뛰어들었고, 이들 문제에 대한 하나의 해답을 제시할 수 있는 용기를 가지게 된 것이다.

　정신과 의사는 여러 환자를 치료하는 가운데 환자들이 자신의 문제를 해결하려고 안간힘을 쓰는 것을 보고, 여기에서 의사 자신이 어떤 깊은 지혜를 얻기도 한다. 정신과 의사는 매우 힘들기는 하지만, 환자의 새로운 자아 통합을 이루기 위한 눈물겨운 투쟁에 참여할 수 있는 희한한 특권을 가지고 있다. 그리하여 현대사회에서 인간을 무지하게 만들고 지성을 차단시키며, 결과적으로 인생의 가치나 목표를 찾지 못하게 만드는 요인은 무엇인가 하는 것을 정신과 의사는 재빠르게 파악하게 된다.

　A. 아들러[3]는 자기 자신이 설립한 빈의 어린이 학교를 돌아보고

---

1 자기구현(Self realization) : H. S. 설리번이 사용한, 정신치료의 최종목표를 뜻하는 용어.
2 심층심리학(深層心理學) : 정신분석학을 가리킴.

서 "아이들이 선생을 가르치고 있다"는 얘기를 한 적이 있다. 이 말은 정신치료에서도 언제나 적용된다. 소위 환자라고 불리는 사람들에 의해서 정신과 의사는 매일 인생의 존엄성과 문제를 배운다고 할 수 있고, 이것은 얼마나 감사해야 될 일인지 모른다.

이 책을 출간함에 있어 여러 가지 점에서 나를 가르쳐준 동료 의사들에게 감사하는바, 특히 필자가 "불안시대에 있어서의 인간의 통합성"이라는 제목을 가지고 캘리포니아의 밀즈 대학에서 강의를 했을 때에 학생들과 교수님들이 던져준 놀라운 반응과 질문에서 얻은 바가 많았다는 것을 부언코자 한다.

이 책은 정신치료를 위한 지침서는 아니고 더욱이 하루아침에 노이로제를 낫게 해줌을 약속하는 따위의 자가치료 해설서도 아니다. 그러나 모든 좋은 책이 치료 효과가 있는 것처럼 이 책도 독자에게 자아 통일을 위한 문제가 무엇인가에 대해서 새로운 길을 가르쳐줄 수 있기 때문에 그런 의미에서는 하나의 정신치료서라고 할 수 있다. 또한 나는 그렇게 되기를 바란다.

이 책에서 독자들은 비단 인간의 심층심리에 대한 통찰을 얻을 뿐 아니라, 오랫동안 문학, 철학, 윤리학 등의 영역에서도 탐구해왔던 과제이지만, 인간이 불안정과 위기에 어떻게 대처하며, 이것을 어떻게 창조적으로 이용할 수 있을 것인가에 대한 해답을 찾을

---

3 알프레드 아들러(Alfred Adler) : 초기 프로이트의 제자로 열등 콤플렉스설, 권력을 위한 투쟁설을 부르짖고 그의 선생을 떠나간 정신의학자.

수 있게 되리라고 믿는다. 이 책을 읽게 되면 우리는 현대의 불안정에 대처하는 법을 터득하고 우리 자신 안에 있는 힘을 되찾게 될 것이다. 나아가 현재와 같은 불안정한 시대에 인생의 가치와 목표가 어디에 있는가를 정확하게 제시하고자 하는 것이 이 책이 의도하는 바이다.

뉴욕에서
롤로 메이

## 차례

머리말 _ 7

### 제1부  현대인의 불행의 조건

#### 1. 현대인의 고독과 불안
공허한 인간군상 _ 16 / 고독감 _ 29
불안과 자기존재에의 위협 _ 39 / 불안이란 무엇인가 _ 44

#### 2. 인간 불행의 근원
현대사회에서의 가치관의 상실 _ 53 /
자기의식의 상실 _ 64 / 대화 언어의 상실 _ 73 /
인간의 고향인 자연에 대한 무관심 _ 78 / 비극의식의 상실 _ 85

### 제2부  자아의 재발견

#### 1. 참다운 인간이 되는 경험
자기의식-인간의 독자성 _ 94 / 자기경멸-병적 자기표현 _ 106 /
자기의식과 내재화의 관계 _ 112 /
자기의 신체감각과 감정의 확인 _ 115

#### 2. 자기실존을 위한 투쟁
심리적 탯줄 끊기 _ 133 / 어머니의 지배에 대한 투쟁 _ 137 /
의존욕구를 버리는 투쟁 _ 149 / 자아를 의식하는 단계 _ 152

## 제3부  자아통일의 목표

### 1. 자유와 내적인 힘
새장 속에 갇힌 인간의 경우__161 /
자유를 거부한 대가로 오는 증오감과 노여움__164 /
자유가 아닌 것__171 / 자유인 것__177 / 자유와 구조__182 /
자기적인 선택__186

### 2. 창조적 양심
아담과 프로메테우스__198 /
종교는 힘의 원천인가 인간 약점의 원천인가__212 /
과거를 창조적으로 이용하기__226 / 개인의 가치 판단 능력__237

### 3. 성숙의 효과로 나타나는 용기
자기실존 지향의 용기__246 / 사랑의 전제__260 /
진리를 통찰하는 용기__268

### 4. 시간의 초월자로서의 인간
객관적 시간과 주관적 시간__278 / 수용된 순간들__288 /
영원으로 향하는 진리__294 / 시대의 초월자__297

옮긴이의 말__302

# 제1부
현대인의 불행의 조건

## 1. 현대인의 고독과 불안

　현대인의 중요한 내면적 문제는 무엇인가. 밖으로 눈을 돌려보면 전쟁의 위협이나 병역 문제, 경제적 혼란 따위가 줄지어 있지만, 이것들의 심층에 있는 갈등은 무엇이겠는가. 물론 예나 지금이나 사람들이 말하는 문제들의 증상이란, 불행이나 결혼, 직업 따위의 선택이 어려운 점, 그리고 살아가는 데 있어 막연한 절망감과 허무감 등일 것이다. 그러나 이같은 증상들의 밑바닥에는 무엇이 숨어 있는 것일까?

　20세기 초엽에는 프로이트가 말한 것처럼 불행의 조건은 인간의 본능적·성적 측면과 사회적인 금지 사이에 갈등이 일어난다는 데 있었다. 그러나 1920년에 O. 랭크[1]는 당시 인간의 불행의 조건은 열등감, 부적응감, 그리고 죄악감이라고 말했다. 1930년에 와서는 심리학의 관심이 달라져서 가령 K. 호나이[2]는 불행의 원인은 누가

---

[1] 오토 랭크(Otto Rank) : 프로이트의 제자로서, 소위 수요회의 서기이며 한때 프로이트의 비서였다.
[2] 카렌 호나이(Karen Horney) : 프로이트의 제자였고 히틀러의 나치를 피해 미국에 망명. 뉴욕 정신분석 연구소장, 문화학파의 정신의를 지냈다.

앞서느냐 하는 경쟁심과 관련되어 나타나는 개인이나 집단 간의 적대의식에 있다고 지적했다. 그렇다면 20세기 중엽의 문제는 무엇인가?

### 공허한 인간군상

나 자신의 심리치료 및 동료들의 정신요법의 경험에 의하면, 20세기 중엽의 불행의 조건은 텅 빈 느낌, 즉 공허감에 있다고 말할 수 있는데, 이것은 매우 놀랍게 들릴지도 모른다. 여기에서 텅 빈 느낌이라 함은 현대인들이 자기가 바라는 바가 무엇인지 모른다는 뜻이 아니고, 자기가 느끼고 있는 것이 과연 무엇인지에 대해서 뚜렷한 정의를 내리지를 못한다는 것이다. 그들의 자율성이 결여되었다고 말하거나 어떤 일에 결단을 내릴 수 없다고 슬퍼하는 것은 비단 현대에만 국한된 일은 아닐지라도, 이것은 현대인이 자신의 욕망이나 바라는 바가 무엇인지를 알고 있지 못하다는 것을 판명하는 것이다. 때문에 현대인은 텅 빈 공허감을 안고 때로는 극심한 무력감에 빠진 채 이리저리 방황하고 있는 것이다.

오늘날 사람들이 상담하는 문제를 보면, 연애를 하지만 언제나 실패한다든가, 결혼 계획이 잘 진행되지 않는다든가, 결혼 상대가 흡족하지 않다든가 하는 따위이다. 그러나 이들은, 연애나 결혼하려는 상대방을 통해서 자신의 마음 깊은 곳에 있는 공허감을 메우려 했다는 것과, 그것이 잘되지 않았을 때에 불안하고 화가 나기도 했다는 사실은 감추고 있는 경우가 많다.

　이들은 자신의 인생 설계를 말할 때, 가령 대학을 졸업해야 한다든가, 직업을 구하고 사랑을 시작하고 구혼하고 결혼을 하며 아이들을 잘 길러야 된다고들 천편일률적으로 주장하지만, 이것은 이들 자신의 뜻이 아니고 다른 사람들, 즉 부모나 교수, 사장들이 자신에게 그렇게 되어주기를 바라는 바를 마치 자신의 뜻이 그런 것처럼 주입되어 있는 것에 불과하다. 1930년대만 하더라도 이러한 외적(外的)인 목표가 중요한 것일 수 있었지만, 현대인은 그것이 자신의 뜻도 아니며 부모나 사회가 권유하는 바도 아니란 것을 깨닫게 되었다. 적어도 말로는 부모들은 자녀들에게 자유로이 결단을 내려야 한다고 얘기하고 있다. 그러나 따지고 보면 부모들이 말하는 바대로 하기도 힘들거니와 과연 무엇 때문에 그렇게 해야 할지 그 목적에 대한 확신을 못하는 것이다. 누군가 말한 것처럼 "나라는 존재는 따지고 보면 나의 주변 사람들이 나에게 되기를 바라는 바를 반영하는 거울에 불과하지요"라고 한 것은 얼마나 적절한 표현인가!

　몇십 년 전까지만 해도 정신과에 찾아오는 사람들은 성욕 따위와 같이 그들이 내심 원하는 바가 있었던 것인데, 다만 이것을 의식하지 못했던 것뿐이다. 프로이트가 말한 것처럼 "욕망은 그곳에" 있었던 것이고, 이때는 정신과 의사가 환자의 무의식적 욕망을 의식계로 끌어올려 현실에 맞는 범위에서 욕구충족을 시켜주면 되었다. 그러나 현대에 와서는 이러한 성적 금기는 많이 약화되었고

1. 현대인의 고독과 불안　17

킨제이 보고서와 같은 현상이 나타나고 있다. 따라서 오늘날 성의 문제란 눈치를 살펴서 어떻게 억압해야 하는가에 있지 않고 이와는 반대로 성적인 능력을 마음껏 즐겨야 할 텐데 성적 능력이 줄어들고 있다든가, 상대편을 충분히 만족시켜주지 못한다든가 하는 데 고민이 있다는 것이다.

바꾸어 말한다면 대부분의 문제는 성행위에 대한 사회적 금지라든가 성에 대한 죄악감 따위에 있는 것이 아니고, 이와는 반대로 성행위를 해도 실감이 나지 않는다든가 극히 기계적이고 공허한 가운데 성교가 진행된다는 것이다.

'거울'과 같다는 개체의 고민은 다음에 나오는 젊은 여인의 꿈에서 잘 나타나고 있다. 그녀는 별다른 성적 충동을 느낄 수 없었다. 그러나 두 남자 중의 하나를 골라서 결혼을 해야 될 입장이었다. 한쪽은 건실한 중류층 남자로, 부자 집안인 그녀의 부모가 바라는 신랑감이었고, 다른 남자는 돈은 없으나 예술성과 낭만을 지닌 사람이었다. 그녀는 과연 어느 쪽을 선택할 것인지, 또는 자신이 어떤 여자인지를 알지 못했기 때문에 하는 수 없이 여러 사람을 모아놓고 이 문제에 대해 다수결로 투표를 하지 않을 수 없었다. "이것 참 훌륭한 방법이구나!" 하고 그녀는 꿈속에서 흐뭇해 했다. 그러나 문제는 어느 쪽으로 결정되었는가를 기억하지 못한 채 꿈에서 깨고 말았다는 것이다.

1925년에 T. S. 엘리엇이 쓴 시를 읽어보면 그것이 바로 우리의 마음을 노래했다고 느끼게 될 것이다.

우리는 텅 빈 인간들

우리는 채워진 인간들

서로가 기대어서

아 —— 두뇌 조각을 짚으로 채워넣는가.

형태 없는 모습, 색깔 없는 그림자

마비된 생명, 움직임 없는 제스처……

　아마도 어떤 독자는 현대인이 공허하다든가, 무엇을 느끼는지 알 수 없는 상태가 된 것은 우리가 불확실한 시대에 살고 있기 때문이며, 예컨대 전쟁, 병역 의무, 경제적 파동 등이 언제 닥쳐올지 모르기 때문이라고 생각할지 모른다. 실제 이런 경우에 인간은 우왕좌왕 헤매게 되는 것도 사실이지만, 이것만으로는 피상적 설명밖에 되지 않는다. 나중에 알게 되겠지만 이와 같은 사회적 현상은 오히려 우리 사회에 숨어 있는 조건 때문에 일어나는 하나의 증상에 불과하다. 그것은 마치 현대인의 심리적인 문제가 보다 깊은 인간 조건의 한 가지 증상에 지나지 않는 것과 같은 것이다.

　다른 독자는 또 다른 의문을 가질 것이다. 즉 저자가 현대인을 그렇게 공허하다고 본 것은 정신치료를 받기 위해 간 사람들만을 상대로 해서 보았기 때문이고, 환자이기 때문에 공허감을 호소한 것일 뿐 나머지 대부분은 그렇지 않을 것이라고 주장할지 모른다. 물론 정신치료를 받기 위해 오는 사람이 모든 사람들을 대변하는 단면도는 될 수 없다. 이들은 대부분 주어진 사회에서 전통적인 심리적 방어법을 가지고는 살 수 없는 사람들인 것은 틀림없다. 흔히 이들 노이로제 환자들은 매사에 매우 민감하고 사회에서 뛰어난 자질을 나타내기도 한다. 다만 이들에게 문제가 있다면, 잘 적응하는 일반 사람들보다는 자신의 마음속에 숨은 갈등을 잘 처리하지 못하면서 깊이 묻어둘 수도 없었던 것이다. 물론 1890년대에 프로이트에게 찾아간 환자와 1910년대에 찾아간 환자들이 모두 빅토리아 문화의 대표적 인물들이라고는 할 수 없을는지 모른다.

왜냐하면 당시 대부분의 사람들은 성(性)은 더러운 것이고 따라서 될 수 있는 대로 억압해야 한다고 믿으면서도 문제를 드러내지 않고 모두 잘 살았던 것이다. 그러나 1920년 1차대전이 일어나자 여태까지 마음속 깊이 억압되었던 성적 문제는 표면에 떠오르게 되었고 이런 현상은 유행병처럼 번지기 시작했다. 즉 20~30년 전까지만 해도 극히 일부 사람에게만 문제시되던 것이 1차대전 후에는 모두의 문제로서 등장하게 된 것이다. 즉 프로이트는 몇 안 되는 환자들의 증상을 보고서 앞으로 닥쳐올 사회 전반의 경향성을 예언할 수 있었다. 몇몇 사람의 증상은 다른 모든 사람에게도 숨어 있다가 어느 때고 나타날 가능성이 있기 때문에, 그 소수인의 증상(노이로제)은 사회문제의 측정기가 될 수 있는 것이다.

더욱이 현대인의 내적인 공허감을 관찰할 수 있는 곳은, 비단 정신과 진료실만은 아니다. 이런 현상은 사회학 통계에서도 찾아볼 수 있고, 우리 사회의 여러 가지 측면에서 나타나고 있다. D. 리스먼[3]은 자신의 《고독한 군중》이라는 훌륭한 저서에서, 오늘날 미국인들이 가진 성격에 관해서 놀랄 만큼 잘 분석하고 있다. 리스먼 교수의 말을 빌리면 1차대전 전까지 전형적인 미국인의 성격이란 내부지향형(內部志向型 ; inner-directed)이었는데, 이런 성격형의 인간은 후기 빅토리아 시대의 도덕성을 중히 여기며, 남보다 앞서려는 강한 동기와 야망을 가지고 있다는 것이다. 이런 사람은 자신의 마음에 있는 가치 평가 측정계인 회전의(回轉儀)에 의해서 안정성을 유지하고 있는 것처럼 보인다. 이들은 또한 초기 정신분석학에서 말하는 정서적으로 억압된 상태로서 강한 초자아[4]에 의해서 영향을 받는 상태에 있다.

그러나 리스먼에 의하면 오늘날 미국인은 외부지향형(外部志向型 ; outer-directed)이 되어간다는 것이다. 즉 이런 사람은 앞서려고 하는 대신에 주위에 '맞추려고' 한다는 것이다. 다시 말하면 머리 위에 항상 레이더를 달고 있어서 다른 사람들이 원하는 행동을 하도록 억압받는다는 것이다.

이 레이더는 물론 타인들이 조종하며, 이미 말한 "거울 속에 반영된 자아"처럼 반응을 나타낼 수는 있으되 선택할 수가 없고, 자기 자신의 고유한 동기라고는 찾아볼 수가 없는 것이다.

물론 여기에서 나는 후기 빅토리아 시대의 내부지향적 인간을 찬양하는 것이 아니다. 이들은 감정을 송두리째 억압함으로써 의

---

3  데이비드 리스먼(David Riesman) : 미국 하버드 대학의 사회학 교수. 프로이트 정신분석의 영향을 받았다.
4  초자아(超自我, super ego) : 양심과 같은 뜻을 지닌다.

지력과 지성을 구분하고, 결국 외부 규칙을 내재화함으로써 힘을 얻는다고 할 수 있다. 이런 형의 인간은 사업가로서는 성공할지 모른다. 이들은 마치 19세기의 철도 종사원이나 산업의 우두머리들처럼 인간을 하나의 석탄차나 주식시장에서 다루는 것처럼 취급하는 것이다.

예컨대 유명한 부호 윌리엄 R. 하스트가 바로 여기에 속하는 사람이었다. 그는 엄청난 힘과 부를 가졌지만, 그 힘 속에 숨은 불안 때문에 전전긍긍했던 것인데, 평소에 '죽음'이라는 말만 들어도 심하게 놀라서 그의 면전에서는 이 용어의 사용을 일체 금지시켰을 정도이다. 이런 인간형은 때때로 자신의 자식들에게는 필요 이상으로 강한 영향력을 미치게 된다. 그것은 이들이 지나치게 딱딱하고 옹고집에 빠져 있어서 조금도 새로운 변화를 받아들일 수 없기 때문이다.

필자가 보기에는 사회에서 이런 식으로 행동하는 사람은 매사에 지나치게 고지식하며 옹고집이 되기 때문에 지칠 대로 지친 나머지 마침내 허탈 상태에 빠지고 만다. 즉 이들 고집쟁이는 기실 그 마음속이 텅 비어 있어 아무런 생명력이 없는 공허한 인간이라는 결론이 나온다.

이런 꼭두각시 같은 인간들에게는 동정할 하등의 이유가 없다. 이런 인간의 묘비에서는 다음과 같은 비문을 발견할 수도 있다. "마치 인조인간처럼 그는 힘은 있으되 창조적 변화를 위한 능력은 없으며, 새로운 것을 배울 수 있는 그릇이 없었도다." 우리가 예시한 바와 같은 19세기의 기계적 인간의 표준형에서는 허상의 '내적 힘'이 있었던 것을 볼 수도 있겠으나 이것은 결코 진정한 힘이 아니기 때문에 여기에 속아서는 안 된다. 이처럼 허수아비같이 심리적인 힘을 얻으려는 것은 건전하지 못하고 결국 패배로 이어지게 된다. 또한 이렇게 도덕을 내세운 허상의 자아통일이 결코 진정한 통일이 될 수 없음을 명백히 깨달았다면, 우리의 마음 깊은 곳에 있는 진짜 힘의 원천을 찾아야 될 것이다.

불행히도 20세기를 사는 우리도 아직은 허수아비식의 딱딱한 기계적 인간형을 대신할 만한 이상적 인간상을 찾지 못하고 있다. 리스먼 교수는 우리 시대에 흔한 소위 외부지향형 인간들은 대개 수동적인 태도를 취하거나 무감각한 상태를 나타내고 있다고 부언하고 있다.

요즘의 젊은이들은 지난 세기와는 달라서 야심도 없고 남보다 앞서려는 의욕도 없으며 정상에 올라야 한다는 패기도 없다. 만일 그런 야심을 가진 젊은이가 있다면 그는 필경 스스로 그것을 잘못된 것으로 받아들이며, 그의 아버지가 잘못 심어준 윤리 기준이라고 오히려 변명하게 될 것이다. 이들은 동료들에게 따돌림을 받지 않기를 원하고 개성이 없이 동료들 속에 녹아버리기를 원하게 된다. 이와 같은 사회학적인 현상은 오늘을 사는 인간의 마음속에 일어나는 심리학적 기능과 유사한 것이다.

10년 내지 20년 전까지만 해도 우리 사회의 중간계층의 인간들에게서 널리 볼 수 있는 공허감은 도시인의 하나의 병적 현상으로 비웃음을 받았던 것이다. 도시인의 생활이란 그야말로 공허한 생활로서, 매일 같은 시각에 일어나고, 근무처를 향해서 같은 전철을 타게 되고, 회사에서는 천편일률적인 일을 반복하며, 같은 장소에 가서 점심을 먹고, 같은 전철로 귀가하고, 으레 두세 명의 자녀들이 있고, 조그마한 정원을 가꾸며, 여름이 오면 바닷가에 가서 별로 즐겁지도 않은 휴가를 2~3주 지내고, 매번 그렇고 그런 생활을 되풀이하다가 65세가 되면 은퇴를 하고, 일생 동안 쌓이고 쌓인 울화통이 터지게 되면 심장마비가 와서 죽게 되는 것이다. 그러나 필자는 이들의 죽음의 원인이 적대의식보다는 오히려 권태감 때문이 아닌가 하고 언제나 느껴왔던 것이다.

실제로 현대에 와서는 공허감과 권태감이 많은 사람들에게 공통의 문제점으로 대두되고 있다. 얼마 전 뉴욕의 신문에 매우 흥미 있는 기사들이 실렸는데, 뉴욕의 브롱크스에서 한 버스 운전사가 손님을 한 사람도 태우지 않은 채 차를 몰았고, 그 빈 차는 며칠 후 마침내 플로리다에서 경찰에 붙잡혔다는 것이다. 운전사의 말인즉 매일 같은 코스만 다니기 때문에 미칠 지경이 되어 엉뚱한 코스를 밟아보았다는 것이다. 화가 난 버스 회사 사장은 그를 어떻게 처벌할 것인가 고민하고 있던 중이었는데, 이 소식을 들은 많은 시민들이 이 괴상한 짓을 한 청년을 꽃다발로 환영했던 것이다. 물론 회사에서는 법적인 처벌을 하는 대신 시말서를 받고 그쳤다.

뉴욕의 브롱크스라면 메트로폴리탄 지역으로 미국의 중산층을 상징하는데, 어찌하여 이 불쌍한 버스 운전사는 차를 훔쳐서 머나

먼 곳까지 가지 않으면 안 되었던가? 그는 매일 같은 지점에서 출발해서 같은 곳에서 정차하고, 같은 시각에 퇴근하는, 반복적인 생활이 주는 권태감 때문에 신물이 날 지경이 되어 그런 엉뚱한 짓을 한 것은 아닌가. 이렇게 보면 마치 몇십 년 전 프랑스 중산층 사람들이 자가당착적이고 기계적인 상업이나 생산 행위를 하면서도 내심으로는 낭만적인 생활을 하고 있는 것처럼 착각하고 있었던 것과 같다. 이에 대해서는 한때 폴 틸리히[5]도 그 의미를 지적한 바 있다.

이제 말한 '텅 빈 인간'의 삶을 사는 사람은 가끔 파격적인 행위를 저지름으로써 겨우 살맛을 찾거나, 또는 그런 짓을 하는 사람과 자신을 동일시하여 겨우 권태를 면할 수가 있다.

어떤 계층의 인간들은 소위 '적응'해야 한다는 구실 아래 이 공허한 생활양식을 추구하기도 한다. 여기에 대해서는 〈라이프〉지의 소위 "아내의 문제"라는 특종기사에서 잘 다루어졌다. 이 기사의 내용을 보면 성공한 회사 사장의 부인이 되려면, 주어진 환경에 얼마나 기계적으로 잘 '적응'하는가가 가장 중요하다고 많은 학자들이 결론을 내리고 있는 것이다. 나아가 오늘날 미국에서는 교회의 목사를 구할 때에도 그 아내가 얼마나 교회 생활에 잘 맞추는가를 따지게 되었으며, 회사의 사장을 고를 적에는 마치 강철이나 모직 등의 규격을 보듯이 사장 될 사람의 아내를 살펴본다는 것이다. 사

---

5 폴 틸리히(Paul Tillich) : 실존주의 신학자로, 정신분석학자와 많은 대화를 나누고 특히 만년에는 동양의 종교에 대해서 많은 관심을 가졌다.

장의 이상적 아내상이란, 일단 무리를 빚어서는 안 되며, 마치 라디오의 안테나처럼 주변 사안에 민감하며, 어떠한 상황에도 적응하는 사람이어야 한다는 것이다.

좋은 아내는 여러 가지 많은 일을 할 뿐 남편이 늦게 귀가할 때에도 불평을 해서는 안 되며, 생활의 변화가 생겼을 때는 잘 적응해야 한다. 어떤 경우에도 남편에게 시비를 걸어서도 안 된다. 따라서 아내로서의 성공 여부는 자신의 힘을 어떻게 적극적으로 사용하느냐에 달려 있다기보다는 어떻게 수동적이 될 것인가를 아는 데 있다. 〈라이프〉지는 가장 좋은 방법은 "결코 너무 선량해서는 안 된다"고 말하고 있는 것이다. 오늘날에 와서는 무엇보다도 지금까지 해온 일을 말썽없이 유지하면 된다는 것이다. 아내는 판에 박은 듯이 사장을 따라서 파티에 참석하고 적절한 양의 술을 마시고 집에 와서는 일정한 독서를 하면 된다. 그러면 회사는 이들 부부에게 예정된 봉급과 휴가와 보험 가입을 해주며, 모든 보장을 해주는 것이다. 이렇게 보면 현대사회에서 회사란 마치 큰형님과 같은 역할을 해주는 셈이 된다고 〈라이프〉지는 지적하고 있다.

〈포춘〉지는 한 걸음 더 나아가서 좀 놀라운 사실을 제시하고 있다. 즉 현대사회에 와서 무조건 다른 이들에게 동화되는 것은, 마치 종교와 유사한 것이라고 말하고 있는 것이다. 아마도 현대 미국인들은 어떤 독재자의 명령에 의해서가 아니라 남들로부터 멀어져서는 안 된다는 생각 때문에 마치 개미와 같은 사회를 이룩하고 말았다는 것이다.

몇십 년 전까지만 해도 사람들은 무의미한 권태에 대해서 비웃었지만 이제 와서는 이 공허감이 한 걸음 더 나아가서 절망감의 상태에 이르게 된 것이다. 뉴욕 시내에 있는 고등학생들 간에 널리 퍼져 있는 약물중독 현상은, 이들 젊은이들이 병역의무나 경제적 변동 등의 문제들을 긍정적이고 건설적으로 받아들일 수 없다는 사실을 증명하고 있다. 인간은 이와 같은 텅 빈 상태에 너무 오래 머무를 수 없는 까닭에, 만일 인간이 보다 더 높은 곳을 향해서 성장하지 못한다면 그의 갇혀버린 잠재능력은 마침내 병적으로 되어 절망상태에 빠지기도 하고 필경 파괴적 행위로 전개되기도 하는 것이다.

그렇다면 과연 이 마음이 텅 비었다는 상태는 그 원인이 어디에 있는가? 여태까지 우리가 사회적으로나 개인의 경우에서 본 바와 같은 일종의 공허감이나 텅 비었다는 느낌은 사람들 자체가 텅 비었다거나 정신적 잠재능력을 가지고 있지 않다는 뜻은 아니다. 또한 인간이 마치 배터리 충전을 해야 되는 정도로 텅 비어 있다는 것도 아니다. 여기서 말하는 텅 비어 있다는 감정은, 그들이 살아가는 데 있어서 어떤 일을 긍정적으로 행사할 수 있는 힘을 잃었다는 것을 말한다. 내적인 공허감, 가령 인간이 스스로 주도적으로 살지 못한다든가, 적극적인 대인관계를 맺을 수 없다든가, 또는 그가 사는 세계에 효과적으로 영향을 줄 수 없다는 것으로 해석된다. 그러므로 이러한 사람들은 깊은 절망감과 자괴감에 빠지게 되는 것이다. 이렇게 되면 인간은 자신이 바라고 느끼고 있는 것을 포기하지 않을 수 없다. 심리학적으로 보면 무감각하거나 느낌이 없는 상태는 마음속에 있는 불안에 대한 자기방어 현상인 것이다. 가령 어떤 사람이 줄곧 위험한 일에 부딪히게 되고 이것을 극복할 힘이 없을 때에는 최종적으로 이 위험을 느끼는 감정 자체를 피하려고 하는 현상이 나타난다.

시대를 바로 볼 줄 아는 현명한 학자들은 이 문제를 심각한 것으로 내다보는데, 가령 에리히 프롬[6]은, 오늘날 대부분의 인간들은 교회나 도덕률에 얽매어 사는 것이 아니고 소위 여론이라고 하는 무명의 권위에 억눌려 살지 않으면 안 되게 되었다는 것이다. 이때 권위는 다수의 사람들이라고 할 수 있고 그 다수의 사람들은 각각 남들이 어떻게 생각하며 어떻게 움직이는가를 예민하게 살피는 레이더를 가진 인간들에 의해서 구성되어 있는 것이다. 앞서 〈라이프〉지의 기사에서 말한 모 회사 사장이나 그의 부인의 경우를 보면 이들은 다수 사람들의 의견(여론)에 어떻게 하면 잘 맞출 수 있는가에 열중하고 있는 것이다. 그러므로 사람들은, 인간의 존엄성이나 개성 따위와는 하등의 관계가 없는, 마치 허수아비 같은 다수인의 집합인 무명의 권위에 복종하게 되고, 이렇게 되면 리스먼 교수가 지적한 것처럼 우리는 살아 있는 권위(진리)를 두려워하는 것이 아니라 허수아비 집단이 만들어놓은 허수아비의 권위(집단적 공허)를 두려워한다는 결론이 나온다.

---

[6] 에리히 프롬(Erich Fromm) : 프로이트의 제자로서 미국의 사회심리학의 체계를 이룬 정신과학자이다.

이렇게 보면 앞서 〈포춘〉지에서 지적한 바와 같이, 현대인은 개인적으로 공허감에 빠지게 되고 이로 인해 집단과의 합일(合一)을 추구하는 상황이 불가피하게 일어나는 원인이 어디에 있는가를 잘 알 수 있을 것이다. 이와 같은 상황에서는 위험한 현상이 뒤따를 수 있는데, 가령 20~30년 전에 유럽 사회에서 볼 수 있던 도덕적 공백과 정서적 공허감은 마침내 파시즘이나 나치즘 따위에 의해서 이용되지 않았던가.

지금 말한 공허감이나 무력감이 지배하는 세계에서는 마침내 견딜 수 없는 불안과 절망감이 뒤따르게 되고, 이렇게 되면 인간의 모든 귀중한 능력을 차단시킬 수 있는 위험성이 닥쳐오는 것이다. 결국 이런 현상은 인간을 심리적으로 위축시키고 심리적 난쟁이로 만들기 때문에, 경우에 따라서는 파괴적인 권위주의(파시즘, 나치즘)에 항복하게 하는 결과를 낳게 되는 것이다.

### 고독감

현대인의 또 하나의 특징은 고독에 있다. 이는 '외톨이'가 되어 있다거나 홀로 있는 느낌이라 할 수도 있고, 다소 교양이 있는 사람은 소외(alienation)되어 있다고 표현하기도 한다. 현대인은 별로 원하지도 않는 파티나 오찬회 등에 초대받는 것을 무슨 큰 영광처럼 내세우고 있는데, 이것은 몸서리치는 고독에서 빠져나와 서로 모여 따뜻하고 인간적인 경험들을 나누는 것을 기대하기 때문이지만, 여기에서도 그 기대가 채워질 수 없는 게 예사이다. 이 경우, 초대를 받는다는 것 자체는 그들이 외톨박이가 아님을 증명하는 것으로 그들은 해석하고 싶어 한다. 고독은 현대인에게 모든 면에서 견디기 어려운 위협이 된다고 믿어지기 때문에, 때로는 이 고독이 가지고 있는 긍정적인 가치마저 도외시되기 쉽고, 흔히 사람들은 혼자 있다는 생각만 해도 몸서리치도록 두려움을 느끼게 되는 것이다. 많은 사람들은 그가 스스로 외톨박이가 되었다는 것을 알게 되는 것에 대해 두려움을 가지고 있다고 앙드레 지드는 말한다. 지드는 현대인은 이런 이유로 도무지 자신을 찾아보려고도 하지 않게 된다는 것이다.

텅 비었다는 느낌과 고독감은 동시에 오게 된다. 예컨대 어떤 사람이 연애에 실패했을 경우, 그는 상대편을 정복하지 못한 데에서 오는 비애를 말하는 것이 아니라 마음이 텅 비었다는 표현을 쓰게 된다. 즉 상대편을 잃은 것에 대해 마음 한구석이 빠져나간 기분을 느끼는 것이다.

고독감과 텅 빈 공허감이 함께 일어나는 이유를 알기는 그리 어렵지 않다. 가령 어떤 사람이 자신이 무엇을 바라는지, 무엇을 느끼는지에 대한 진정한 확신이 없거나, 어떤 위험스런 변화가 닥쳐올 때에 그것에 대한 해결책으로 지금까지 배워온 방식이 별다른 도움이 안 된다는 것을 깨닫게 된다면, 그는 아마도 어떤 절박감을 느끼게 될 것이고, 자연히 자기 아닌 타인을 필요로 하게 될 것이다. 이 공허감에 빠진 사람은 자신이 해결할 수 없는 문제에 대해

제3자가 방향을 제시해주길 바라고, 그렇지 못할 경우에도 자기가 홀로 있지는 않다는 일종의 위안이라도 얻었으면 하고 은근히 바라게 된다. 이렇게 해서 공허감은 언제나 고독감과 연결되어 있고, 이 양자가 모두 인간의 기본적인 불안의 경험에 대한 두 가지 표현에 불과함을 알 수 있다.

처음 원자탄이 투하되었을 때에 지구상의 인류는 모두 멸망하게 될 것이고 별다른 신통한 방법이 없을 것이라고 느끼면서, 우리는 얼마나 불안의 절정에 있었던가 하는 것을 지금도 생생하게 기억하고 있다. 이때 묘하게도 대부분의 사람들은 갑자기 깊은 고독감에 빠졌던 것이다. 노먼 커즌(Norman Cousin)은 《현대인은 낡았다》라는 자신의 저서에서, 전 세계가 놀란 역사적 순간에 인간은 어떻게 방사선을 피할 것인가, 정치적 문제를 어떻게 해결할 것인가, 또는 인류가 파멸에서 구원되는 길은 무엇인가 하는 것은 도외시한 채 대개의 지식인은 깊은 심리적 파국에 빠져 있었다는 사실을 지적하고 있다. 모든 인간의 역사는 어떻게 하면 고독을 면할 것인가에 대한 몸부림을 나타내고 있다고 그는 갈파하고 있는 것이다.

고독감은 텅 빈 공허감이나 공포감이 올 때 일어나는데, 이는 마치 야생동물이 우리 안에 갇혀 있음으로써 보호받기를 원하는 것처럼 인간은 군중 속에 둘러싸여서 보호받기를 원하는 심리가 있기 때문이다. 인간이 공허하고 불안해지면 다른 사람과 더불어 있기를 바라는데, 이것은 자신의 마음속에 텅 빈 부분을 친구들로 채우고자 하는 심리가 작용하기 때문이다. 그러나 보다 더 근본적인 이유는, 인간은 원래 타인과 관계를 맺음으로 해서 자아가 존재한다고 경험하기에, 아무도 없이 혼자 존재할 때에는 자아가 상실된다는 느낌을 가지게 된다는 것이다. 인간은 생물학적인 동시에 사회적인 동물이기 때문에 긴 유아기를 통해서 아버지와 어머니 등의 다른 존재에 의존할 수밖에 없다.

이와 같이 어린 시절의 인간관계 때문에 인간은 자기라고 하는 의식도 타인과의 관계 속에서 찾게 되고, 그의 인생을 정립할 수 있는 능력도 타인과 함께 있을 때에 가능하게 된다는 결론이 나온다. 이 문제는 대단히 중요하기 때문에 다음 장에서 자세히 다룰 것이다. 여기에서는, 원래 인간은 자아의 번지수를 찾기 위해서는 타인과의 관계맺기가 긴요한 것이고, 따라서 남들이 없으면 고독을 느끼는 것이라는 사실만 지적하고 지나갈까 한다.

인간의 고독감의 또 하나의 중요한 원인으로서, 현대사회가 인간으로 하여금 사회적 적응이란 것을 지나치게 강조한다는 점도 들지 않을 수 없다. 우리는 사회에 적응해야만 비로소 불안을 느끼지 않을 수 있고 위신을 세울 수 있기도 하다. 우리는 언제나 주변으로부터 부름을 받고 있으며 그 속에 있고, 또한 고독하지 않다는 것으로써 '사회적으로 성공'했다는 사실을 증명해야만 한다. 사람들의 호감을 사는 사람은 사회적으로 성공하기 마련이고 반대로 호감을 사지 못하는 사람은 경쟁에서 밀려나게 된다. 금세기 초 기계주의 시대까지만 해도 위신의 중요한 표준이 되는 것은 경제적 성공이었다. 그러나 오늘날에 와서는 먼저 우리가 남들의 호감을 살 수만 있다면 경제적 성공도 뒤따라온다고 해야 할 것 같다. 아서 밀러의 희곡 《세일즈맨의 죽음》에는 주인공이 아들에게 충고하는 장면이 있다. "무조건 남들의 호감을 사도록 하여라. 그러면 반드시 성공할 것이다"라고.

현대인의 고독의 또 하나의 측면은 혼자 있는 것을 매우 두려워한다는 것이다. 현대 문명에서는 혼자 있다는 것을 잘못되거나 좋지 않은 것으로 보기까지 한다.

때로는 모든 것을 떠나서 잠시 혼자 있기를 바랄 수도 있기는 하다. 그러나 만일 어떤 사람이 파티 석상에서 "나는 정말로 고독이 좋고 혼자 있기를 바란다"고 한다면 대개의 사람들은 그가 이상한 사람이 아닌가 하고 내심 경계하게 된다. 그리고 어떤 사람이 항상 혼자 있기를 좋아한다면, 사람들은 그가 어딘가 적응하는 데 실패를 하고 있지 않은가 짐작하게 된다.

혼자 있는 것에 대한 두려움 때문에 인간은 초대받기를 바라게 되고, 자기가 아닌 다른 사람이 초대를 받게 되면 은근히 부러워한다.

따지고 보면 사람들이 서로 모여서 담소하는 것 자체로도 유쾌하고 흐뭇한 일일뿐더러 서로의 사상이나 경험을 나눌 수도 있어 마음 놓이는 계기가 되지만, 현대인은 이런 것을 도외시한 채 다만 초청을 받느냐 아니냐에만 골몰하게 된다. 다시 말하면, 누구에게인가 초청을 받아야 할 텐데…… 하고 일종의 강박신경증에 빠져 있는 상태라고 할까. 상황이 이러하기 때문에 일부 식자들은 이와 같은 형식적인 초청에 대해서 "싫다"라고 말하기도 하지만 이런 짓을 되풀이했다가는 어느덧 점차 소외되기 시작하는 것이다. 그렇게 되면 나중에는 그 사회에서 아웃사이더가 되기 쉬우며, 이것은 현대를 사는 사람들에게는 섬뜩할 정도로 두려운 일이다.

말할 것도 없이 이 고독감은 어느 시대에나 두려워하는 바였고, 도피하려는 것이 예사이다. 가령 17세기의 파스칼[7]은, 당시의 사람들은 될 수 있는 대로 주의를 다른 곳으로 돌리고 살기를 원했는데, 그것은 결국 자기 자신의 문제를 외면하기 위해서였다고 술회했다. 1백 년 전에 키르케고르[8]는 말하기를, "마치 미국인이 야수들의 접근을 막기 위해 기괴한 고함을 지른 것처럼 많은 유럽인들은 큰 소리를 지르는 불협화음을 통해서 —— 또는 크게 소리치면서 —— '생각'이 자신의 내부를 향해 들어오는 것을 방지하려고 애를 쓴다"는 것이다. 현대에 와서도 고독감에 대한 두려움은 마찬가지이고, 다른 점이 있다면 지금은 훨씬 더 일반적으로 나타나며, 이것을 대처하기 위해서 '호감을 사야 한다'든가, 관심을 다른 곳으로 돌리려는 생각이 더욱 강박증적으로 되어간다는 사실이다.

흔히 볼 수 있는 일이지만 우리 사회에서 고독의 공포를 멀리하기 위한 묘한 현상은 소위 피서지에서 찾아볼 수 있다. 예를 들면

---

7 파스칼(Pascal) : 프랑스의 사상가, 《명상록》의 저자.
8 키르케고르(Kierkegaard) : 덴마크의 사상가로 유신론적 실존철학의 태두. 저서에 《불안의 개념》 등이 있음.

바닷가에 가족이나 친구, 연인들이 모여 마음껏 휴가를 즐기고 있는 장면을 떠올리자. 이들은 매일 저녁 같은 사람들이 모여서 전날과 조금도 다를 바 없는 칵테일을 마신다. 아무런 화제도 없으면서 되지도 않는 소리를 계속 지껄이고 있으며 서로 즐기는 것이다. 이런 경우에는 무슨 내용의 대화가 이루어지느냐가 중요한 것이 아니라 그저 무슨 소리든 계속 말을 해야 한다는 것이 중요하다. 이때 침묵은 일종의 죄를 범하는 것이 되는데, 왜냐하면 침묵이 계속되면 외로워지고 따라서 불안해지기 때문이다. 이런 곳에서 우리는 뭔가를 많이 느끼는 것도 금물이고 사람들의 이야기에서 의미를 찾으려고 해도 안 된다. 즉 상대방의 말이 무슨 뜻인지 알려고 애쓰지 않는 것이 훨씬 더 자연스런 일이다. 이런 분위기에서 우리는 이들이 무엇인가를 두려워하고 있지는 않은가 하는 묘한 인상을 받게 되는데, 과연 두려운 것은 무엇일까? 마치 원시인들의 부족 의식(儀式)인 야타타(yatata)가 그러하듯이 귀신을 쫓거나 위로하기 위한 마술 춤과 같다고 할 수 있지 않을까. 여름 피서지에 모인 현대인에게도 신(神)이랄까 악마랄까 하는 것이 있는 것이다. 그것은 바다 건너에서 안개를 헤치고 들어오는 고독이라는 요물인 것이다. 어떤 이는 새벽에 잠을 깨자마자 약 반 시간 만에 고독을 만나게 되며, 거기서 헤어나기 위해 안간힘을 쓰기도 한다. 여름 바닷가에 있는 현대인은 어떤 죽음과 같은 요물과 싸운다고 할 수 있는데, 이 요물은 다른 인간으로부터 영원히 분리되어 홀로 남게 된다는 고독감을 말하는 것이다.

물론 지금 예시한 것은 좀 극단적인 것일지도 모른다. 일상생활에서 혼자 남게 된다는 공포는 반드시 그렇게 극단적으로 나타나는 것은 아니다. 보통의 경우를 보면 일반인들이 이 고독감을 멀리하는 처방을 가지고 있어서, 잘 지내다가 혹은 새벽에 꿈을 깨고 나서 불안을 느끼는 경우가 고작일 것이다. 그러나 우리가 평소에 이 고독감을 물리쳐서 잘 방어할 수 있을지는 몰라도 그렇다고 핵심적인 문제를 해결했다고는 할 수 없다. 고독에 대한 현대인의 공포는 반드시 불안의 형태로만 나타나는 것도 아니어서, 어느 날 우리가 가야 할 파티에 초청받지 못했다고 느끼게 될 때도 갑자기 뇌리에 떠오르게 된다. 사실 이런 파티 등이 가지는 의미를 우리는 별로 생각해보지 않고 지나치지만, 실상 그 심층심리를 보면 그것은 인간의 고독에 대한 공포 때문이란 것을 발견하게 될 것이다.

고독에 대한 두려움은 우리가 '우리 자신에 대한 의식을 잃지는 않는가' 하는 불안에서 온다. 만일 우리가 대화를 나눌 사람도 없고, 허공에 떠도는 라디오 소리마저 없는 가운데 혼자 있게 된다면 우리는 어떤 '희미한 종말'에 서 있는 것처럼 느끼게 되고, 자신의 경계선을 잃으며, 따라서 자신이 어디에 서 있는가 하는 좌표마저 잃게 되는 것이다. 요즘 우리는 사람들이 오랫동안 혼자 있을 때에는 실컷 일도 할 수 없거니와 놀 수도 없고 심지어는 잘 수도 없다는 말을 흔히 듣게 된다. 물론 이들은 그 원인을 모르고 하는 이야기지만, 이것을 정신분석학적으로 보면 이들이 깨어 있는 것과 잠자는 것의 경계를 잃어버린 탓이고, 이것은 마치 그들이 자신의 주관적 내적 세계와 객관적 외적 세계 간의 구분을 잃은 것과 같다고 하겠다.

모든 사람들은 남들이 자기에게 무슨 말을 해주는가, 무엇이라고 생각하는가에 따라서 자신의 현실감각이 형성된다고 한다. 이처럼 많은 현대인들은 타인에 대한 의존이 너무 깊어져 있기 때문에, 타인의 말이나 의견이 없다면 자기 자신의 존립에 위협을 느끼게 되는 것이다. 이런 사람들은 마치 모래 위에 흐르는 물줄기처럼 자기 자신이 '흩어져 가버린 것' 같은 느낌을 가지기도 한다. 많은 사람들은 마치 맹인과 같아서 남들에게 지팡이의 끝을 대어보아야 비로소 걸어갈 수 있는 것이다.

자신의 삶의 좌표를 잃지는 않는가 하는 두려움은 극단적으로 말한다면 정신병[9]이 되지 않을까 하는 두려움이라고 할 수 있다. 인간이 실제로 정신병에 걸리게 되면 가장 성급하게 타인이라는 존재를 의식하고자 남과 접촉하기를 바라게 된다. 환자들의 이런 노력은 매우 건강한 것이라고 할 수 있는데, 이러한 타인과의 관계 맺기는 환상의 세계에서 현실의 세계로 인도되는 교량 역할을 하기 때문이다.

그러나 우리가 여기에서 논의하고 있는 것은 좀 다른 원인이다. 현대 서구인들은 지난 4세기 동안 합리성, 획일성 및 기계주의의 세 가지 측면만 주로 강조하는 분위기에서 훈련을 받아왔기 때문에,

---

9 정신병(psychosis) : 정신병의 특징은 노이로제와 달라서 현실감각의 상실, 자아 개념의 상실, 논리적 사고의 상실, 시간 개념의 상실 등을 들 수 있다.

줄곧 자기를 이와 같은 획일적이고 기계적인 표준에만 맞추려고 노력해왔다고 할 수 있는데, 불행히도 별로 성공을 거두지 못했던 것이다. 이런 상황에서 현대인은 내심 공허감을 느끼기 때문에, 만일 그가 주위 사람들과 규칙적인 교제를 못하게 된다든가, 매일 짜인 프로그램에 맞추어 일을 해나가지 못한다든가, 혹은 지금이 몇 시인지를 잊어버렸다고 할 경우에 비록 말로는 나타낼 수 없을지라도 마치 정신병에 걸리기 직전에 느낄 수 있을 희한한 불안을 느낄 수밖에 없을 것이다. 현대인이 자기상실의 위협을 받거나, 자기 주변에는 아무도 없다는 것을 알게 되었다면, 그것은 인간의 내적인 능력과 잠재성을 깨닫게 할 수 있는 계기가 되기도 하는데, 이것이야말로 현대인이 계발하기를 소홀히 해왔던 과제였다. 이런 내면세계의 계발 없이는 고독감은 상상의 세계가 아닌 현실적인 위협으로 등장하게 되는 것이다.

사회적으로 받아들여진다든가, 남들의 호감을 산다든가 하는 것은 고독감을 면해보겠다는 피나는 노력이라 할 수 있다. 즉 여러 사람들 속에 파묻히게 되면 일시적 위안이랄까 따뜻함을 느낄 수는 있다. 정신분석에서 말하는 극단적인 표현을 빌리면 어머니의 자궁 속에 되돌아간 듯한 안도감을 느낄 수 있을 것이다. 그러면 그는 일시적으로 고독감을 잊을 수도 있다. 그러나 그것은 자신의 자기동일성[10]을 잃어야 한다는 대가를 지불하는 경우도 없지 않다.

---

10 자기동일성(self identity) : 이것은 건강한 자아의 통일성을 말하는데, 이것이 없게 되면 정신분열증에 걸린다.

고독감을 외면하려고만 애쓴다면 이 고독감을 이용하여 자신의 내적인 잠재력이나 삶의 방향에 대한 통찰력을 계발할 수 없게 될 뿐 아니라 이를 기초로 해서 남들과 정말 의미 있는 관계를 맺을 수도 없다. 그야말로 '쓸데없는 것들에 의해서 채워진 인간들'은 아무리 서로서로 기대보려고 해도 결국은 더욱 큰 고독감에 빠지고 말 것인데, 이유인즉 텅 빈 사람들은 아무리 많이 모여봤댔자 사랑하는 방법을 배울 기초를 가지고 있지 않기 때문이다.

### 불안과 자기존재에의 위협

현대인의 또 다른 특징으로 공허감이나 고독감보다 더욱 기본적인 정신병리인 불안을 들 수 있다. 왜냐하면 공허나 고독감도 이 불안이라고 불리는 특이한 심리적인 고통이나 곤경과 결부될 때에 한해서 문제가 생기기 때문이다.

아침저녁으로 신문을 읽는 사람은 누구나 현대가 얼마나 불안한 시대인가를 쉽게 알 수 있다. 지난 두 차례의 세계대전이나 경제적인 인플레나 공황, 그리고 야만적인 파시즘의 출몰, 공산당 전체주의의 팽창, 그리고 준전쟁 상태나 냉전의 연속과 이에 따르는 3차대전의 위협 따위는 우리가 살고 있는 현대가 얼마나 그 밑바탕에서부터 흔들리고 있는가를 말해주고 있는 것이다. 버트런드 러셀[11]은 현대사회에서는 무엇이든지 확신하는 자는 오히려 바보에 속하고, 상상과 이해력이 풍부한 사람들은 필경 불신과 우유부단에 빠지고 만다고 주장하고 있다.

나는 이미 출간된《불안의 의미(The Meaning of Anxiety)》라는 책에서 20세기 중엽은 중세기의 붕괴 이래 가장 불안이 많아진 시대라는 사실을 설명한 바 있다. 15~16세기의 유럽에서는 죽음의 공포, 인생의 존재 가치에 대한 회의, 미신과 악마의 공포 따위가 문제였는데, 이것은 오늘날과 비교될 수 있다. 중세기의 죽음의 공포는 20세기에는 핵무기에 대한 공포로 나타났고, 믿음과 윤리적 가치의 상실은 오늘날 새로운 불신의 문제로서 대두된다. 오늘날에도 미신이 없는 것은 아닌데, 가령 비행접시, 화성에서 온 외계인, 그리고 초인간적 힘을 내는 나치와 그 외의 전체주의가 가진 신화 따위는 모두 악령이라 할 수 있다. 현대의 불안은 가령 노이로제나 정신병의 급증, 이혼이나 자살률의 상승, 정치·경제적 위기 따위에서 얼마든지 그 모습을 찾을 수가 있는데 여기에 대해서는《불안의 의미》에서 상술한 바 있다.

그야말로 '불안의 시대'라는 용어는 적절한 말이다. 우리는 향후 몇십 년간의 인플레, 충돌 또는 전쟁에 관한 화두 속에서 살아야 하고, 상상과 이해력이 풍부한 사람이라면 누구나 이러한 도전을 공공연히 받게 된다. 그러나 만일 우리가 용기와 통찰을 가지고 지혜롭게 임하기만 하면 이 불안을 오히려 이용할 수도 있다.

현대의 전쟁이나 불황, 정치적 위기 따위가 인간의 불안의 원인

---

11 버트런드 러셀(Bertrand Russell) : 20세기 최고의 영국 합리주의 사상가, 수학자, 철학자.

이라고 보는 것은 잘못이다. 반대로 인간의 불안 때문에 이런 일들이 일어난다고 보아야 한다. 현대에 일반화된 불안이나 이로 인한 전 세계적인 경제적·정치적 위기 모두가 현대 서구 사회가 당면한 상처투성이 변화 때문에 일어나는 질병 증세의 하나에 불과하다. 예컨대 파시즘이나 나치즘의 원인이 히틀러나 무솔리니가 권력을 잡은 것 때문이라고는 볼 수 없다. 한 국가가 어찌할 수 없는 경제적 곤란에 돌입하거나 심리적·정신적인 공백 현상이 지배하면, 이 공백을 메우기 위해서 전체주의가 일어나는 것이고, 사람들은 스스로 제어할 수 없는 큰 불안에서 빠져나오기 위해 자유 일부를 버려야만 한다는 결론이 나온다.

오늘날 미국에서 볼 수 있는 혼란과 여러 문제는 넓은 의미에서 미국인의 불안을 반영한다. 이처럼 전쟁 또는 전쟁의 위협이 계속되는 시기에는 전체주의가 나타나서 인간의 자유와 존엄성을 좀먹는다. 물론 미국의 군사력은 막강하지만 방어적으로만 쓰인다. 마치 우리 안에 갇힌 야수처럼 싸우는 위치와 싸울 시기 등이 제한된 채 답답하게 기다릴 뿐이다.

한국 전쟁(6·25) 때만 하더라도 미국은 그렇게 멀리 떨어진 한국까지 과연 가야 할 것인가, 또는 전쟁을 그곳에서 할 것인가 아니면 다른 장소에서도 할 것인가, 또는 공산 독재에 대해서 방어선을 그어야 할 것인가 하는 문제를 가지고 얼마나 고민했는지 모른다. 만일 누구든지 미국을 공격해온다면 미국인은 완전히 뭉치게 될 것이다. 그러나 방어 목적 외에 어떤 목표로 싸울 것인가 하는 것에 대해서는 매우 혼란을 일으키고 말 것이다. 가령 유럽에서 마샬 계획과 같은 새로운 세계 질서에 대한 약속을 했다손치더라도, 여기에 대해서 의문을 제기하는 미국인도 적지 않음을 알아야 한다.

한 인간이 일정 기간 내내 계속 불안에 시달리게 될 때에는 소위 정신신체증상[12]이라는 현상이 일어나 몸 전체에 이상이 생기는 경우도 있다. 가령 어떤 집단에 신통한 해결 방안이 없이 불안 상태가 지속될 경우에는 그 집단 속의 각 개인은 서로가 불신하고 서로 싸움을 시작한다는 결론이 나온다. 이와 마찬가지로 국가에 혼란과 어려움이 지속될 경우에는 저 악명 높은 매카시즘[13]의 경우와 같이 죄없는 사람에게 혐의를 씌우는 불신적인 분위기를 조성하는 일종의 성격이상자가 늘어난다.

사회문제에서 개인의 문제로 눈을 돌려보자. 노이로제나 기타 정서 장애자들의 경우를 보면 프로이트[14] 이래 누구나 다 동의하듯 그 원인이 바로 불안에 있다. 이 불안은 앞에서 말한 정신신체장애증의 원인이 되기도 하며, 신경성 위궤양, 신경성 심장기능장애증 따위를 일으킨다. 이렇게 볼 때 불안은 현대인의 건강을 가장 크게 해치는, 마치 중세기의 흑사병과도 같다.

각 개인의 불안은 그 심층심리를 살펴볼 때 결코 전쟁의 위협이

---

[12] 정신신체증상(psychosomatic syndrome) : 정신적 원인에서 생기는 신체 증상으로, 가령 신경성 두통, 두드러기, 성기능 장애, 신경성 고혈압, 신경통 등.
[13] 매카시즘(McCarthyism) : 미국의 매카시 상원의원이 무고한 사람을 공산주의자 또는 그의 앞잡이라고 비난 공격한 이래 생긴 술어.
[14] 프로이트(S. Freud) : 19세기 말 오스트리아의 정신의학자로서 정신분석학의 창시자.

나 경제적 혼란 때문에 오지는 않는다는 것을 알게 된다. 우리는 과연 사회에서 어떤 역할을 해야 하며 어떤 원칙에서 행동하고 사고해야 할지 알지 못한다. 항상 배워왔듯이 과연 우리는 경제적으로 성공하고 갑부가 되려고 안간힘을 써야 하며, 모든 사람들의 호감을 받기 위해 노력해야 한단 말인가? 그렇게 되면 어느 쪽도 이룰 수가 없다. 오늘날 미국 사회의 킨제이 보고서에서 보듯이 성(性)이나 일부일처제 속에서 볼 수 있는 각종 모순을 그대로 답습해야 옳은가.

이에 대해서는 다음 장에서 논의될 현대인의 목표와 가치관에서도 언급하겠지만, 이것은 현대적 불안의 두 가지 예에 불과하다.

린드 박사 부처는 1930년대 미국 중서부 마을을 연구하여 《전환기 속의 중간 도시(中間都市)》라는 책을 썼다. 이 책에는 이 지역의 미국인은 가치관을 상실했기 때문에 어느 쪽을 선택할 것인가를 알지 못한 채 혼란에 빠져 있다고 나온다. 1930년대 미국의 중간 도시와 현재 미국의 상황을 비교해볼 때 오늘날에 와서 이 혼란은 인간 감정이나 욕구의 더욱 깊은 곳에까지 뻗쳐 있다는 사실을 알 수 있다. 이런 혼란 속에서는 오든의 시 〈불안의 시대〉에 나타난 것처럼 특히 젊은이들은 조마조마한 불안 속에서 지낼 수밖에 없다.

이제 늦어버리고 말았다네.
우리들을 부르는 자 있느뇨?
단지 쓸데없는 무용지물이 되고 만 것은 아닌지?

이와 같은 질문에 한마디로 답할 수 있는 자가 있다면 그는 아마도 이 질문의 뜻을 이해하지 못했을 것이고, 우리가 살고 있는 시대에 대한 이해도 없는 것이다. 헤르만 헤세가 말한 것처럼, 현대야말로 모든 세대의 인간들이 두 갈래의 시대감각을 가지고 양극단의 생활을 하기 때문에, 사물을 이해할 힘도, 기준도, 안정성도 없는 시대가 되고 말았다.

그러나 우리가 알아야 할 것은 불안은 하나의 갈등이요, 이 갈등이 계속되는 한 건설적 해결은 없다는 것이다. 그야말로 오늘날 펼쳐진 문제는 미래에 대한 새로운 가능성의 증거인데, 왜냐하면 그 문제들이란 그야말로 현실적인 비극에 국한되기 때문이다. 불안을 건설적으로 이용하기 위해서는 무엇보다도 먼저 우리가 개인적으로나 사회적으로 당면한 비극적 국면을 솔직하게 받아들여야만 한다. 이렇게 하기 위해서는 먼저 불안의 의미를 명확하게 파악할 필요가 있다.

### 불안이란 무엇인가

불안이란 무엇인가? 그것은 공포와는 어떤 관계가 있는가? 만약 당신이 고속도로를 걸으며 자동차가 질주해오는 것을 본다면, 심장 박동이 빨라지고 당신과 자동차 중간 지점에 눈의 초점이 고정되고 재빠르게 길을 건너가느라 진땀을 뺄 것이다. 당신은 공포를 느꼈을 것이고, 때문에 안전한 곳으로 달려갔을 것이다. 그때 또 다른 차가 반대편에서 질주해온다면 어리둥절해서 길 한복판에 서게 될 것이다. 이때 심장은 더욱 빨리 뛰고 더욱 겁에 질리게 되며, 눈앞이 캄캄해지고 말 것이다. 이때 다행히 정신을 잃지 않았다면 어느 쪽이든 맹목적으로 뛰고 싶은 충동이 들게 될 것이다. 차가 날쌔게 지나가버리고 나면 당신은 약간의 어지러움과 더불어 뱃속이 텅 빈 듯한 느낌을 가질 것이다. 이것이 바로 불안이다.

공포는 불안과 위협을 주는 대상을 알고 있다. 위협적 상황에는 더욱 힘을 집중하게 되고 오관(五官)이 더욱 민감해지며, 위험을 넘어서기 위해서 발걸음을 내디디거나 다른 적당한 방법을 취할 것이다. 불안의 경우에는 무엇엔가 붙잡힌 것 같고 덮쳐진 것 같아서 우리의 오관이 예민해지는 대신에 희미해지고 현기증을 느끼게 된다.

불안은 가볍게도 오고 심하게도 온다. 중요한 사람을 만나려 할 때나, 장래의 중요한 일을 결정하기 위한 시험을 치를 때에 약간의 긴장이 오기도 한다. 그런가 하면 가령 애인이 폭발된 비행기에 탔는가 아닌가 명단 발표를 조마조마한 마음으로 기다리거나, 사랑하는 아들이 광란의 호수에서 무사히 빠져나왔는지 여부를 알아보려 할 때도 이마에는 구슬땀이 흐르고, 강한 위협을 느끼게 된다. 불안을 느끼는 방식도 여러 가지가 있어 가슴속이 답답하기도 하고, 막연한 괴로움을 느끼기도 하고, 주변 모든 세상이 어둡고 잿빛으로 변한 것 같기도 하며, 갑자기 체중이 1천 근이나 되는 것처럼 무겁게 여겨지고, 때로는 어린아이가 홀로 길을 잃었을 때 느끼는 아찔한 기분에 사로잡히기도 한다.

　정말이지 불안은 각양각색으로 나타난다. 그것은 불안이 존재에 대한 위험에 대처하기 위한 인간의 근원적인 반응이기 때문이다. 때로는 인간의 존재성과 동일한 어떤 가치개념이 도전받을 때 나타나기도 한다. 공포는 자기 자신의 한 부분에 대한 위협이다. 가령 어린아이가 싸운다고 하면 그는 다칠 수도 있는데 이때 다친다는 것은 그 아이의 존재성에 대한 위협은 아니다. 가령 대학생이 중간 시험에 실패했다 하더라도 하늘이 무너지는 것은 아니다. 그러나 위협이 총체적 자아를 휩쓸 정도로 커지게 되면, 우리는 불안을 경험하게 된다. 그렇게 보면 불안이란 인간의 핵심을 찌르는 면이 있다. 왜냐하면 자아로서의 우리 존재가 위협을 받는다고 느껴질 때 오는 현상이기 때문이다.

　불안을 형성하는 것은 하나의 양(量)의 개념이 아니고 질(質)의 개념이다. 가령 다정한 친구를 길거리에서 만났으나 한마디 말도 없이 지나가버릴 때 가슴이 뻥 뚫린 듯한 느낌이 들고 그 친구가 왜 그랬을까 하고 생각하게 되는데, 이때의 위협은 인간의 근본적인 어떤 것이 아닌가 한다. 한때 셰익스피어는 "현재의 위험은 닥쳐올 미래의 그것에 비하면 낫다"고 말한 적이 있는데, 가령 보트가 물에 빠졌을 때에는 재빨리 구명대를 타고 탈출하는 것이 차라리 낫지 언제 구조될지조차 알 수 없는 가운데 기다리면 더욱더 큰 불안을 느끼는 것이 예사다.

　죽음의 위협은 가장 흔한 불안의 상징이다. 그러나 오늘날 문명인은 결코 총구를 보고 죽음의 공포를 느끼지는 않는다. 상당히 큰 불안이 되는 것은 역시 인간의 자아로서의 존재에 위협을 느꼈을 때이다. 가령 위를 수술하고 이것이 불안이나 공포 등의 스트레스에 어떤 반응을 보이는가를 알기 위해 투시경으로 실험을 해보면 여러 가지 흥미로운 사실을 알게 된다. 이때 피실험자는 어떤 요인보다도 직업을 잃게 되어 자신의 가족을 부양할 수 없게 된다는 것이 가장 큰 불안이 되었음을 보여주었다. 직업을 잃는다는 것은 그의 존재성의 의미를 부정하는 것이요, 죽음을 말하는 것이다.

이것은 어떻게 보면 모든 인간문제에 적용된다고 할 것이다. 가령 성공이든 사랑이든 혹은 소크라테스와 같은 진리를 말할 자유든, 아니면 잔다르크와 같이 내면의 소리에 대해 진실한 자세를 취하려 하는 것이든 간에 인간은 어떤 가치개념을 가지고 있는 법인데, 만일 이런 가치개념이 파손되면 그의 자아의 존재성이 상실되었다는 느낌을 가지게 된다. "나에게 자유를 달라! 그렇지 않으면 죽음을 달라!"고 외쳤던 것은 결코 하나의 수사학도 아니요, 병적인 표현도 아니었다. 현대를 사는 대부분의 사람에게는 주요한 가치가 남들의 호감을 사고 타인의 인정을 받는다는 데 있기 때문에, 우리가 혹시 남들로부터 멀어지지는 않는가, 인정을 받지 못하지는 않는가, 그리고 마침내 버림을 받고 홀로 남게 되지는 않는가 하는 것 등이 가장 큰 불안의 요인이 된다.

지금 말한 것들은 모두 '정상적인 불안'으로, 실제 위험한 상황에서 발생하는 것이다. 예컨대 불이 났다든가 전투, 입학시험 등이 있을 때는 누구나 다소간의 불안을 느낄 것인데, 만일 불안을 느끼지 않는다면 오히려 이상한 것이다. 누구나 인생에서 위험을 겪게 될 때에는 그에 상응하는 불안을 느낀다. 가령 엄마 젖을 뗀다든가, 학교를 졸업하거나 직장에서 책임을 지게 되거나 결혼할 결심 따위와 같이 이른바 '정상적인 위험기'를 잘 넘기는 것을 통해서, 불안을 잘 극복하는 힘을 길렀다고 하면 신경성 불안은 별로 일어나지 않을 것이다. 정상적 불안은 피할 도리가 없는 것으로 이때는 솔직하고 담담하게 자아의 존재성 속에 받아들여야 한다.

그러나 불안들은 신경증적인 경우가 많기 때문에 이 신경성 불안을 정의해볼 필요가 있다. 예를 들면 한 젊은 음악가가 처음으로 데이트를 했다고 하자. 그리고 자신도 알 수 없는, 여자를 두려워하는 마음 때문에 기분을 잡치며 데이트를 끝냈다고 하자. 그는 할 수 없이 여자 생각은 버리고 음악에만 열중하는데 나중에 유명한 음악가로 성공을 하게 되었다. 그는 묘하게도 여자 음악가들에 둘러싸여 있었고 그들에게 말을 걸 때마다 얼굴이 붉어졌고, 특히 여자 악장(樂長)과 협주곡 스케줄을 짤 때에는 죽을 만큼 견디기가 어려웠다. 그는 그 여악장이 자기에게 총을 쏘는 것도 아닌데 어째서 그토록 두려워해야 했는지 알 수 없었거니와 실상 그녀가 별다른 힘도 없다는 사실마저 잘 아는 터였다. 그는 신경성 불안을 느끼기 시작한 것이다. 즉 실제 있지도 않은 위험을 느끼게 되는데, 그것은 그의 무의식에 있는 어떤 알 수 없는 갈등 때문이다. 아마도 독자들은 이 젊은 음악가가 그의 어머니와의 관계에서 심한 상처를 받았을 가능성을 보게 될 것이며, 어머니와의 해결되지 않은 갈등이 모든 여인에 대한 두려움으로 발전했다는 것을 알 수 있을 것이다.

대부분의 신경성 불안은 이와 같은 무의식의 심리적 갈등 때문에 일어난다. 인간은 마치 귀신에게 홀린 듯이, 어디에 적이 있으며 어떻게 싸워야 할지 알지 못한다. 정신분석학에서는 이러한 무의식의 갈등은 가령 부모가 지나치게 고집이 세다든가, 지나치게 독점욕이 강했다든가 또는 전혀 자식을 사랑하지 않았다든가 하는 따위와 같은 어린 시절의 경험 때문에 일어나고, 이것은 항상 인간의 무의식에 쌓인다고 말한다. 실제 문제는 마음속에 깊이 묻히고 훗날 이것이 신경성 불안으로 다시 나타나게 된다. 신경성 불안의 해결 방법은 원래의 억압된 실제를 끄집어내어서 이것을 정상적인 불안과 마찬가지로 잘 해결하도록 노력하는 것이다. 물론 심한 신경성 불안을 치료하기 위해서는 전문의에게 정신치료적인 도움도 받아야 할 것이다.

그러나 이 책에서 논하고자 하는 바는 어떻게 하면 정상적인 불안을 건설적으로 잘 다룰 수 있는가 하는 것이다. 그러려면 인간의 불안과 자아발견[15] 간에 어떤 관련성이 있는가를 명백히 아는 것이 매우 중요하다. 가령 전쟁이나 화재와 같은 무서운 경험을 하고 난 다음에 우리는 흔히 "나는 정말 혼이 나간 것 같았어"라

---

15 자아발견(自我發見) : 일명 통찰 또는 성찰이라 하고, 이것은 정신치료상 가장 중요한 목표가 된다.

는 말을 하게 되는데, 이것은 불안이 인간의 자아발견의 여유마저 빼앗아버린 상태라 하겠다. 불안은 마치 어뢰정과도 같이 우리의 핵심적인 심부를 치고 그렇게 되면 항시 이 수준에서 우리 자신을 느끼게 된다. 그러므로 적든 많든 간에 불안은 인간의 의식을 파괴한다고 할 수 있다. 가령 적들이 전선을 침공해오는 한, 방위하는 병사들은 전투를 지속하지 않을 수 없다. 만일 적이 전선 뒤에 있는 통신본부를 파괴했다면 군대는 방향을 잃고 지리멸렬해지며 마침내 갈팡질팡하고 만다. 이때 방어하는 병사들은 불안해지고 때로는 공황 상태에 빠지기도 한다. 이것은 바로 불안이 인간에게 미치는 영향이다. 즉 불안이 커지면 개체는 방향감각을 잃게 되고, 자신이 무엇을 하는 사람인지 또는 누구인지 몰라보게 되며, 마침내 자신의 주위 세계에 대한 현실적인 판단력을 상실하게 된다.

이와 같이 자신이 누구이며, 무엇을 해야 하는지를 알 수 없을 정도의 혼란 상태는 불안이 가장 극심하게 나타나는 경우다. 그러나 불안에 대한 긍정적이고 희망적인 측면을 살펴보면, 불안은 자기의식을 파괴하지만 반대로 건전한 자기의식은 오히려 불안을 파괴할 수도 있다. 다시 말하면 자기의식이 강할수록 불안에 대한 방어책이 더욱 단단해진다. 불안은 마치 열과도 같이 내부에 어떤 싸움이 일어나고 있음을 나타내는 것이다. 마치 열이 인체가 그의 육체적 힘을 동원하여 전염된 균 —— 예컨대 폐 속의 결핵균 —— 과 싸우기 때문에 일어나는 증상인 것과 같이, 불안이란 심리적 또는 정신적인 전투가 벌어지고 있다는 증거다. 우리는 앞에서 불안이 해결되지 않는 갈등에서 오는 것임을 보았지만, 이 갈등이 오래 지속되면 될수록 우리는 그 갈등의 원인에 대한 실마리를 찾을 기회가 많아져서 조금 더 나은 건강한 상태로 해결하게 된다. 신경성 불안이 있다는 것은 우리들에게 해결해야 할 문제가 있다는 증거다. 정상적인 불안에 대해서도 똑같은 말을 할 수 있다. 이는 건강한 예비 병력을 동원해서 닥쳐오는 적을 섬멸해야 하는 것과 같다.

열이 나는 것이 인체가 저항력으로 침입한 세균과 전투를 벌이는 증상인 것과 같이, 불안은 인간의 정신적 힘과 인간의 실존적 존재를 휩쓸어버릴지도 모르는 위협 간에 전투가 일어나고 있음을 말해준다. 외적·내적인 위협이 크면 클수록 우리 자신은 손을 들게 되고 마침내 굴복하고 만다. 반대로 우리의 정신력이 충분히 무장되어 자신에 대한 문제나 객관적 세계에 대한 판단력이 충분히 작용하는 경우에는, 우리는 위협을 능히 극복할 수가 있다. 결핵 환자는 열이 있는 한 그래도 희망이 있다. 그러나 최종 단계에 몸이 지칠 대로 지치면 열마저 사라지고 죽음만이 남게 된다. 개인이나 국가에 닥쳐오는 위협 역시 작을 때에는 불안이 나타나지만, 이것이 도가 지나치면 불안도 없어지고 무감각 상태가 되어 전혀 감정마저 느낄 수 없음을 호소하게 된다.

그렇지만 정신치료자들이 할 일은 환자들로 하여금 혼란 상태나 역경이 닥치더라도 그것을 극복할 수 있는 힘을 길러주는 일이고, 이 힘이 어디에서 오며 힘의 원천은 무엇인지를 깨우쳐주는 데 있다. 이것은 바로 이 책이 목표하는 가장 중요한 과제이기도 하다.

그러나 우리는 먼저 현대인의 불행의 근원이 어디인가를 살펴보고 그것을 명확하게 알아야 하리라 믿는다.

## 2. 인간 불행의 근원

현대병(現代病)을 극복하는 첫째 과업은 그 원인이 어디에 있는가를 아는 데 있다. 개인이나 국가나 할 것 없이, 그들을 상상할 수 없는 곤란과 역경 속에서 헤매게 하는 현대 서구사회의 병은 과연 무엇이란 말인가? 지난날의 역사를 놓아볼 때에, 어떤 근본적인 변화가 일어났기에 현대를 불안과 공허의 시대로 만들고 말았단 말인가?

**현대사회에서의 가치관의 상실**

역사적으로 보면 현대란, 낡은 것은 가고 아직 새로운 가치는 탄생하지 않은 시대라고 할 수 있다. 즉 현대의 서구사회는 가치와 목표가 뚜렷하지 않은 과도기에 들어섰다고 할 수 있는데, 그렇다면 우리가 잃어버린 가치개념은 과연 무엇인가?

르네상스 이래 현대에 이르기까지 서구사회를 두 가지 핵심적 신념이 지배했는데, 그중 하나가 바로 개인 간의 경쟁이라 할 수 있다. 가령 인간이 경제적 이익 추구를 하면 할수록 부자가 될 수 있고, 그렇게 되면 이웃에 많은 공헌을 할 수 있다는 것이 서구 사람들이 확신하는 바였다. 이와 같은 부르주아 경제학 이론은 몇십 년 동안 서구 사회를 지배해왔다. 현대 자본주의와 산업주의가 발생하면서 공장을 세우고 무역을 활발하게 함으로써 더욱 많은 상품을 생산할수록 공동사회를 위해서 기여할 수 있다는 결론이 나왔다. 그러므로 기업 경쟁에 대한 추구가 점점 높아지고 과감해졌다. 그러다가 19세기와 20세기에 와서 상당한 변화가 일어났다. 현대와 같은 거대한 기업화와 독점 자본주의 속에서 과연 개인의 경쟁이란 어느 정도나 실감나게 들릴 것인가? 현대에 와서는 의사나 정신치료자나 농부들과 같이 극히 드문 직종에 속하는 사람만이 자영업의 우두머리가 될 수 있을 뿐인데, 이들마저도 시장에서 조작하는 가격 변동의 영향을 면할 수 없다. 하물며 절대 다수의 노동자는 물론, 때로는 자본가, 전문직업인, 기업가들까지도 넓은 의미의 노동조합이나 교수연합회 따위를 만들어서 자위책을 세우지 않으면 어느덧 경제적으로 존립할 수 없는 지경에 빠지고 만다. 어쨌든 우리는 경쟁에서 이기는 것을 배워왔지만, 오늘날에 와서는 동료들과 어떻게 협동하는가가 중요한 과제로 등장하게 되었다. 자신의 존립이 옛날처럼 경쟁이 아니라 협동을 통해서만 가능하게 되었다.

그러나 우리는 현대인의 노력 그 자체가 잘못되었다는 것을 말하지는 않는다. 여기서 논의하고자 하는 주요 과제는 개개인이 가진 힘과 창조성을 되찾지 않으면 안 된다는 것이고, 이 힘과 창조성을 공동체 속에 균등하게 용해해버릴 것이 아니라, 공동체를 위해서 쓸 수 있도록 해야 한다는 것이다.

우리가 의도하는 바는, 20세기에는 과학을 위시한 모든 영역의 발달로 말미암아 인간은 서로 독립적으로 존재할 수 있게 되었기 때문에, 비단 미국뿐 아니라 전 세계 어느 곳에서든지 인간이 바로 '자기 자신만을 위해서' 일하는 분위기를 만들게 된 것을 비판해야 한다는 것이다.

19세기만 해도 농장을 운영하거나 적은 자본을 서로 합쳐서 동업을 하는 경우에는 서로가 서로를 위하고 동시에 자신도 위할 수 있다는 의미에서 개인주의를 해석했다. 그러나 20세기에 와서는 이와 같은 개인주의가 점차 이기주의로 변모하고 있지 않은가?

타인의 사정은 아랑곳없이 자신만의 이득을 위해서 노력하는 것은 지난 세기와 같은 공동의 이익이 자동적으로 뒤따라오는 결과를 낳지 않는다. 그뿐만 아니라 이와 같은 경쟁 체제에서는 '내가 살고 너는 죽는다'는 결과마저 빚어지기 때문에 필경 여러 가지 심리적인 문제들이 파생되어 나온다. 그렇게 되면 모든 이웃사람들은 잠재적인 적(敵)이 되는 셈이고, 대인관계는 적대관계[1]로서 증오가 점차 쌓여 서로가 불안해지고 융합을 못하는 상태가 된다. 이 세기적 병인 적대감은 점차 표면으로 드러나기 시작했기 때문에, 현대

---

1 적대관계(敵對關係) : 뉴욕 정신분석 연구소의 카렌 호나이가 20세기의 인간 비극이며, 노이로제의 중요 원인이 된다고 지적한 바 있다.

인은 로터리 클럽(1920년 설립)이나 라이온즈 클럽 또는 낙관주의 클럽(1930) 등과 같은 친목단체를 만든다든가 하는 피나는 노력을 통해서 이 적대감을 극복하려고 애쓰는 것이다.

아서 밀러의 작품인 《세일즈맨의 죽음》의 주인공 윌리 로만의 경우에서 이러한 것이 잘 묘사되고 있다. 윌리는 매사에 남보다 앞서서 돈을 버는 것이 유일한 생의 목표라고 배우면서 자랐고, 자신의 아들에게도 똑같이 가르쳤다. 가령 윌리의 아들이 이웃에서 공이나 나무토막을 훔쳐온 경우, 그는 겉으로는 그런 짓을 하면 못쓴다고 하면서도 속으로는 정말 "겁낼 줄 모르는 녀석"이라고 만족해하며 언젠가는 "쓸모 있는 놈"이 될 거라고 흐뭇해한다. 윌리의 친구가 찾아와서 감옥에는 "겁 없는 성품의 소유자"들이 들어가 있다는 말을 했을 때, 윌리는 그렇다면 증권시장도 그런 녀석들이 모인 곳이 아닌가 하고 생각했다.

윌리는 몇십 년 전의 다른 모든 사람들이 그러했듯이 자신의 지나친 경쟁심을 감추려고 했고 남들의 호감을 사려고 애썼다. 나이가 들고 그가 다니던 회사의 방침이 변경되어, 마치 헌 재떨이처럼 쫓겨나게 되었을 때 윌리는 매우 당황했고 줄곧 "나는 지금까지 가는 곳마다 남들의 총애를 받아온 사람인데……" 하고 중얼거렸다. 그는 자신이 배운 대로 살아왔는데 어찌하여 이제 와서 폐물처럼 쫓겨나게 되었는지 고민하며 가치의 혼란을 겪게 되었고, 마침내 자살이라는 길을 택할 수밖에 없었다. 묘지에서 그의 아들은 "아버지는 언제나 제일인자가 되려고 애썼던 사람인데……"라고 슬퍼

했다. 또 다른 아들은 그의 아버지가 살던 시대의 가치개념의 모순을 정확하게 알고 있었기 때문에 "아버지는 자신이 누구인지조차 결코 알지 못한 채 돌아가셨을 것이다……"라고 말했다.

현대인이 가진 핵심적인 신념 가운데 둘째는 개인의 이성(理性)을 믿는다는 데 있다. 이러한 신념은 지금까지 살펴본 바와 같이, 개인 간의 경쟁심이 그랬듯이 르네상스 시대부터 시작되어 17세기 계몽주의 철학에서 꽃을 피웠던 것으로, 바로 이 이성 때문에 현대 과학의 발달과 세계적 교육의 보급이 가능했다. 20세기에 와서 개인의 이성은 곧 우주적 이성을 뜻하게 되었다. 그렇게 되자 많은 지식인들은 만민이 행복하게 살아갈 수 있는 우주원리를 찾기 위해 도전하기 시작했다.

그러나 19세기에도 변화가 현저했다. 심리학적으로 보면, 이성은 '감정'이나 '의지'의 문제와 분리되었다. 이러한 인격 속의 분리 현상은 데카르트[2]가 인간을 육체와 정신으로 나눈 데에서 이미 씨를 뿌렸는데, 그것은 19세기에 와서 완전히 열매를 맺었다. 19세기 말에서 20세기 초까지 서구인은 이성이야말로 모든 문제를 해결해 주는 열쇠를 쥐고 있는 것이며, 의지력은 이성이 시키는 방향으로 움직여주는 방편이고, 감정[3]은 될 수 있는 대로 억압해서 깊이 묻어두는 것이 좋다고 생각했다. 계몽기의 인간 이성은 주지주의적

---

2 데카르트(René Descartes) : 프랑스의 계몽주의 철학자로서 "나는 생각한다. 고로 나는 존재한다"는 유명한 말을 남겼다.
3 감정(感情) : 일명 정서라고도 번역한다.

합리주의로 변모했지만, 오늘날 인간을 내적으로 분할하는 데 성공했다. 정신분석학의 원조인 프로이트가 천재적으로 설명한 바로는, 인간은 욕망의 세계, 현실(자아), 양심(초자아) 등으로 구분될 수 있다. 17세기 스피노자[4]가 이성이란 용어를 썼을 때에는 그래도 인간의 마음에서 감정이나 윤리적 목표 및 기타 요인 등을 다 통합한 '총체적 인간'을 염두에 두었다. 오늘날 이성이란 용어는 언제나 인간성 속에서 분리된 한 부분으로 받아들여지는 것이 예사다. 즉 현대인은 "나는 이성을 따를 것인가, 또는 욕망과 충동의 요구를 따를 것인가, 그렇지 않으면 윤리적인 명령을 따라야 하는가"라고 묻게 된다.

경쟁과 이성에 대한 서구인들의 신념은 현대 서구사회를 이룩할 때까지 주도적 역할을 담당해왔지만, 이 양자가 반드시 이상적 가치라고는 할 수 없다. 분명히 우리가 받아들이고 있는 이상(理想)은 윤리적 인도주의와 관계를 맺고 있는 헤브라이의 기독교적 전통에서 찾을 수 있는데, 가령 기독교에서는 "너의 이웃을 네 몸같이 사랑하라"고 외친다. 대체로 이런 헤브라이 기독교적인 사랑을 학교나 교회 등에서 경쟁심, 이성의 문제와 함께 가르친다(가령 사랑이나 봉사 등은 남들의 호감을 받기 위해서도 강조되어온 것으로 상호 관련을 맺고 있다). 정말이지 고대 팔레스타인과 그리스의 윤리적·종교적 전통과 르네상스 후에 탄생한 또 다른 전통은 두 가

---

[4] 스피노자(Benedict de Spinoza) : 계몽주의 철학파에 속하는 네덜란드의 철학자.

지가 서로 결혼을 한 셈이 되었다. 예컨대 르네상스 때부터 시작된 문화혁명의 종교적 산물이라고 할 수 있는 신교[5]는 인간의 기본권을 강조했던 것이고, 인간은 스스로 종교적 진리를 발견할 수 있는 능력이 있다고 갈파했던 것이다.

이 양자의 결혼 상태는 몇 세기 동안 매우 사이좋게 유지되었다고 할 수 있다. 가령 만인(萬人)의 형제로서의 이상(理想)은 경제적 경쟁이라는 사상과 매우 잘 협조를 한 셈인데, 경이적인 과학의 승리로 인한 공장의 증설과 물질적 생산 따위는 인간의 건강을 증진시켰고, 오늘날의 과학의 발달과 공장은 사상 최초로 인류로 하여금 기아를 몰아내고 물리적 풍요를 이룩할 수 있도록 해주었다. 그렇게 보면 과학과 경쟁적인 산업 때문에 전 세계적 인류애의 이상도 실현될 수 있었다는 결론이 나온다.

그러나 지난 20~30년 전부터 이 양자[6] 간에는 불화가 시작되었고, 드디어는 이혼을 향해서 달음박질치기 시작했다. 왜냐하면 가령 학교 성적이 우수하다든가, 주일학교에서 별을 많이 땄다든가, 돈을 많이 벌었다든가 하는 따위를 통해서 남들보다 경쟁에 앞서야 한다는 것을 강조하고 나면, 이웃을 사랑할 가능성은 점차 차단되고 만다. 앞으로 살펴보겠지만, 이와 같이 경쟁만을 강조하는 풍

---

5 개신교(改新敎) : 마틴 루터, 칼뱅, 웨슬리 등이 구교(舊敎)에 대한 개혁으로 제창한 기독교.
6 계몽주의에 의한 경쟁 및 이성의 강조와, 헤브라이 기독교적 전통에 의한 사랑 및 인류애 사상.

조는 마침내 같은 집에 사는 형제자매들이나 심지어는 부부 간에도 갈등만을 조성하고 사랑하지 못하게 만드는 요인이 되고 만다. 또한 현대 과학과 산업의 발달로 말미암아, 세계는 글자 그대로 "하나의 생활권"으로 발전했기 때문에 개인 간의 경쟁을 강조하는 것은 낡은 사고가 되고 말았다. 사회 속에 있는 내부적 모순이 최종적으로 폭발한 것을 파시즘 독재라 하겠는데, 여기서는 헤브라이 기독교의 가치인 인간애나 인권 따위가 맥도 못 추리는 것이 사실이다.

이 시점에서 경제적인 추구나 활동이 어째서 인간애를 좀먹으며, 어째서 이성과 감성은 반드시 분리되어 싸운다는 결론이 나와야 하는가 하고 의문을 던질지 모른다. 사실 오늘날과 같은 과도기적 세계에서는 누구나 그런 질문을 할 수 있을 것이다. 우리가 물려받은 낡은 목표나 범주, 원칙 따위는 우리의 마음속이나 무의식적인 습관 속에 여전히 남아 있지만 별반 작용하지 못하는데도 많은 사람들은 그러한 사실을 착각하게 되고, 위와 같은 질문을 계속 던지지만 올바른 해답을 얻을 수는 없다. 어떤 이는 학교 수업 시간에는 이성을, 사랑하는 사람에게는 감성을, 입시나 고등고시 준비생에게는 의지력을, 장례식에 갈 때나 부활절에는 종교적 의무를 강조한다는 결론을 낸다. 이와 같이 가치개념이나 목표를 분할해버린다는 것은 결과적으로 인간의 마음을 분열케 하여 그야말로 인격의 통합성을 저해하고 만다.

19세기 말엽과 20세기 초엽에 살았던 몇 명의 위대한 사람들은 후세의 인격분열 현상을 예언했다. 가령 헨리 입센[7]은 문학을 통해서 예견했고, 폴 세잔느는 미술을 통해서, 지그문트 프로이트는 인간의 본성에 대한 과학을 통해서 이 사실을 꿰뚫어보았다. 이 사람들은 모두 우리 인간은 새로운 통일성을 찾아야 한다고 주장하고 있다. 입센은 《인형의 집》이란 작품에서, 만일 남편들이 19세기의 은행가가 그랬던 것처럼 아내를 집 안에 둔 채 직장에 나가면서 전혀 별개의 세계를 만들고 만다면, 그의 아내는 하나의 인형으로 취급된다는 결론이 나오고, 그러면 가정은 파괴되고 만다는 것을 이야기했다. 세잔느는 19세기의 인위적이고 감상주의적 미술을 공격하면서 미술은 마땅히 인생의 진실한 현실을 다루어야 하고, 아름다움이란 그저 보기에 우미(優美)하다는 데 그쳐서는 안 되며 하나의 통합성에 바탕을 두어야 한다고 말했다. 프로이트는 만약 인간이 자신의 감정을 억압하고 마치 성욕이나 적개심이 전혀 없는 것처럼 행동하려 한다면 마침내 노이로제에 걸리고 만다고 말한다. 프로이트는 인격의 깊은 곳에 억압되어 불합리한 세력으로 남아 있는 무의식을 의식 세계로 끌어올려 생각하고 느끼고 의지를 나타내는 방향으로 만들 수 있게끔 하는 방법[8]을 창안해냈다.

방금 말한 입센, 세잔느, 프로이트의 주장은 충분히 의미가 있기 때문에 그들을 현대의 예언가라고 해도 지나치지 않다. 그야말로 이들은 각자의 영역에서 가장 중요한 공헌을 했다. 그러나 지금

---

7 헨리 입센(Henrik Ibsen) : 《인형의 집》의 저자. 극작가.
8 정신분석법.

생각해보면 이들의 공헌은 새로운 시대의 기수라기보다 지난 구세대를 정리한 것이라 할 수 있다. 왜냐하면 이들은 지난 세기의 가치와 목표를 전제로 했기 때문이다. 이들은 오늘날과 같은 공허의 시대를 살지는 않았기 때문에 이들의 공헌은 지난 세기를 정리하는 데 그쳤다고 할 수밖에 없다.

이렇게 정리하면 20세기 중엽의 진정한 예언가는 불행히도 키르케고르, 니체, 프란츠 카프카 등이라 할 수 있다. 내가 "불행히도"라는 용어를 쓴 것은, 우리가 당면한 과제가 훨씬 더 힘들다는 데 있다. 지금 말한 사람들은 우리 시대가 당면해야 하는 가치의 파괴와, 20세기의 인간을 매장할 고독감, 공허감, 불안을 예견할 수 있었다. 이들은 현대인이 지난날의 목표를 그대로 이어받을 수 없음을 깨달았다. 나는 이 책에서 이들을 자주 인용할 예정인데, 이는 이들이 현대를 예언한 가장 현명한 사람들이어서가 아니라 현대 지성인이면 누구나 당면하게 되는 특수한 상황에 대한 힘과 통찰을 제시해주었기 때문이다.

예컨대 니체는, 지난 세기의 과학은 하나의 공장처럼 기술 측면에서는 상당한 발전을 보였지만 윤리와 인간 이해의 측면은 여기에 보조를 맞추지 못했기 때문에 마침내 허무주의가 되었다고 본다. 그는 20세기에 일어날 결과를 예언하면서 "신(神)은 죽었다"고 말했다. 그의 작품을 보면 한 미친 인간이 "대체 신은 어디에 있소?"라고 고함을 지르며 돌아다니는 장면이 나온다. 신을 믿지 않았던 주변 사람들은 말하기를, "신은 멀리 항해를 떠났거나 이민을

갔겠지" 하고 웃어댔다. 그러자 그 미친 사람은 다시 외쳤다. "신이여, 어디에 계시나이까?"

"나는 너희에게 이른다. 우리는 그(神)를 죽였다. 당신들과 내가! 한데 어떻게 죽였단 말인가…… 전 수평선을 쓸어버릴 스펀지를 누가 우리에게 주었던가. 태양에 얽매인 지구의 쇠사슬을 끊어버렸을 적에 우리는 어떻게 했는가…… 우리는 어디로 움직여 가는가? 태양으로부터 멀리 떠나간단 말인가. 우리는 굴러떨어져 가는가. 뒷걸음인가, 옆으로인가, 아니면 전진하는가. 혹은 모든 방면으로 가고 있는가. 그렇다면 상과 하가 있는가? 우리는 텅 빈 공간에서 숨쉬며, 느끼지는 않는가. 점점 차가워지지는 않는가. 매일 계속 밤이 오고 밤이 오고 하지는 않는가…… 신은 죽었도다! 신은 죽어버린 것이다…… 그리고 우리가 그를 죽인 것이다……" 여기에서 그 미친 사람은 잠시 조용해지더니 주변을 다시 돌아보았다. 그들도 조용히 미친 사람을 바라보았다. 그는 "나는 너무 일찍 본 거야" 하고 말을 이었다. "이 거창한 과업이 지금도 진행 중이니까."

여기서 니체가 전통적인 신에 대한 믿음을 되찾으려 한 건 아니다. 그는 사회가 그 가치의 중심을 잃었을 때에 어떻게 될 것인가를 지적한 것이다. 그의 예언이 옳았다는 것은 유태인 학살 및 전제정치의 횡포 등에서 볼 수 있었다. 그야말로 거창한 일들이 진행되고 있다. 현대에 와서 인도적이고 헤브라이 기독교적인 가치가 사라지게 되면, 무서운 야만성으로 뒤덮인 밤이 닥쳐올 것이다.

니체에 따르면 여기서 빠져나올 길은 새로운 가치의 중심을 찾는 데 있으며, 그것을 니체는 모든 가치들의 "재평가된 가치", 또는 "초월가치"라고 명명했다. 그는, 모든 가치들의 "새로운 가치화"야말로 그가 제시하는 "구원의 처방"이라고 말했다.

지난 세기까지 통합 작용을 하던 가치의 중심은 금세기에 와서는 이미 쓸모가 없게 되었다. 우리 삶의 목표를 건설적으로 이끌기 위한 새로운 중심은 아직 발표되지 않고 있으며, 따라서 현대인은 어느 길로 갈 것인가를 결정하지 못한 채 고통스런 방황과 불안에 휩싸여 있다.

### 자기의식의 상실

또 다른 불행의 조건 중 하나는 우리가 인간의 가치와 존엄성에 대한 감각을 상실한 데 있다. 니체는 이것을 예언한 바 있는데, 그에 따르면 개인은 군중들에 의해 삼켜졌고, 따라서 우리는 "노예의 도덕" 속에 살고 있다는 것이다. 이와 똑같은 내용이긴 하지만 카를 마르크스는 현대인이 "탈인간화(脫人間化, dehumanized)"되었다고 했고, 카프카는 인간이 얼마나 자아의 동일성을 상실했는가를 소설에서 보여주고 있다.

그러나 이와 같은 자아감각의 상실은 하루아침에 일어난 것이 아니다. 1920년대에 살던 사람들은 자기 자신을 피상적이고 지나치게 단순화해서 생각하는 경향이 짙어가는 데 대한 증거를 보았을 것이다. 당시 '자기 표현'을 한다는 것은 기껏해야 머릿속에 떠오르는 것을 단순히 행하는 것에 불과했는데, 이는 마치 자아는 충동으로 전락했고, 인간의 결심은 남들의 회초리에서 이루어진다는 결론과 같다. 그것은 마치 급히 먹은 점심으로 체하는 것과 같이 인생철학이 소화되지 않고 받아들여진 탓이다. 이렇게 되면 자기를 안다는 것이 극히 이상하게 해석되어 인간은 마치 쉽사리 주위 환경에 '적응'되기라도 하는 동물처럼 생각되기도 하는데, 이런 견해는 존 B. 왓슨(John B. Watson)이 제창한 이른바 '행동주의(行動主義)' 심리학을 낳을 만큼 인간을 지나치게 단순하게 보는 방향으로 발전했다. 개에게 밥을 줄 때마다 종을 치면 나중엔 종소리만 듣고도 개의 타액이 나오듯이, 인간도 단지 어떤 기술에 의해서 공포감, 미신, 기타 문제 등에서 조건반사를 받아 소기의 목적만 이루면 기쁘게 생각해야 할 지경에 이르렀다. 이와 같이 인간의 상황을 지나치게 피상적으로 보려는 견해 때문에 그야말로 자동적인 경제발전에 대한 믿음마저 나타나는데, 이 이론에 따르면 인간은 고통이나 투쟁 없이 부자가 되고 더 큰 부를 모을 수 있다.

이렇게 되면 마침내 1920년대에 볼 수 있었던 종교적 도덕주의에 빠지게 되고 기껏해야 일요학교 무대 등을 만들어내고, 심리적 암시주의[9]에 빠져서, 결국 역사적 · 종교적 · 윤리적 지도자가 발견

---

9 암시주의(暗示主義) : 19세기 프랑스의 심리학자 에밀 규우에의 방법으로, 인간을 암시로써 좌우하려는 심리학파의 일종.

한 길은 통찰을 무시하는 결과를 낳는다. 실제로 그 당시 글을 쓰는 사람들은 모두 인간을 지나치게 단순하게 서술했다. 가령 초기의 버트런드 러셀만 하더라도 과학이 이대로 발전한다면 인체에 주사 한 번만 놓으면 감정을 바꿀 수도 있고, 성욕을 올렸다 내렸다 할 수도 있을 것이라고 말했다. 이와 같이 소위 단추 누르기식 심리학은 마침내 헉슬리가 《멋진 신세계》란 책에서 보여준 바와 같은 우스운 결과를 낳고 말았다.

1920년대는 일견 인간의 능력에 대해서 큰 자신감을 얻게 된 시대인 것처럼 보일지 몰라도 사실은 이와 정반대다. 그들은 하나의 기술 등에는 자신감을 얻었을지 몰라도 인간 자체에 대해서는 그렇지 못했다. 인간에 대한 지나치게 단순하고 기계적인 견해로 말미암아 결국 인간은 자신에 대한 존엄성, 다양성, 그리고 자유를 잃어버리게 되었다.

1920년부터 약 20여 년 동안 인간에 대한 존엄성과 능력의 불신이 더욱 노골화되었고, 마침내 인간은 아무것도 아니며 개인의 의사는 무시해도 된다는 구체적인 증거가 쏟아져 나왔다. 가령 전체주의적 움직임이나 불황과 같은 걷잡을 수 없는 경제적 공황 또는 지진을 겪을 때마다, 우리는 인간이 얼마나 보잘것없는가를 통감하는 것이다. 개인은 마치 "바다에 모래 넣기"처럼 그야말로 아무것도 아니게 되었다.

우리는 전진하노라.

마치 바퀴가 돌아가듯

하나의 혁명은

모든 것을 기록하도다.

봉급이나 물가가

오르기도 하고 내리기도 하듯이.

— W. H. 오든, 〈불안의 시대〉에서

　그래서 오늘날 대부분의 사람들은 그들이 어째서 보잘것없고, 신통치 않은 존재인지를 알기에 충분한 외부적인 이유를 가지게 되었다. 왜냐하면 현대를 지배하는 거대한 경제적·정치적·사회적인 움직임에 대해서 과연 인간은 무엇을 할 수 있는가 말이다. 권위주의는 종교, 과학은 물론 정치에 이르기까지 활개치는데, 이는 많은 사람들이 이것을 받아들일 생각이 있어서가 아니라, 그들 스스로가 자신을 보잘것없고 불안한 존재로 규정하기 때문이다. 그렇다면 인간은 2차대전 때 유럽에서 볼 수 있었던 독재적인 정치 지도자를 따르거나, 오늘날 미국에서 소위 여론이나 인습의 압력에 따를 수밖에 없는 운명에 놓이게 되었는데, 그것은 그 밖에는 별수가 없었기 때문이다.

　이런 식으로 생각해보면 개인의 가치에 대한 신념을 잃었다는 사실이 결국 사회적·정치적 집단독재를 낳은 원인이 되었음을 알게 된다. 더 정확하게 말한다면, 우리가 지적한 것처럼 자아상실과 집단주의 운동의 등장은 모두 오늘날 사회에 일어난 역사적인 변화 때문이라는 것이다. 그러므로 우리가 성취해야 할 것은, 전체주의와 탈인간화 현상을 물리치고, 인간들 사이에 있는 존엄성과 그 가치에 대한 신념을 회복시키는 것이다.

오늘날 인간이 자아감각을 상실한 데 대한 놀라운 모습은 알베르 카뮈가 쓴 《이방인》의 주인공에게서 볼 수 있다. 작품의 주인공 뫼르소는 그다지 이상한 인간이 아니고, 오히려 가장 평범한 현대인인 것이다.

어머니의 사망 소식을 들었음에도 그는 아무렇지도 않은 듯이 일하러 가고, 일상생활을 하고, 어떤 여인과 성교를 했다. 그러나 자신을 별로 의식하지도 않았으며, 스스로 결심해서 그런 것도 아니었다. 그 후 뫼르소는 한 인간을 총으로 쏘아 죽였는데 그것조차 그가 명백히 어떤 결심을 가지고 했는지 희미하게 생각되었다. 그는 살인죄로 기소되고 마침내 처형되는데, 모든 것이 그저 무서울 만큼 무관심과 무감각 속에서 진행되었다.

여기에서 뫼르소는 결코 존재하지 않았고 그의 뜻에 따라 행동한 것도 아니라는 결론이 나온다. 이 소설은 마치 카프카의 소설에서 볼 수 있는 애매모호한 현상과 같이, 매사가 희미하고 모호한 가운데 진행된다. 매사가 꿈속에서 일어나는 것과 같았고, 한 번도 이 세상에서 실제 살아보고 관계를 맺어보고 무슨 일을 해본 적이 없는 사람의 경우처럼 덤덤하게 느껴졌던 것이다. 주인공(뫼르소)은 외부적으로는 엄청난 비극 속에 살면서도 헤어나올 용기도 없고 또한 절망도 없는 가운데 살아가는 자인데, 이는 그에게 자신에 대한 감각이 없었기 때문이다. 마침내 사형집행의 순간에 그는 자신을 깨닫게 되었고 자아 존재를 실감했지만 때는 늦었다.

이 소설이야말로 현대인의 모습을 대표한 것으로, 현대인은 스스로 자기 자신을 찾지 못하고 살고 있는 것이 아닌가?

이렇게 극단적으로 나타나지는 않지만 자아상실 증세는 일상생활에서도 얼마든지 볼 수 있다. 가령 라디오나 텔레비전을 보면 프로가 끝날 때마다 "들어주셔서 감사합니다"라는 말을 빠짐없이 한다. 이것을 곰곰이 생각해보면 좀 이해가 안 된다. 라디오나 텔레비전은 애써 만든 작품을 시청자에게 보내주면서 어째서 그것을 가만히 앉아서 즐기고 있는 시청자들에게 "감사하다"는 말을 되풀이하는 것인가. 물론 라디오나 텔레비전이 시청자를 하나의 '소비자'로 만들고 있기 때문이다. 라디오나 텔레비전으로 현대인을 구제하기보다는 어쨌든 광고주의 청탁에 의지해서 그들의 비위를 맞추기 위해 시청자를 이용한다는 결론이 나온다.

물론 여기서 그러한 라디오 멘트를 비난할 생각은 없다. 다만 이런 상황이 오늘날 우리 사회에 일어나고 있다는 것을 언급했을 뿐이다. 이런 가운데 대부분의 현대인은 그들의 행동 자체를 가지고 판단하는 대신 남들이 자기의 행동을 어떻게 보는가를 기준으로 판단하게 된다. 즉 우리는 타인의 의견을 듣고 난 후에야 그것에 따라 우리의 의사를 결정한다. 그렇게 보면 수동적이고 행동을 당하는 사람이 행동하는 사람보다 오히려 행위의 효과를 좌우하는 위치에 있다. 그래서 우리는 생(生)에 있어서 자기 자신의 삶을 영위하고 행동하는 자기가 아니고 남들이 시키는 대로 움직이는 하나의 '수행자(修行者)'가 되고 만다.

가령 성(性)의 영역에서 살펴보면, 현대 남성 중에는 무의식적으로 자신을 만족시키기보다는 여성을 만족시킴으로써 여성의 칭찬을 받기를 원하는 사람이 의외로 많다. 이와 같이 남성이 자신은 돌보지 않고 여성만 만족시킨다면 그는 자신의 활발한 힘을 상실하게 되고 객관적으로 여성에게 만족을 못 준다는 결론이 나온다. 이때 남성의 성행위 기교가 아무리 뛰어나다고 해도 진정한 현실적인 정열이 더 중요하다는 건 말할 필요조차 없는 일이다. 이렇게 보면 힘과 가치는 행동이 아니라 수동성(受動性)과 관련을 맺고 있다고 하겠다.

오늘날 자아감각이 얼마나 해이해져가는가는 익살이나 우스갯소리 등을 생각해보면 알 수 있다. 익살은 자아감각을 보존하는 기능을 가지고 있어야 한다. 왜냐하면 우리는 익살을 통해서 어떤 객관적인 상황 속에 휩쓸려 들어가는 대신에 인간으로서의 독특한 능력을 표현할 수 있기 때문이다. 인간이 자기 자신과 자신이 당면한 문제 간에 어떤 '거리감'을 둔다는 것은 건강한 일인데, 그래야만 자신의 문제를 관조적인 자세에서 볼 수 있기 때문이다.

그러나 우리가 불안의 공황에 휩싸이면 웃을 수도 없거니와 자신과 주위 세계를 구분할 수도 없게 된다. 웃을 수 있는 한 우리는 완전히 불안이나 공포의 노예가 된 것이 아니다. 노래도 있듯이 웃을 수 있다는 건 용기가 남아 있다는 증거다. 가령 경계선상의 정신병[10] 환자라도 그가 마음속으로 웃을 수 있다면 자신을 바라볼 수 있는 능력이 있다는 것으로 "나는 얼마나 미친 짓을 했던가!" 하고 자기 반성을 할 수 있고 소위 자아동일성(自我同一性)을 상실하지는 않은 것이다. 만일 노이로제 환자든 정상인이든 간에 자기 자신의 심리적 문제가 무엇인가를 알고 있다면, 그는 자신도 모르는 사이에 "하하!" 하고 웃음을 던질 수 있다. 익살이란 결론적으로 말하면 주위의 객관적 세계에서 그래도 자기 자신이 하나의 주체자로서 새로운 평가를 할 수 있음을 보여주는 것이다.

이와 같이 익살이 건강한 기능을 한다는 것을 알게 되었는데, 현대사회에서 우리는 익살이나 웃음에 대해서 과연 어떻게 생각하게 되었는가? 가장 놀라운 사실은 오늘날에 와서는 이 웃음마저도 상품화되었다는 것이다. "한 번의 웃음"이라든가, 어느 프로그램에서는 "몇 번" 웃었느냐와 같이, 웃음도 마치 오렌지나 사과처럼 헤아리는 대상이 된 것이다.

E. B. 화이트의 작품처럼, 웃음이란 독자의 존엄성과 가치 의식을 높여주는 것이며, 어려운 문제에 당면했을 때 지혜를 던져주는 요소가 된다는 것을 밝혀준 책도 있기는 하다. 그러나 오늘날 대부분의 경우에는 그렇지 못하고 라디오나 텔레비전 프로처럼 기계적이고 억지웃음을 판다는 인상마저 주고 있지 않은가? 이와 같은

---

[10] 이는 20세기에 와서 나타난 병으로, 노이로제와 정신병의 경계선에 있어서 자칫하면 정신분열증으로 넘어간다. 이 병의 특징은 각종 비현실적 감각과 환각도 있지만 주로 각종 신체 증상을 호소하는 것이다.

억지웃음은 G. 베블렌(Thornstein Veblen)이 생생하게 표현한 것처럼 인간의 감수성과 지각을 둔하게 만드는 결과를 낳는다. 이 따위 웃음을 통해서는 곤란에 빠졌을 때 헤쳐나가는 새롭고 용감한 방편을 배우지 못하고, 반대로 불안이나 공허감에서 도피하려고만 하게 된다. 이런 웃음은 또한 우리가 괴로울 적에 술이나 섹스를 통해서 괴로움을 잊어버리려고 하듯이 일시적인 긴장 해소책은 되겠지만 그것이 지나고 나면 여전히 공허감이 남게 된다. 어떤 사람은 승리자의 웃음처럼 호탕한 웃음을 나타내 보이는데, 이것은 미소와는 구분된다. 또 어떤 이는 화가 나고 불안할 때에 웃는 수도 있다.

예컨대 히틀러의 '미소'를 찍은 사진에서는 오히려 일종의 찡그린 모습을 볼 수 있는데 이것은 바로 불안이나 노여움의 웃음이다. 호탕한 웃음은 새로운 성취를 이룩한 데 대한 만족의 웃음이 아니고, 자신이 다른 사람들을 꺾었다는 것을 만족하는 웃음이다. 이와 같은 호탕한 웃음이나 좀 전에 말한 억지웃음은 모두 인간의 존엄성과 중요성을 상실했음을 표시하는 웃음이다.

인간이 자신의 가치와 중요성의 느낌을 상실했다는 데 대해서는 앞으로도 여러 가지 예가 있을 줄 믿는다. 오늘날 우리는 아직도 지식이든 아니든 간에 인간 재발견이 얼마나 중요한가를 알지 못하고 있다. "자기 자신으로서 존재한다"는 것을 1920년대에는 "자기 표현을 한다"는 뜻으로 믿었으며 나름대로 어떤 이론적 근거를 가지고 질문을 던지기도 했다. 즉 "자기 자신이 없다는 것은 비윤리적으로 권태를 일으키는 것이 아닌가" 또는 "인간은 쇼팽의 곡을 들으면서 자아를 표현하는 것이 아닌가"라고. 이러한 질문은 그 자체로서 오늘날 인간이 얼마나 깊이 자기상실 상태에 빠져 있는가를 웅변적으로 설명한다. 그러므로 대부분의 현대인들은 그리스 시대의 소크라테스가 "너 자신을 알라"고 한 말이 얼마나 중요한 말인가를 깨닫지 못할 것이다. 현대인은 또한 키르케고르가 갈파한 "가장 날카롭게 탐구해야 할 일은 자기 자신을 아는 것이다"라는 말의 뜻도 알지 못한다.

### 대화 언어의 상실

우리는 자아감각을 상실했을 뿐 아니라 자신의 깊은 의미를 이야기할 언어를 상실하고 말았다. 이것은 바로 현대 서구사회에서 겪고 있는 고독의 중요한 한 측면이다. 예컨대 '사랑'이란 말을 생각해보자. 이 말은 사람들에게 감정을 일으키는 가장 중요한 용어임에 틀림없다. 만일 당신이 이 용어를 사용하면, 듣는 사람은 그것이 할리우드 배우들을 말하는 것인가 혹은 "나는 어린애를 사랑해"라는 말의 뜻인가 또는 종교적 자선의 뜻인가, 그렇지 않으면 우정의 표현인가, 성적 충동이 일어난다는 뜻인가, 전혀 알 길이 없는 것이다. 그 외에도 기술적 용어가 아닌 용어들, 즉 '진리', '통일성', '용기', '영혼', '자유' 또는 '자신' 등의 말에 이르기까지 그 정확한 뜻이 전달되지 못하는 것이 사실이다. 사람들은 대개 이런 말들에 대해서는 서로가 다른 어떤 특수한 의미를 내포시키기도 하고, 때로는 이런 용어를 될 수 있는 한 피하려고도 한다.

에리히 프롬이 잘 지적한 것처럼 우리는 기계에 대한 용어는 잘 기억하고 있다. 우리는 자동차 부속품의 이름은 정확하게 댈 수 있다. 그러나 우리가 의미 있는 인간관계에 대해서 말하려고 하면 당장 적당한 용어를 상실하고 만다. 그래서 마치 귀머거리나 벙어리가 표정과 동작 등으로 서로 교신하듯 말을 더듬게 되는 것이다. 엘리엇이 그의 시 〈텅 빈 인간들〉에서 말한 것처럼…….

우리들의 메마른 목소리는
우리가 속삭일 때에도
말이 되질 않고 의미가 통하지 않는다.
마른 풀에 스쳐가는 바람처럼
또는 텅 빈 지하실에서
깨진 유리 위를 밟는 쥐의 발소리처럼.

다소 이상하게 들릴지는 모르지만 언어가 그 효과를 상실했다는 것은 우리의 역사가 분열의 시기에 들어섰다는 증상을 나타내는 것이다. 역사의 변천 과정을 살펴볼 때에 가령 기원전 5세기 아이스퀼로스와 소포클레스가 작품을 썼을 당시의 그리스의 언어라든가 엘리자베스 여왕 때의 셰익스피어나 제임스 왕조 때의 성서 해석 따위와 같이, 인간의 언어가 얼마나 강력한 구속력을 가지고 있었는지를 볼 수 있다. 다른 시기에는 언어가 약하고 희미하여 구속력이 없었다. 가령 그리스 문화가 붕괴되고 헬레니즘 문화로 용해되었을 무렵의 언어가 그러하다. 즉 자세히 연구해보면, 문화가 통합성을 향해서 성장해 들어가면 그때의 언어는 통일성과 힘을 반영하고, 반대로 문화가 과도기에 접어들면 언어도 힘을 잃게 된다.

괴테는 "내가 18세가 될 때에 우리 독일도 18세가 되었다"라고 말한 적이 있는데, 그것은 당시 독일이 이념의 통일과 힘을 향해서 움직이고 있었던 것을 뜻할 뿐 아니라, 작가로서의 그의 힘을 전달하는 언어가 역시 그 단계에 있었다는 것을 의미한다. 오늘날에 와서 어의학(語義學)에 대한 연구가 점차 인기 학문으로 등장하게 되었다. 그러나 우리는 이미 우리가 배운 언어를 가지고 이러쿵저러쿵 얘기를 해야 하는 이유가 어디에 있는가 묻지 않을 수 없다.

개인 간의 대화에 사용되는 언어 이외에도 미술이나 음악 같은 다른 형태가 있다. 그림과 음악은 예나 지금이나 사회 속에 사는 개인의 느낌을 깊은 의미에서 말해주는 민감한 대변인이라 할 수 있다. 그러나 여기에서도 우리는 현대 음악이나 현대 미술이 도무지 통하지 않는 언어로서 나타나고 있음을 알 수 있다. 그리고 지식인까지 포함해서 우리가 별다른 무장 없이 현대 미술을 감상하려고 하면, 도무지 무엇이 무엇인지조차 알 수 없게 된다. 가령 인상파, 표현주의, 큐비즘, 추상주의, 대표주의, 대상 없는 미술 따위와 같이 별의별 파(派)들이 다 생겼고, 마침내 몬드리안(Mondrian)

은 사각과 직사각형만 가지고 그리며, 잭슨 폴록(Jackson Pollock)은 큰 널빤지에 페인트를 뿌려놓고 그림을 다 그렸다고 말할 지경에 이른 것이다. 나는 이들 그림에서도 때때로 만족을 얻기 때문에 이들 현대 미술을 비난할 생각은 없다. 오늘날 그와 같이 일급 화가들이 그런 식으로밖에는 그들의 감정을 나타낼 수 없다는 데 의미가 있다.

만일 당신이 뉴욕에 있는 학생 미술가 연맹을 방문했다면 비록 이 기구가 미국에서 가장 큰 미술 학생들의 기관이긴 하지만, 그곳의 학생들이 모두 제각각의 스타일로 그리고 있기 때문에 스무 발자국쯤 걸을 때마다 감정이 달라지는 것을 경험할 것이다. 르네상스 시대에는 일반인이라도 라파엘이나 레오나르도 다 빈치나 미켈란젤로의 그림을 감상하고 그것이 무엇을 나타내는지, 작가는 어떤 생각을 가지고 있었는지를 알 수 있었다. 그러나 만일 예비 지식이 없는 사람이 오늘날 뉴욕 57번가의 미술관에 가볼 것 같으면 피카소, 달리, 마린 등의 그림을 볼 수 있는데 작가가 무엇인가 의도하고 있구나 하고 느낄 수는 있으나 그것이 무엇인지 알 길이 없는 것이다. 그림을 보고 있노라면 이유 없이 당황하게 되고 마침내 신경질이 나고야 만다.

니체는 한 인간의 삶은 그의 '스타일'을 보고서 안다고 했다. 말하자면 그가 활동을 할 때에 어떤 통일성을 이루는 명백한 무엇이 숨어 있는 고유의 형태가 있어야 한다는 것이다. 이 말은 문화에도 적용시킬 수 있다. 그렇다면 현대의 '스타일'은 무엇인가? 현대에는 '스타일'이라고 할 만한 것이 없다. 이들 여러 가지 미술파들이 가진 공통점이 있다면, 세잔느나 반 고흐의 작품에서처럼 19세기 미술이 가진 감상주의와 위선(僞善)에서 탈피하려고 애쓰고 있다는 점일 것이다. 그들은 의식적이든 무의식적이든 자신의 그림을 통해서 자신이 경험하는 세계의 어떤 딱딱한 현실을 말하려고 했던 것이다. 그러나 진실을 향해 이들이 피나게 탐구했음에도 마치 프로이트나 입센이 그들의 전공 분야에서 그러했던 것처럼, 그곳에는 단지 스타일의 혼성곡(混成曲)이 있을 뿐이었다. 이와 같은 현대의 혼성곡은 우리 시대가 분열되어 있다는 사실을 나타낸다. 현대 미술에서 볼 수 있는 바와 같이, 조화를 잃고 공허하기만 한 그림은 바로 현대의 상황에 대한 정직한 청사진이다.

　작가는 자신의 뜻을 나타내기 위해서 별의별 스타일을 다 동원해보지만, 타인에게 정확히 전달할 공통의 언어는 이미 없는 것이다. 피카소와 같은 대가도 그림 스타일을 여러 번 바꾸었는데, 그것은 마치 항해 중의 무전사가 다이얼을 이리저리 돌려서 맞추듯 서구사회가 지난 40년간 겪은 변화의 성격을 반영해준다. 그러나 미술가나 우리나 똑같이 정신적으로는 격리되어 있으며, 고독을 메우기나 하려는 듯이 우리는 세상사나 사업 이야기, 최근의 뉴스 등에 대해서 열심히 지껄인다. 그러나 그럴수록 우리의 마음속 깊은 곳은 점점 비어가며, 더욱 고독해진다.

### 인간의 고향인 자연에 대한 무관심

자기 동일성의 감각을 잃어버린 인간들은 자연과의 관련성에 대한 느낌도 상실하고 있다. 그들은 나무나 산과 같은 무생물과 유기물에 대해 어떤 관계를 맺고 있는지 등한할 뿐 아니라, 동물에 대한 동감[11]마저 잃어버린 상태다. 정신요법에서는 공허감을 느끼는 사람에게 그들이 잃어버린 자연과의 관계를 회복시켜주는 것이 얼마나 중요한지 모른다. 다른 사람은 해가 뜨면 활동을 개시하지만 그들 자신은 유감스럽게도 비교적 냉랭하게 남아 있게 된다. 다른 이들은 바다의 거대함과 경악을 알고 있지만, 노이로제 환자들은 바닷가나 바위 위에 앉아서도 그것에 대해서는 별반 느끼질 못한다.

우리들은 자연과의 관계를 공허감과 불안 때문에 파괴시키고 말았다. 학교에서 원자폭탄을 피하는 방법을 배우고 귀가한 꼬마가 어머니에게 말했다. "엄마, 우리 하늘이 없는 곳에 가서 살아요." 이것은 인간이 불안으로 말미암아 자연으로부터 얼마나 떨어져갔는가에 대한 단적인 표현이다. 현대인은 스스로가 만든 폭탄 때문에 하늘까지 두려워해야 하고 굴 속에 숨어야 하는데, 이 하늘이야말로 인간에게는 전통적으로 풍요와 상상(想像)과 긴장 해소의 위대한 상징이었던 것이다.

---

11 동감(empathy) : 이는 동정과 다르며, 양자가 공히 느끼는 오고가는 감정.

일상생활의 측면에서 조금 더 살펴보자. 모든 현대인의 특징이기도 하지만 한 인간이 공허감을 느낀다고 할 것 같으면, 그는 그 주변의 자연에 대해서도 공허하다고 느낄 것이며, 말라빠졌거나 죽었다고 선언하게 될 것이다. 이와 같은 공허감의 두 가지 측면은 인간의 생에 대한 관계가 빈곤하다는 것에 대한 표현이라고 할 수 있다.

만일 우리가, 인간이 현대에 와서 자연과의 관계를 얼마나 많이 잃게 되었는가를 살펴본다면 인간과 자연과의 단절 상태가 무엇을 의미하는지를 명확하게 알게 될 것이다. 즉 유럽에 있어 르네상스를 계기로 인간은 동물이든, 나무나 무생물이든, 별이나 하늘이든 모든 방면에서 자연에 대한 관심이 대단했던 것을 알 수 있다. 우리는 이 사실을 초기 르네상스 시대의 지오토의 그림에서 역력히 볼 수 있다. 우리가 만일 자연을 주제로 한 개성미 있고 호연한 미술을 감상할 기회가 있다면 당신은 바로 지오토를 연상하게 될 것이고, 그 속에 있는 매력적인 양이나 생기 있는 개, 그리고 늠름한 노장의 모습을 볼 수 있는데, 이들은 모두 생기발랄했던 당시의 인간 모습의 일부를 보여준다. 그리고 만일 당신이 지오토의 그림을 중세기 작품과 비교한다면 작품 속에 있는 바위나 나무가 기쁨에 넘치는 모습으로 표현되어 있음을 알게 되는데, 이것은 다만 종교상의 상징적 메시지로서 의미가 있을 뿐 아니라, 인간의 감정을 있는 그대로 기쁨, 슬픔, 만족 따위와 같이 잘 표현하는 것이다. 만일 인간이 자기 자신을 실감하고 자신의 삶의 느낌마저도 실감한다면, 자연에 대해서도 마찬가지로 느낀다는 사실을 우리는 그의 그림을 통해서 알 수 있다.

르네상스 시대에 와서 인간을 새롭게 감상하게 되었음을 우리는 당시의 인체에 대한 관심에서도 알 수 있다. 우리는 이런 현상을 여러 가지 형태로 볼 수 있다. 보카치오의 작품에서 볼 수 있는 감각성에서나, 미켈란젤로의 그림이 보여주는 영웅적이고 강력한 조화로운 인체에서나, 셰익스피어에서 나타나는 신체에 대한 다각적인 묘사 등은 모두 이런 예라 하겠다. 이들은 다 자연에 대한 과학적 연구의 열망을 보여준다. 당시는 모든 자연에 대한 열망과 자연 중의 으뜸인 인간을 다루었는데, 이때의 인간은 '우주적 인간'이었다.

그러나 19세기에 이르러 자연에 대한 흥미는 점차 기술적인 것에 국한되었고 인간의 유일한 관심은 어떻게 하면 자연을 지배하고 이용할 수 있는가에 그쳤다. 폴 틸리히[12]는 함축성 있게 이렇게 개탄한 바 있다. "세계는 이제 매력을 잃었도다"라고. 실로 이렇게 매력을 잃게 한 작업은 19세기의 데카르트까지 거슬러 올라가는데 그는 인간을 신체와 정신으로 구분했고, 데카르트 이래 우리는 잴 수 있고 무게를 달 수 있는 물질적 세계와 인간의 내적 경험을 쌓는 주관적 세계를 완전히 구별해야 했다. 이러한 이원론(二元論)의 영향 아래서 인간은 눈에 보이지 않는 내적 주관의 세계, 즉 마음

---

12 폴 틸리히(Paul Tillich) : 실존적 신학자로서 새로운 인간적 신학을 개발했고, 특히 정신분석학자와 가장 많은 대화를 나누었다. 《존재에의 용기》 등 저서가 많다.

을 선반 위에 올려놓고 기계적이고 측정 가능한 물질의 세계에 대한 동경과 성공에 열중하게 되었다. 그리하여 19세기의 자연은 과학이 보여준 바와 같이 전적으로 비인간적이 되었고, 오직 돈을 벌기 위해 계산되는 대상이 되고 말았다. 예컨대 지리학자들은 오직 무역이나 장사하는 데 편리한 대상으로만 바다에 관심을 보일 뿐이었다.

지금 말한 바와 같이 인간이 잴 수 있고 팔고 살 수 있는 물질에 지나치게 관심을 쏟게 된 것은 물론 산업주의와 부르주아 상업주의 때문인데, 여기서 나는 기계와 기술의 발달 자체를 나무라는 것은 아니다. 여기서 말하고자 하는 것은 인간이 자연에 대한 관심에서 멀어지게 되었다는 역사적인 사실이다.

19세기 초엽에 윌리엄 워즈워스(William Wordsworth)는 누구보다도 이 자연에 대한 관심이 상실되어간다는 것을 느꼈고, 그 결과 지나치게 상업주의에 휘말려 있음을 지적했는데, 이때 물론 상업주의가 자연의 소외 현상을 낳았다고 반대로 말할 수도 있었다. 그는 시로써 이렇게 표현했다.

> 세계는 너무나 우리를 매혹하여 조만간
> 낭비를 일삼고, 우리의 힘을 소모케 했네.
> 우리들의 것인 자연을 등한히 하고서……
> 우리는 우리의 마음을 멀리 던지고
> 바다는 젖가슴을 멀리 달나라로 보냈네.

잠자는 꽃을 흩뜨리지 마라.
모든 것이 곡조(曲調)를 잃었구나.
위대하신 신이여! 더는 인간의 장난을 용서치 마십시오.
나는 차라리 벌판의 원시인이 되어
기쁘게 자연을 즐기며
프로테우스가 바다에서 나오는 것을 보고
옛날의 트리톤이 부는 뿔나팔 소리를 들으리.

여기에서 워즈워스가 프로테우스나 트리톤 등의 신화적 인물을 내세운 것은 우연한 일이 아니다. 프로테우스는 바다의 신으로 바다의 움직임이나 색깔의 변화를 주관하고, 트리톤은 바다 조개로 만든 퉁소를 불어서 바닷가의 모든 존재의 소리를 들을 수 있게 했다. 프로테우스나 트리톤은 오늘날 인간이 잃어버린 것으로, 이것을 해석해보면 인간이 자신의 내면도 보지 못하고 동시에 자연과의 관계도 맺지 못하고 있음을 뜻한다.

데카르트의 이원론으로 말미암아 인간은 마녀에 대한 미신을 버리게 되었는데 그것은 18세기 미신의 극복이었다. 이것이 위대한 수확임은 누구도 부정하지 않는다. 그러나 우리는 이와 동시에 선녀나 신선이나 숲속과 땅 위의 신령을 모두 잃어버렸다. 일반인들은 마음속의 미신을 말끔히 쓸어버렸기 때문에 좋은 일이 아닌가 하지만 나는 이것은 잘못된 생각이라고 본다.

왜냐하면 인간이 전설 속에 나오는 선녀나 신선이나 하는 것들을 잃게 됨으로써 우리들의 마음속이 메말라가기 때문이다. 이렇게 인간이 말끔히 씻어낸 마음은 텅텅 비게 되어 이번에는 더 나쁜 귀신인 독재주의니 수소폭탄이니 달 정복이니 하는 것들로 가득 채워지게 되었다. 그렇게 해서 우리의 세계는 점점 매력을 잃게 되었고 이것은 자연과 인간 사이의 조화 있는 곡조를 깨뜨리는 결과를 낳고 말았다.

자연에 뿌리를 박고 있는 인간의 몸은 공기나 풀, 물과 동일한 화학원소로 구성되어 있다. 인간은 그 외 여러 가지 방법으로 자연에 참여한다. 계절의 변화나 밤과 낮의 교차가 보여주는 음율성(音律性)은 인간의 생리현상에도 그대로 적용되는데, 가령 배고프고 배부르고 잠자고 잠 깨고 또는 성적 흥분을 하고 만족을 얻는 등 헤아릴 수 없이 많은 조화와 음율성을 우리는 가지고 있다. 바다를 변화시키는 프로테우스라는 신이 있듯이 인간에게도 감정의 변화를 위시해서 많은 생리적 변화들을 조절하는 기능이 있다. 이런 의미에서 인간이 자연과 관계를 맺는다는 것은 자연 속에 뿌리를 박는 것이 된다.

그러나 다른 관점에서 보면 인간과 자연은 매우 상이하다. 인간은 의식을 가지고 있어 다른 동물이나 무생물과 자신을 구분한다. 그러나 자연은 인간의 특권을 인정하지 않는다. 우리가 자연과 관계를 맺어야 한다는 것이 이 책의 가장 중요한 핵심인데, 그래야만 인간이 자기 자신을 발견하는 길로 갈 수 있다고 하겠다. 우리는 말 없는 자연에 대해서 살아가는 인간으로서의 존재를 확신해야 하며, 이 자연의 침묵에 대해서 인간의 내면적 생동성을 채워주어야 한다는 것은 대단히 중요한 일이다.

만약 인간이 전적으로 자연과 관계를 맺게 되면, 자연에 휩쓸려 들어가는 것이 아니라 더 강한 자신감을 느낄 수 있다. 왜냐하면 자연의 침묵과 무기성(無機性)을 인식한다면 우리는 얼마만큼 위협을 느끼게 된다. 우리가 웅장한 바위나 황량한 바다를 본다면, 그리고 바다는 "다른 사람을 위해서 눈물을 흘리지 않는다"는 사실을 알게 된다면, 우리 인간은 압도당하고 만다. 멀리 펼쳐진 산봉우리를 바라보면 우리는 그것과 '공감'을 가지게 될 것이나, 산은 친구도 만들지 않고 쓸데없는 약속 따위도 하지 않는다는 사실을 알게 되면 인간은 정말 두려운 생각에 휩싸일 것이다. 이것은 인간이 무기물을 대할 때에 무존재(無存在, nonbeing), 즉 죽음에 대한 공포를 느끼기 때문일 것이다. 그리고 "우리는 먼지에서 와서 먼지로 돌아갈 것이다"라는 말을 실감하게 된다.

이처럼 자연과의 관계는 우리에게 하나의 불안을 안겨주었다. 이런 불안에서 도피하기 위하여 인간은 상상력을 차단하기도 하고, 점심식사는 뭘로 할까 하는 생각으로 돌리기도 한다. "바다는 나를 해치지 않을 거야"라고 생각하기도 하고, "하늘이 나를 도울 거야"라고 위안을 얻기도 한다. 그러나 인간이 불안에서 도피하려 하면 할수록 그리고 빠져나오려고 하면 할수록 결국에 가서는 더욱 약해지고 만다는 것을 알아야 한다.

그렇기 때문에 우리는 자신(自信)을 가지고 창조적으로 자연과 관계를 맺어야 한다. 무기물로서의 자연의 존재에 대립되는 자신을 확인하게 되면 자신감이 더욱 커진다. 이러한 점에서 이야기를 시작할 수 있는데, 어떻게 하면 그런 힘이 나올 수 있는지는 다음 장에서 다루겠다. 여기서 한 가지 강조하고 싶은 자연과 관계를 맺지 못하면 자신의 자아감정마저 상실하게 된다는 것이다. "우리들의 것인 자연을 등한히 한다"는 것은 많은 현대 시인의 시에서도 엿볼 수 있는데, 그것은 약화되고 시든 인간의 표현이라고 할 수밖에 없다.

### 비극의식의 상실

인간이 자신의 가치와 존엄성에 대한 확신을 잃게 되면 마침내 인생에 불가피한 비극의식을 상실한다는 결론이 나온다. 비극의식이란 인간의 중요성에 대한 신념의 반대 극(極)에 해당하기 때문이다. 비극의식은 인간 실존에 대한 깊은 존중을 내포하며 인간의 권리와 운명에 대한 헌신을 요구한다. 그렇지 않은 비극이라면 문제가 되지 않을 것이다.

아서 밀러는 《세일즈맨의 죽음》 서언에서 현대에는 비극이 결핍되었다는 놀라운 얘기를 한 적이 있다. 비극적 성격이란 "만일 어떤 일(즉 인간의 존엄성 따위)을 지키기 위해서 필요하다면 목숨을 바칠 준비가 되어 있어야 한다"는 것이며, "비극적 권리란 삶의 조건으로서, 그 속에서 인간의 인격이 꽃필 수 있고 실현될 수 있는 조건이어야 한다"고 밀러는 말한다. 이와 같은 조건은 서양 역사상 크나큰 비극이 씌어졌던 시기에 생긴 것이다. 가령 B. C. 5세기경의 그리스의 역사를 보면 아이스퀼로스와 소포클레스가 오이디푸스, 아가멤논, 오레스테스의 비극에 대해 썼고, 엘리자베스 여왕 때의 셰익스피어는 리어왕, 햄릿, 맥베스에 대한 비극적인 사실을 썼다.

그러나 오늘날과 같은 공허감의 시대에서는 비극이란 비교적 드물다. 그리고 비극적 상황이란 유진 오닐이 《아이스맨 코메스(The Iceman Cometh)》에서 쓴 바와 같이 인간의 생활이 비어 있다는 데 있다. 이 희곡의 장면은 바로 술집을 무대로 하여 주정꾼, 매춘부, 정신병자들이 우글거리는 곳이었고, 이들은 자기네가 무엇인가 신념을 가지고 있던 옛날을 희미하게나마 회상하는 식으로 얘기가 진행된다. 이 희곡 속에 있는 동정과 공포와 전통적 비극의식을 통해서 우리는 인간의 존엄성의 문제를 생각할 수 있다.

이미 언급한 바와 같이 아서 밀러의 《세일즈맨의 죽음》은 그가 주정뱅이든 정신병자든 간에 현대인이 서 있는 사회적 상황을 솔직히 보여주는 사람들을 등장시켰다. 주인공은 그 사회의 가르침을 심각하게 받아들였는데, 그 가르침이란 성공하기 위해서는 열심히 뛰고, 어디든지 가서 '접근'에만 성공하면 돈도 벌 수 있고 성공할 수도 있다는 것이다. 여기에서 주인공 윌리의 환상은 옳지 않고 불건전한 가치에서 출발했다. 그러나 문제는 그것이 아니다. 문제는 윌리가 자신과 자신이 배운 것을 너무 믿은 데 있다. 윌리가 파멸하게 되자 그의 부인은 아이들에게 "난 그이가 훌륭하다고는 생각지 않아…… 그러나 그야말로 인간다운 인간이었어! 그런데 비극이 닥쳤단 말이야. 그러니 조심해야 된다!"라고 말했다. 윌리의 비극이란 리어왕과 같은 과대망상가가 아니란 점이며, 햄릿과 같이 내적인 풍부성을 가지고 있지도 못했다는 데 있다. 윌리야말로 그의 부인이 한 말과 같이 "항구를 찾아 헤매는 작은 보트"였던 것이다. 그러나 그것은 역사 단계의 비극이었다. 윌리와 같은 몇백만의 아버지와 형제들이 윌리처럼 그들이 배운 대로 믿고 있었다면 그들 역시 그 옛날의 비극과 마찬가지로 연민과 공포를 느끼게 될 것이다. "그는 자신이 어떤 사람인지를 몰랐단다"라고 그의 부인은 중얼거렸는데, 윌리야말로 알고자 하는 그의 권리를 심각하게 추구했다고 하겠다.

"그의 비극적 성격에서 나타나는 결점이란……" 하고 저자는 말한다. "그는 선조들과 달라서, 그의 존엄성이 도전을 받았을 때에 그대로 넘기지를 못하고 자신이 누구인가 하고 자아를 찾으려는 백절불굴의 성품이 있었는데, 그것이 바로 비극이었다." 오늘날 자신이 당면한 운명을 그저 수동적으로 감수만 하고 아무런 손을 쓰지도 않고 보복을 하지도 않는 사람은 흔히 결점이 없는 사람이라는 말을 듣게 된다.

우리가 비극적 의식을 강조한다고 해서 우리를 비관론자라고 보아서는 안 된다. 이와는 정반대로 밀러도 주장하듯이 "비극은 희극보다 훨씬 더 큰 낙관주의를 내포하고 있어서…… 마침내 인간이라는 동물에 대한 더 밝은 통찰을 강화해준다." 왜냐하면 비극적 견해를 통해서 우리는 인간의 자유라든가, 자신을 알 필요성 따위에 훨씬 더 신중하게 임할 수 있기 때문이다. 이것은 우리가 주장해온 바와 같이 인간이 휴머니즘을 이룩하기 위해 백절불굴의 의지를 가지고 밀고 나가는 것을 의미한다.

최근 정신분석의 발달로 말미암아 우리는 인간 심리의 심층을 더욱 많이 알게 되었는데, 무의식 속의 갈등을 살펴보면 인간성 속에선 이 비극적 요인이 얼마나 중요한 역할을 하는가를 알 수 있다.

정신치료를 받는 자는 위신을 손상시키려는 그의 내적·외적 자극들과 피눈물나는 투쟁을 벌이는데, 치료를 받고 나서는 자신의 존엄성을 더욱 깊게 인식하며, 인간에 대한 사랑을 펴나갈 줄 알게 된다. 정신치료를 받게 되면 사람들은 자기 자신을 결코 속일 수 없고 자신의 운명을 진지하게 받아들여야 한다는 것을 절실히 배우게 된다.

이 장에서 우리가 살펴본 현대인의 불행의 조건에 매우 어두운 진단이 내려진 셈이다. 그러나 그렇다고 해서 그 예후가 반드시 어두운 것은 아니다. 이 예후의 긍정적 측면은 우리가 아무런 선택의 여지가 없이 다만 전진해야 한다는 점이다. 정신분석 치료를 받는 사람들이 자신의 마음속에 있는 각종 방어작용과 환상 등에 부딪히더라도 후퇴하지 않고 밀고 나가면 마침내 좋은 결과가 온다는 것도 마찬가지다.

우리들은 — 나는 물론 모든 사람들을 다 포함해서 — 젊은이든 늙은이든 간에 우리가 살고 있는 시대의 역사적 상황을 잘 알고 있기 때문에 1920년에 볼 수 있던 "잃어버린 세계"는 아니다. 당시 2차대전 후의 젊은 세대들은 이유 없는 반항을 했는데, 이들에게 "잃어버렸다"는 말을 적용해본다면 그것은 잠시 집에서 멀리 떠났다는 것을 뜻하며, 혼자 지내다가 너무 놀라운 일이 생길 때에는 언제나 집으로 돌아갈 수 있다는 말이었다. 그러나 현대의 우리는 돌아갈 집이 없다. 우리는 마치 대서양에서 돌아갈 수 없는 선(線)을 넘어선 비행사처럼 되돌아갈 휘발유가 없기 때문에 폭풍이 불거나 그 외의 어떠한 위험이 닥치더라도 오직 전진할 수밖에 별도리가 없다.

그렇다면 우리 앞에 가로놓인 과업이란 무엇인가? 여태까지 분석한 바에서 이미 명백해진 것이지만 우리는 인간성 속에 있는 능력과 통일성의 원천을 되찾아야 한다. 이 과업은 인간성 속에 있는 가치는 물론이거니와 우리가 사는 사회가 지닌 가치도 발견하고 계발하는 것이다. 우리는 우리의 타고난 가치가 무엇인지를 확신하며, 이를 적극적으로 선택할 수 있는 능력이 있어야 한다. 만일 이와 같이 가치에 대한 저울질을 할 수 없다면 아무 일도 이루어지지 않을 것이다. 이와 같은 가치 선택이 바로 우리 현대인이 해야 될 일로서, 이렇게 되면 마치 중세 암흑 시대가 붕괴되고 르네상스가 오듯이 오늘날의 혼란기는 사라지고 새롭고 창조적인 사회가 전개될 것이다.

한때 윌리엄 제임스는 말하기를, 세계를 건강하게 만들려는 사람은 먼저 자기 자신을 건강하게 하는 것을 전제로 해야 한다고 했다. 우리는 여기서 한 걸음 더 나아가, 우리가 이웃을 돕고 공헌하기를 원한다면, 먼저 우리 자신 속에 있는 능력을 발견해야 한다. 가령 노르웨이 근처를 지나는 어선이 소용돌이 속으로 들어가는 것을 보았다면 어부는 그 휘몰아치는 소용돌이 속에 노를 던져 넣어야 하는 것인데, 그렇게 하면 소용돌이는 잔잔해지고 배는 무사히 지나갈 수 있다. 이와 꼭 마찬가지로 강한 내적인 힘을 가지고 있는 사람은 주변 사람들에게 닥친 극도의 불안 상태를 가라앉힐 수 있는 커다란 능력이 있다. 이것이 바로 우리 사회가 요구하는 일로서, 이는 어떤 천재나 초인이 아니라, 자신이 자신 속에 있는 능력을 찾을 수 있는 실존하는 존재에 의해서 이룩될 수 있다. 다음으로 인간의 내재적인 힘의 원천이 어디에 있는가를 찾아보기로 하자.

제2부

자아의 재발견

# 1. 참다운 인간이 되는 경험

참된 자기를 되찾고 내적인 힘과 안정성의 원천을 찾아내기 위해서는 처음부터 질문을 던지지 않을 수 없다. 즉 사람이란 무엇이며, 자아감각이란 무엇인가?

몇 년 전 한 심리학자가 자신의 젖먹이 아이와 같은 나이의 침팬지를 기른 적이 있다. 처음 몇 개월 동안은 아이나 침팬지나 똑같은 속도로 자라났다. 별다를 바가 없었던 것이다. 그러나 1년이 지나자 어린아이에게 많은 변화가 일어나기 시작했고, 그 후 이들 간에는 큰 차이가 생겼다.

이것이 바로 우리가 기대하는 바다. 왜냐하면 인간과 다른 포유동물은 어머니 배 속에 있을 때는 별반 차이가 없으며 숨도 쉬고 심장이 뛰기 시작하는 첫 달도 역시 마찬가지지만, 두 살 전후로 인간은 발육 과정에서 가장 중요한 변화를 겪는데, 그것이 바로 자신에 대한 의식이다. 인간은 이때부터 나(自我)라는 것을 의식하게 된다. 태아가 자궁 속에 있을 때는 어머니와 동시에 공존하는 공동체이고, 그 후 얼마까지도 어머니의 일부분과 같은 심리 속에 머물러 있다. 그러나 두 살이 되면 어린이는 자신을 깨닫게 되고 비로소 자유를 알게 된다. 그레고리 베이트슨(Gregory Bateson)이 말한 바와 같이 어린이는 그의 부모와 관계를 맺는 일에서 자유라는 것을 알게 된다. 아이는 자신의 부모에게서 떠나 있고 필요한 경우에는 부모들을 반대해야 한다는 것을 스스로 경험하게 된다. 이것은 인간동물에 불과했던 유아(幼兒)가 비로소 한 개인이 되는 놀라운 변화이다.

### 자기의식 - 인간의 독자성

자기의식은 자신을 마치 밖에서 보는 것처럼 보는 능력인데 이는 사람만이 가지는 특징이다. 나의 친구는 개를 길렀는데 그 개는 누가 오면 짖고 뛰어오르면서 놀기를 바랐다. 친구의 말인즉 개가 짖는 것은 같이 놀고 싶은 생각 때문이라는 것이다. 우리 친구들은 참 신통한 일이라고 생각했다. 그러나 개는 이런 생각을 말할 수 없을 뿐만 아니라, 공놀이를 할 수 있다손 치더라도 자기 자신을 바라볼 수는 없다. 개는 인간과 같은 의식이 발달하지 못했다.

개는 자기의식이 없는 대신 노이로제도 없고 불안이나 죄악감도 없다. 때문에 오히려 인간보다 축복받지 않았는가 하고 묻는 사람이 있을지도 모른다. W. 휘트먼은 이렇게 개를 부러워했다.

나는 차라리 돌고 돌아서 개와 같이 살았으면…… 그들은 땀도 흘리지 않을뿐더러 그 상태를 불평도 않는다. 어두운 밤에 잠 못 이루며 죄 때문에 우는 일도 없을지니……

사실 사람이 자신을 의식한다는 것은 가장 높은 수준의 능력임에는 틀림없다. 바로 이 의식 때문에 우리는 '나'와 세계를 구분할 수 있다. 자기의식이 있음으로 해서 시간도 지킬 수 있고, 의식 때문에 현재를 넘어서는 시간도 상상할 수 있으며, 어제와 내일을 아는 개념도 인식할 수 있다. 그래서 사람은 어제 배운 것을 오늘과 내일을 위해 쓸 수 있다. 그와 같은 이유로 사람은 역사적 동물이라 할 수 있고, 또한 그는 역사적으로 그 밖의 일을 알 수 있다. 사람으로서의 성장 과정에 영향을 줄 수도 있으며, 얼마간은 그를 둘러싼 국가나 사회 전반에 영향을 미치기도 한다. 이처럼 인간이 가진 자기의식의 결과 그는 상징성을 사용하는 능력도 지니게 되었다. 가령 '책상' 하면 그 단어와 더불어 그것이 모든 교실에 다 있다는 것을 깨달을 수 있는 것이다. 그래서 우리는 '아름다움', '이성(理性)', '선(善)' 따위와 같은 추상명사에 대해서도 생각할 수 있게 되었다.

이 의식의 능력 때문에 우리는 마치 남들이 우리를 보듯이 우리 자신을 바라볼 수도 있고 공감을 느낄 수도 있다. 그리고 만일 내가 저 사람과 같은 처지였다면 어떻게 느끼고 어떻게 행동했을 것인지 짐작해볼 수도 있다. 사람이 이 의식을 잘 사용하는지 또는 잘못 사용하는지는 불문에 부치고 어쨌든 이것이 기초가 되어 인간은 이웃을 사랑할 수도 있고 윤리적 감정을 가질 수도 있으며, 진리를 알고 미(美)를 창조하고 인간의 이상을 위해 자신을 헌신하기도 하고 경우에 따라서는 목숨까지도 바칠 수 있다.

이런 능력을 완수함으로써 비로소 우리는 '사람'이 될 수 있다. 이것이 바로 헤브라이 기독교적 전통에서 말하는, 사람은 신의 생각 속에서 창조되었다는 뜻이라고 할 수 있다.

그러나 이러한 은총은 높은 대가, 즉 불안과 내부적 위기라는 대가를 지불함으로써 얻어진다. 이렇게 보면 자신이 탄생한다는 것은 쉽고 단순한 일이 아니다. 어린아이는 부모의 충분한 보호가 있기 때문에 자신의 결심 없이도 기쁨의 앞날을 바라볼 수 있다. 물론 아이가 처음 자기라는 것을 느끼게 되면 주변의 강한 어른들과 비교하게 되고 심한 무력감을 느끼기 일쑤다. 그가 어머니에게 의존하기 위해 애를 쓰는 동안 그는 꿈을 꾸게 된다. "나는 큰 배(母船) 옆에 매여 있는 작은 배에 타고 있었지요. 마침 큰 풍랑이 일어나 나는 내 배가 큰 배에 매여 있는가를 살피게 되었답니다."

부모에게 상처를 받지 않은 건강한 아이는 불안이나 위기의식에 부딪히게 되더라도 발달을 계속하게 된다. 그래서 이런 사람에게는 외적인 상처의 흔적도, 또는 특별한 반항심도 찾아볼 수 없다. 그러나 부모가 자식을 자기 마음에 맞도록 하기 위해서 이용했거나, 그를 까닭 없이 미워하고 거부함으로써 아이가 전전긍긍하는 상태에서 자라나게 했다면, 결국 부정적이거나 고집 센 사람으로 등장하게 된다. 어린이가 부모에게 "안 할래요"라는 말을 처음

던졌을 때에 부모가 이해와 사랑으로 대하지 못하고 화내고 때린다면, 훗날 어린이는 독립적 인격을 이룰 수 없고 반항심만 늘게 될 것이다.

오늘날 대부분의 부모들이 그런 경향이 있지만, 자신이 없고 세상을 어떻게 살아갈지 모르며 이랬다 저랬다 하는 경우, 아이들에게도 이 불안이 전파되어 독립적 인격을 이루는 것을 두려워하게 한다.

지금 말한 것은 부모들이 자신을 완성하지 못했을 때 아이들에게 주는 영향을 간단히 살펴본 것에 불과하다. 어린이들에게 나타나는 갈등은 대개 부모들이 어릴 때부터 자신이 없었거나 올바른 자아확립을 하지 못한 영향을 받는다는 것이 드러났다. 대개의 부모들은 그들이 어릴 적에 가정에서 배운 기본적 패턴에 자아를 맞추기 위해 투쟁하는 것이다.

우리는 또한 자아라는 것이 언제나 사회에서도 영향을 미친다는 사실을 잊어서는 안 되겠다. 오든은 이렇게 탄식했다.

…… 자아란 하나의 꿈
이웃들이 이름을 붙이고
만들어주고 하는……

― 〈불안의 시대〉에서

앞에서 본 바와 같이 자아란 대인관계를 통해서 성장한다. 마찬가지로 주변이라든가 사회적 여건의 영향을 받지 않는 자아란 없는 것이다. 그럼에도 자아의 파괴자의 하나인 획일성은 오늘날 인간을 일정한 틀에 맞추기를 원하며, 또한 그래야만 호감을 사게 되기 때문에 문제가 아닐 수 없다. 물론 우리는 어느 정도 상대방의 비위를 맞춰가며 살 필요는 있지만, 더 중요한 것은 우리 자신을 경험하고 창조하는 일이다.

이 책을 쓸 무렵, 나는 한 젊은 인턴 의사를 치료한 적이 있는데, 그는 그의 나이에 있을 수 있는 위기의식에 대한 꿈을 얘기했다. 이 청년은 처음 의과대학에 입학했을 때 불안이 심해 학교를 다닐 수가 없다고 치료를 받으러 왔었다. 그의 문제는 그가 지나치게 어머니에게 밀착되어 있었다는 점인데, 그의 어머니는 불안정하고 지배적인 성품의 소유자였다. 그 청년은 의대를 졸업하고 인턴 과정도 우수하게 마쳤으며, 다음 해엔 책임 있는 레지던트로 지명이 될 위치였다. 꿈을 꾸기 하루 전날 그는 우수한 성적으로 인턴 수료증과 레지던트 과정 입학허가서를 병원에서 받았다. 그러나 그는 만족 대신 갑자기 불안에 사로잡히게 되었다. 꿈은 다음과 같았다.

어린 시절, 나는 자전거를 타고 부모님이 계시는 집으로 갔다. 그곳은 아름다웠다. 내가 집으로 들어갔을 때 나는 갑자기 현재의 내가 되었다. 의사로서 자유롭고 능력도 있었다. 어린 시절과는 달랐다. 부모님은 나를 알아보지 못하시고…… 나는 내가 쫓겨날까 두려워서 독립을 선포하지 못했다. 갑자기 북극에 온 것 같이 외롭고 쓸쓸했다. 몇천 마일 사이에 사람이란 없고 빙산만 전개되는 곳에서 나는 집으로 걸어 들어갔는데 그곳에는 이러한 글이 있었다. "제발 발을 씻어라. 손을 깨끗이 해라!"

청년이 왜 이런 꿈을 꾸게 되었는지 이렇게 설명할 수 있다. 레지던트라는 위치에 오르려는 순간 청년에게 그에 대한 책임감이 따랐고 그것이 그를 당황하게 했다. 어릴 때와 달리 독립적이고 책임 있는 자리에 오르게 되면 가족에게서 쫓겨나 홀로 남게 되지는 않을까 하는 불안이 청년의 마음속 깊은 곳에 있는 것이다. "발을 씻어라!" 하는 꿈속의 말은 그의 가정이 얼마나 딱딱한 군대식 교육을 했는가를 말해준다.

이 청년의 꿈에 대한 의문은 왜 그가 집으로 돌아갔는가 하는 데 있다. 청년은 무슨 이유가 있어 꿈속에서나마 아름답게 보이는 어린 시절의 집으로 갔을까? 그것도 하필 레지던트가 되는 날, 이것은 우리가 뒤에 다루어야 할 질문이다. 여기서는 단지 진정한 인간이 되고 자기 자신이 된다는 것은 태어날 때부터 시작되어 나이가 얼마나 들었든 계속 진행되는 작업으로, 어릴 때 상처를 받으면 그것이 훗날 큰 불안을 가져온다는 것을 지적코자 한다. 물론 많은 사람들이 이 불안에서 도피하기 위해 노력하고 갈등을 억압하기 위해 안간힘을 쓴다.

우리가 말하는 자신을 자아 속에 받아들인다는 것은 무엇을 뜻

1. 참다운 인간이 되는 경험

하는가? 인간이 애당초 심리적 존재로서 출발했다는 확신이 그것의 기초가 된다. 그것은 논리적으로는 결코 증명되지 않는데, 왜냐하면 자신에 대한 의식이란 논의될 수 없기 때문이다. 사람이 자기의 존재를 알게 되는 데는 언제나 하나의 불가사의한 요소가 따른다. 왜냐하면 이와 같은 의식은 사람이 자신에 대해 물음을 던지는 하나의 전제가 되기 때문이다. 다시 말하면 사람이 자기 자신을 '나'로서 받아들인다는 것은 바로 자아를 의식한다는 증거인 것이다.

어떤 심리학자나 철학자는 이 자신(自身, self)의 개념을 믿지 않으려 한다. 그들의 말인즉 자신의 개념을 가지고는 인간을 다른 동물과 분리할 수 없으며, 자신의 개념을 과학적 실험의 대상으로 생각하려 한다는 것이다. 그러나 이 '자신'이란 개념이 수학적 공식으로 풀이되지 않기 때문에 '비과학적'이라고 하는 것은 마치 몇십년 전에 프로이트가 말한 '무의식'이란 개념을 비과학적이라고 비난한 것과 같다. 이것은 독단적이고 자기 방어적인 과학이지 결코 진실한 학문적 태도라고는 할 수 없다. 물론 동물과 인간의 차이점을 명백하게 현실적으로 증명해야 할 필요는 있다. 그러나 그렇다고 해서 인간과 동물의 구분이 없다는 결론을 내리는 것은 독단이요, 논리의 비약이다.

우리는 자신이란 것을 객관적으로 증명할 필요는 없다. 단지 사람들이 자신과 관계 맺는 능력을 보여주면 충분하다. 이 능력은 개체 속에 있는 조직적 기능으로서, 이 기능이 있기 때문에 인간은 서로 관계를 맺을 수 있다. 이것이 바로 과학에 선행하는 것이며, 이는 결코 과학의 대상이 될 수 없다.

인간은 그때그때 특별히 사물을 이해하는 방법을 배우기 전에 이미 경험을 하게 된다. 그리고 우리 자신을 이해하려면 사람의 마음속 경험을 잘 관찰해보면 된다. 예컨대 자신의 개념을 믿지 않으려고 하는 심리학자나 철학자들의 마음속을 들여다보면 일주일 내내 이들은 반대 논문(論文)을 구상할 것이고, 의자에 앉은 채 이 논문을 다 써버릴 날을 상상하기도 할 것이다. 때때로 글을 쓰거나 의자에 앉기 이전에 자기가 논문을 쓰기만 하면 아무개 교수가 나를 칭찬할 것이고 아무개는 "정말 훌륭한 논문이었다"고 감탄도 하겠지, 또 어떤 사람은 아주 가치 없는 논문이라고 비판하리라고 혼자 생각하게 된다. 그는 길을 걸을 때에도 언제나 자신의 모습을 볼 것이다. 의식의 개념에 대한 반대 논문을 쓰려는 과정에서 느끼는 생각, 그 자체가 바로 의식인 것이다.

자신의 자신으로서의 의식은 그 자체가 지적(知的)인 것은 아니다. 3세기 전에 프랑스 철학자 데카르트는 인간 존재에 대한 원칙을 찾겠다고 하루 종일 난로 곁에 앉아 생각했다. 그러고는 "나는 생각한다. 고로 나는 존재한다"라는 유명한 말을 남겼다. 다시 말하면 내가 사유하는 동물이기 때문에 나는 존재한다는 말이 된다. 그러나 이것으로 충분한 것은 아니다. 독자 여러분이나 나는 나 자신을 결코 사유(思惟)라고 생각지는 않는다. 행동하는 존재로서 우리가 어떤 일을 실제 행하고 있을 때, 그 무엇을 경험할 수 있다.

다시 말하면 우리는 '사유하며', '직관하며', '느끼며', '행동하는' 통일체로서 자신을 경험하는 것이다. 그러므로 자신(自身)이란 결코 어떤 '역할'의 총화가 아니고 오히려 어떤 '역할'을 해야 할 것인가를 아는 능력인 것이다. 바로 이 점이 자신의 여러 측면을 볼 수 있고 알 수 있는 부분일 것이다.

이런 모든 것을 미루어본다면 자신을 자기로서 받아들인다는 것과 "사람으로 된다"는 말은 그 자체가 간결하면서도 가장 깊은 뜻을 지닌다. 다들 알겠지만 우리가 어린이를 놀리기 위해서 혹은 실수로 그의 이름을 달리 부르게 되었을 때 그는 아주 당황하고 강한 반응을 보일 것이다. 그것은 그 아이의 자아동일성을 빼앗아버리는 결과가 되기 때문이며, 그것은 이 아이에게는 가장 중요한 일이다. 구약성서에 "나는 그들의 이름을 빼앗겠노라. 그리하여 그들의 존재성을 없애버리고, 결코 이 지상을 없었던 것처럼 만들겠노라"라는 말이 있는데 실은 이것이 육체적 죽음보다 더 가혹한 말이다.

두 쌍둥이 소녀의 경우를 보면 우리는 자기 자신으로 존재한다는 것이 얼마나 중요한가를 알 수 있다. 이들은 서로 사이좋게 지내며, 손님들의 귀여움을 받고 그림도 그리고 시도 지으면서 행복하게 지낸다. 부모들은 다른 사람들처럼 쌍둥이에게 똑같은 옷을 입혀 거리로 나갔다. 이럴 때 세 살 반이 된 언니는 동생과는 다른 옷을 입기를 원한다. 만일 똑같은 옷을 부모가 고집하면 큰애는 자기를 구분하기 위해 좀 낡은 다른 옷을 달라고 조른다. 똑같은 옷을 입히면 울어버린다. 이들은 거리에서 똑같은 아이란 말을 듣기 싫어하기 때문이다.

이 아이들이 서로 다른 옷을 입고자 하는 심리는 결코 주목받기 위해서가 아니다. 이들은 주목이나 칭찬보다는 자기의 고유한 자아를 찾기 원한다.

이 어린 쌍둥이는 모든 인간이 실로 자기 자신으로 있고자 한다는 것을 보여준 셈이다. 인간은 누구든지 가장 중요한 목표를 하나씩 가지고 있는데, 그것은 자기의 잠재적 능력을 완수하는 것이다. 어린 참나무는 자라서 참나무가 되고 강아지는 커서 개가 되어 인간을 위해 사용되면 그만이다. 그러나 인간은 그렇지를 못해서 언제나 자아를 의식하는 것이다. 다시 말해서 그의 성장은 자동적으로 이루어지는 것이 아니라 자아에 의해서 선택되고 확인된 후에 방향을 잡게 된다. 존 E. 밀은 "인간이 인간생활을 완수하고 아름답게 하기 위한 가장 중요한 과업은 인간 자체로 존재하는 일이다. 인간성이란 정원수와는 달라서 모델에 맞추어 길러낼 수는 없고 자율성과 내적인 힘이 작용하는 것이다"라고 말했다. 이와 같이 인간은 자동적으로 길러지는 것이 아니고 자신의 잠재성과 의식이 작용하여 선택하면서 성장한다.

다행히 종자가 떨어지며 자라나는 나무나, 나자마자 자기 스스로 방어를 해야 하는 개와는 달라서 인간은 유아기나 아동기 따위의 성장기가 매우 긴 것이 특징인데, 이 기간에 장차 닥쳐올 난문제를 해결할 능력을 기른다. 인간은 지식과 능력으로 무장하는데 이것을 가지고 앞날을 선택하고 결정할 능력을 기른다.

나아가 인간은 개체로서의 선택을 하지 않으면 안 된다. 왜냐하면 개체성이란 인간의 자아로서의 의식의 한 측면이기 때문이다. 자아로서의 의식이 하나의 고유한 행위라는 것을 알게 될 때 이 점을 더욱 명백히 알 수 있다. 나는 여러분이 자기 자신을 어떻게 생각하고 있는지를 모르고 또 여러분은 내가 나를 어떻게 생각하는지 결코 알지 못한다. 이 점은 각 개인이 오직 혼자만이 아는 내적(內的)인 현상이다. 이 점 때문에 인간은 한없이 고독한 존재인 것이다. 그러나 이것은 인간이 홀로 설 수 있는 내적인 힘을 길러야 할 것을 말해주기도 한다. 그리고 이러한 사실은 우리가 자동적으로 행동하는 것이 아니라, 서로가 서로를 각자 고유의 스타일로 사랑해야 한다는 것을 뜻한다.

만일 어떤 생물일지라도 그의 잠재적 능력을 발휘하지 못하면 병에 걸리는데, 그것은 걷지 않고 있으면 다리가 쇠약해지는 것과 같다. 이때는 다리만 쇠약해지는 것이 아니라 피도 쇠약해지고 심장도 그렇게 되며, 따라서 정신도 쇠약해진다. 이와 마찬가지로 인간이 자기 고유의 잠재력을 완수하지 못하면 그는 위축되고 마침내 병들 것이다. 이것이 바로 노이로제의 본질로서, 주변(과거든 현재든)의 적개심이나 자신의 내재화된 갈등 때문에, 인간이 자신의 잠재력을 충분히 발휘할 수 없게 되고 이 부작용이 자신 속으로 들어와 마침내 노이로제에 걸리고 마는 것이다. "에너지는 영구적인 기쁨"이라고 윌리엄 브레이크는 말했다. "바라기만 하고 행동을 못하는 자는 마침내 쇠퇴한다"고 그는 덧붙였다.

카프카는 인간이 자신의 잠재적 능력을 사용하지 못했기 때문에 사람으로서의 존재감을 상실한 데 대해서 아주 선명하게 보여준 작가다. 재미있는 것은 그의 작품 《심판》이나 《성(城)》에서는 주인공의 이름이 없다는 점이다. 소설은 누구인지도 모르면서 희미한 가운데 한 인간의 이야기를 진행시킨다. 카프카는 《변신(變身)》에서 인간이 자신의 능력을 박탈당하면 어떻게 되는가를 보여준다. 주인공은 텅 빈 전형적인 현대인을 대표하고, 매일 똑같은 생활을 반복하며, 규칙적으로 그의 집으로 돌아오며, 일요일마다 똑같은 메뉴의 비프스테이크를 먹으며, 그때 그의 아버지는 으레 책상머리에서 잠을 잔다. 카프카에 의하면 이 청년의 생활은 아주 텅 비어 있었고, 어느 날 아침에 일어났더니 자신이 인간이 아니고 지네가 되어 있음을 본다. 그는 사람으로서의 자격에 충실하지 못했기 때문에 사람으로서의 잠재력을 박탈당하고 만 것이다. 지네는 이나 쥐 또는 지렁이와 마찬가지로 다른 동물이 먹고 버린 것을 먹고 산다. 그것은 하나의 기생충으로 누구나 싫어하고 더럽게 생각하는 대상인 것이다. 인간이 잠재력을 잃었을 적에 이렇게 된다는 것은 얼마나 강력한 상징성을 내포하는가!

그러나 인간이 자신의 잠재력을 성취할 수 있는 한, 우리는 지금까지 인간이 물려받은 가장 큰 기쁨을 맛보게 된다. 어린이가 걸을 수 있게 되면 기어올라 가고 상자를 들어 올리고 그것이 떨어지면 다시 올리고 하는 것을 볼 수 있다. 그리고 그가 최후에 올리는 데 성공하게 되면 그렇게 기뻐할 수가 없는 것이다. 그 즐거움은 그가 자신의 힘을 사용할 수 있었다는 데 대한 결과일 것이다. 그러나 이것은 사춘기 소년이 새로 솟아나는 힘을 이용해서 친구를 사귀는 일에 성공한다든가, 성인이 되어 사랑을 할 수 있거나 사업을 계획하고 창조를 하거나 할 때에 조용히 느끼는 기쁨에 비해서는 극히 단순한 기쁨에 불과하다.

기쁨이란 자신의 힘을 잘 사용했을 때에 느끼는 감정이다. 이 기쁨은 행복과는 달라서 인생의 목표가 될 수 있는데, 왜냐하면 이 기쁨은 인간 자신의 본성을 완수하는 데서 동반되는 감정이기 때문이다. 그것은 자신의 존재성을 확인할 수 있으며, 자신의 가치나 존엄성을 이 세상의 무엇보다도 가치 있게 여길 줄 아는 사람만이 맛보는 것이다. 이것을 우리는 소크라테스에게서 찾을 수 있는데, 그는 자기 자신을 최고로 존중했고 가치 있게 생각했기 때문에 죽음마저도 자신의 가치의 중단이 아니라 새로운 완수라고 생각했을 정도이다. 그러나 이런 기쁨이 반드시 영웅적이고 탁월한 방식으로 나타난다는 뜻은 아니다. 그것은 원칙적으로 누구에게나 있을 수 있고 자신의 힘을 정직하고 책임 있게 표현하려는 데서는 어디에서나 찾을 수 있는 것이다.

### 자기경멸 – 병적 자기표현

그러나 우리는 여기에서 두 가지 반대 견해에 대한 답변을 위해

잠시 멈추지 않으면 안 된다. 내가 지금까지 자신에 대한 의식을 이야기함으로써 혹시 지나치게 자신의 문제를 생각하라는 것으로 해석될지도 모른다. 또 하나의 질문은 '내가 너무 내면적'으로 보기 때문에 자기가 자신을 존경한다는 것이 아니냐 하는 것이다. "우리가 지금까지 배워온 것은 자신을 높여서는 안 되고 겸손하라고 한 것이 아닌가? 그리고 자만심은 모든 것 중에 가장 큰 죄악이라고 들어오지 않았던가?" 하고 의아해할 것이다.

우선 이 둘째 질문부터 살펴보자. 분명히 우리는 자신을 지나치게 높이 평가하면 안 된다. 그뿐 아니라 용기 있는 자가 보여주는 희생정신이야말로 현실적이고 성숙된 인간의 모습이 아닌가 생각하는 것이다. 그러나 과대하게 자신을 평가하거나 거만하게 되는 것은 우리가 말하는 자아에 대한 의식이나 자신의 가치를 크게 받아들이는 것의 결과는 아니다. 그야말로 이는 정반대 상황에서 온다. 자존망대(自尊妄大)나 거만은 실은 내적 공허감과 자기 불신의 외적 표현일 것이다. 이때의 자존심은 흔히 내적 불안을 은폐하는 수단으로 쓰인다. 우리는 1920년대에 있었던 허풍들을 기억하는데, 그것은 당시 얼마나 많은 사람들이 불행 때문에 억압을 당하고 있었는가에 대한 증거다. 약하다고 생각하는 사람은 뻐기게 되고, 열등한 사람은 우월감을 나타내며, 큰소리를 치고 떠들어대는 사람은 마음속에 불안이 숨어 있다. 떠벌이 무솔리니나 정신병적인 히틀러가 보여준 것과 같이 파시스트들은 크나큰 자만심을 과시했던 것인데, 파시즘은 원래 공허하고 불안하고 절망적인 사람들을 근간으로 일어났고, 이들은 지나치게 과장된 미래상을 약속했다.

이 문제를 깊게 다루게 되면, 마음속 깊이 진실로 자기를 아낀다는 것은 결국 겸손한 행동을 낳고, 반대로 마음속에서 자신을 받아들이지 못하면 겉으로는 자만심이 나타남을 알 수 있다. 가령 헉슬리 같은 사람은 "우리들 대부분은 처절하고 비참한 생활을 하는 것이 더욱 바람직하다"는 말을 했는데, 이것을 잘 생각해보면 진실이 아님을 알 수 있다. 스피노자나 소로, 아인슈타인, 또는 예수 그리스도 등이 어느 경우에도 그들 자신을 학대하고 스스로를 업신여기는 순간이 아니라 진실로 자신을 바로 보고 자아를 찾았을 때에 더 큰 과업을 이루었다는 것을 우리는 알 수 있는데, 여기에 대해서는 키르케고르도 지적한 바가 있다. 그리고 필자는 헉슬리나 니버가 자기주장은 죄악이라고 말한 것이 과연 신중하게 생각하고서 한 말인지 의심스럽다. 물론 세상에는 교만한 사람이나 자신을 지나치게 치켜세우는 사람들이 많았고, 그것은 이들의 자존심이 너무 강하기 때문이라고 생각하여 못마땅하게 여기는 것이 사실이다. 그러나 사실 이들은 자존심이 약하다는 것을 알아야 할 때가 되었다.

이제 우리는 오늘날 흔히 볼 수 있는 현상인 자책감에 대해서 그 역동적 측면을 알아볼 때가 되었다. 자책감은 자신을 비난하거나 저주하는 현상을 말하는데, 묘한 것은 이것이 일종의 자존심처럼 보이기 쉽다는 것이다. 자신에 대한 신념이나 가치 의식을 잃어버린 사람은 흔히 자기 자신을 비난하고자 하는 강한 욕구를 가지고 있는데, 이런 경우에는 자학감, 자아 경멸감 등을 가지기가 매우 쉽기 때문이다. 이들은 마치 "나는 중요한 사람임에 틀림없다. 그래서 자신을 비난한다"라든가 "내가 얼마나 고상한가를 보라! 나는 나 자신이 부끄럽게 여길 만큼 높은 이상(理想)을 가지고 있다"라는 것을 보여주려 한다. 이런 사람들은 자신이 특별한 사람이기 때문에 신이 자기에게 벌을 내릴 정도라는 사실을 보이려고 애쓴다.

따라서 자책감은, 교만이라는 웃옷을 입고 위장하기 때문에 오는 느낌이다. 자기의 자만심을 감추기 위해 자책감을 나타내는 사람은, 스피노자가 말한 "자신을 경멸하는 자는 교만한 자"라는 말을 음미해볼 필요가 있다. 고대 아테네의 정치가들은 노동자들의 표를 얻기 위해서 일부러 구멍이 뚫린 남루한 옷을 입고 다녔는데, 소크라테스는 이 허위성을 갈파하면서 "당신들의 허영심이 그 옷의 구멍마다에서 흘러나온다"고 말했다.

자책감의 기제(機制)는 현대사회의 심리적 우울증에서 볼 수 있다. 예컨대 부모의 사랑을 못 받았다고 느끼는 아이는 "만일 내가 달라지고, 나쁜 아이가 아니라면 그들은 나를 사랑해주겠지"라고 생각한다. 이렇게 생각함으로써 그 아이는 부모의 사랑을 받지 않고 있다는 무서운 사실을 생각하지 않고 지내려는 것이다. 이와 같은 심리기제(心理機制)는 어른들에게서도 볼 수 있다. 즉 그들이 자기 자신을 경멸하고 "나는 못난 녀석"이라고 생각하게 되면 견딜 수 없는 내적 고독감과 공허감을 면할 수 있는 것이다. 그리고 "나는 남의 사랑을 받지 못하는 인간이다"라고 생각한다면 자신의 가치에 대한 감정을 의심할 필요가 없게 된다. 왜냐하면 이들은 항상 "내가 이런저런 죄를 짓거나 나쁜 습성을 버리기만 한다면 나는 언제든지 사랑을 받을 수 있는 존재란 말이야!" 하고 자위할 수 있기 때문이다.

공허감의 시대에서 자책감이나 자기경멸 의식을 강조하는 것은 병든 말을 채찍질하는 것과 같다. 채찍질을 하면 일시적으로는 더욱 잘 뛸지 모르지만 마침내 인간의 존엄성이 마비되는 결과에 이른다. 자기 존중 대신에 자책감을 가진다는 것은 인간이 처해 있는 무가치감과 고독감을 피하기 위해서 취하는 차선책이라고 할 수 있다. 나아가 인간이 자책감을 통해서 자기 증오, 즉 자신을 미워하는 것을 합리화하기도 한다. 이와 같이 인간이 자기 자신을 대하는 마음 자세가 정리되면 이는 곧 타인을 대하는 자세와도 같아지는데, 이렇게 되면 타인을 미워할 구실을 찾게 되는 셈이다. 즉 자아 무가치감은 자기 증오를 낳고 자신을 향한 증오감은 타인을 증오하는 결과를 낳는다.

자아에 대한 경멸을 옹호하는 학파에 대해서 묻고자 하는 것은, 자신을 업신여기는 자들이 어째서 남에게도 함부로 대하고 해를 끼치는가에 대한 것이다. "나를 증오하라"고 강조하는 이들 학파들은 이외에도 수많은 모순들을 도저히 설명할 수 없다. 가령 인간이 다른 사람을 사랑할 때는 우리 자신이 아무리 보잘것없는 존재일지라도 상대방의 사랑을 받기를 원한다는 사실을 이들 심리학자들은 간과한다.

다행히도 우리는 자기 자신에 대한 사랑이 좋은 일일 뿐 아니라, 남을 사랑하는 데는 반드시 자기애(自己愛)가 전제된다는 사실을 알게 되었다. 즉 에리히 프롬은 설득력 있는 분석서인 《이기적인 것과 자기애》란 책에서 지나친 이기주의와 자신에 대한 지나친 관심이 실은 내적인 자기 증오감에서 나온다는 사실을 밝혀주었다. 그는 지적하기를, 진정한 의미에서 자신에 대한 사랑은 이기적인 것과 전혀 다를 뿐 아니라, 소위 말하는 이기주의와는 정반대의 뜻이라고 했다. 가령 마음속에서 자신의 가치를 느끼지 못하는 사람은 이기적인 행위를 강화함으로써 억지 춘향으로 자아를 형성하려 하고, 반대로 자신의 가치에 대해서 건강한 경험을 한 사람, 즉 자신을 사랑하는 사람은 그의 이웃에 대해서도 관대하게 대할 수 있는 기초가 되어 있다.

다행히도 우리는 이와 같은 사실을 오랜 종교사적 관점에서 분석해볼 수 있는데, 대개의 자아 경멸과 자책감은, 주어진 특수한 시대적 문제들의 산물이란 것을 명확하게 알게 되었다. 가령 칼뱅이 피력한 '자신에 대한 멸시적' 견해는 현대 산업주의의 발전에 의한 개인 경시 사상과 관련을 맺고 있다. 그리고 20세기 와서 두드러지게 대두한 자아멸시 사상은 앞서 말한 칼뱅주의의 영향도 있지만 공허감이라는 현대병에서 생기게 된다. 그러므로 현대의 두드러진 자아멸시 사상은 서양의 오랜 전통인 헤브라이 기독교주의를 대표한다고는 할 수 없다. 여기에 대해서 키르케고르는 다음과 같이 강조했다.

> 만약 누구든지 기독교로부터 자신을 사랑하는 방법을 올바르게 배우지 못한다면 그는 이웃도 사랑할 수 없다. …… 자신을 정당하게 사랑한다는 것은 이웃을 사랑함과 동의어가 되며, 그 뿌리는 하나인 것이다. …… 그래서 이렇게 규정할 수 있다. "너희는 너희의 이웃을 사랑하는 만큼 너희를 사랑하라. 너희가 그를 사랑할 때 너희 자신도 사랑하게 되리라."
>
> —《키르케고르 명문집》에서

### 자기의식과 내재화의 관계

독자들이 할 수 있는 둘째 질문은 "우리는 자신을 잊어버려야 함이 마땅하지 않은가? 자신을 의식하게 되면 부끄럽고 어쩔 줄 몰라지며, 사회적으로 억압하는 결과를 낳지는 않는가?"이다. 어떤 사람은 저 유명한 지네의 이야기를 언급할 때에 그 지네는 지나치게 자신에 대해 생각한 나머지 자폐 속에 쓰러지게 되었다고 말할 것이다. 물론 이 지네의 도덕은 "당신이 하고 있는 일에 너무 신경을 쓰면 어떤 꼴이 되는지 보시오"라는 일종의 경고일 것이다.

이 의문에 대해 답하기 전에, 오늘날 미국에서는 자기의식이 곧 병적인 내부 관찰이나 부끄러움, 당황과 얼마나 동일시되어 있는가를 지적하지 않을 수 없다. 자연히 오늘날 우리는 아무도 감히 자기의식이란 것을 가질 생각을 못하게 되었다. 그러나 우리의 말은 때로 우리를 속이는 수가 있다. 이 점에서 보면 독일어는 좀더 정확한데, 독일어에서는 자기의식이란 용어가 자신감이란 뜻도 내포하고 있어 이 개념을 정확히 나타낸다.

가령 부끄러움, 당황, 병적인 자기의식 따위와 정반대되는 예를 하나 들어보자. 한 청년이 정신치료를 받으러 왔는데 그는 지적으로 매우 뛰어났고, 표면상으로는 매우 성공적으로 보였으나, 그의 자발성은 거의 전적으로 봉쇄되어 있었다. 아무도 사랑할 수 없고, 인간관계에서 아무런 즐거움도 느낄 수 없었다. 그 외에 감당할 수 없는 불안과 재발되는 우울증을 나타내고 있었다. 그는 항상 자신의 밖에 서서 자기 자신을 바라보고, 한 번도 자신을 해방시키지 않았으며, 마침내 이 자기의식은 극히 고통스러운 지경에 이르렀다. 음악을 들을 때도 그는 항상 얼마나 음악을 잘 듣고 있는가에 신경을 쓰기 때문에 실제 음악을 들을 수는 없게 된다. 사랑을 함에 있어서도 그는 밖에 서서 자기가 어떻게 사랑을 하고 있는가를 관찰했던 것이다. 정신치료를 받으러 왔을 때에도 그는, 치료 중인 자신의 마음이 어떻게 돌아가는가를 보며 더욱 자기의식을 해야 하기 때문에 오히려 병이 악화되지는 않을까 우려했다.

그는 지나치게 보호적인 불안한 부모 밑에서 외아들로 태어났고, 밤에는 부모의 걱정 때문에 밖에 나갈 수 없었다. 부모들은 겉으로는 자녀에 대해서 '자유를 주었고', '합리적'으로 대했으나 자식의 말대꾸를 받아들이지 않았다. 그들은 남들에게 자식을 자랑했고 사촌들보다 공부를 잘한다고 뽐냈으나 결코 아이에게 대놓고 칭찬하는 일은 없었다. 따라서 이 청년은 어릴 적부터 자신의 독립적인 힘과 가치감을 기를 수가 없었다. 그래서 항상 남들의 칭찬을 지나치게 고대했고, 학교에서 상을 타는 데 신경을 썼다. 게다가 그는 어릴 적에는 히틀러가 판을 치던 독일에서 자랐는데, 당시 그는 유태인이 얼마나 가치 없는 존재인가를 듣고 한탄했다. 그는 어른이 되어서도 자신이 못난 사람이 아니며 나치가 틀렸다는 것을 증명하려고 애썼고 부모들의 인정을 받는 사람이 되려고 안간힘을 썼다. 물론 이 사례는 지나치게 간단하게 설명되었다. 다만 여기에서 말하고자 하는 바는, 이 사람의 지나친 자기의식과 결핍된 자발성과 순수성은 자신에 대한 의식, 즉 살아 움직이는 '나'로서의 경험이 없는 데서 오는 결과라는 사실이다. 단지 자신에 대해 '관찰'만 한다든가 자신을 한낱 객체로서만 취급한다면 자신에 대해서 낯선 상태가 된다.

 저 유명한 지네 이야기는 자신의 의식을 확대시키는 어려운 작업을 바라지 않는 사람들이 내세우는 합리화 현상이다. 물론 정확한 이야기도 아니다. 예컨대 운전할 줄도 모르고 길도 잘 모를 때는 더욱 조심이 되고 긴장이 된다. 그러나 운전을 잘하고 길도 잘 알며 응급시에는 어떻게 해야 하는가를 잘 알 때는 자신감을 갖고 여유 있게 자동차를 몰게 될 것이다. 운전을 하면서 바로 '나'라는 의식을 가지게 된다. 자기의식은 실제에 있어 우리들의 삶을 다스리는 능력을 길러주고 이 커진 능력으로써 우리 자신은 살아가게 된다. 그래서 자아에 대한 의식이 많을수록 더욱 자연스러울 수 있고 또한 창조적으로 살아갈 수 있다는 결론이 나온다.

말할 것도 없이 어린애다운 자신이나 유치한 자신을 잊어버려야 한다는 충고는 좋은 충고이다. 그러나 자칫 잘못하면 자신의 창조적 활동마저 잃게 되는 위험이 있는 것인데 이것은 다음 장에서 볼 수 있다. 그러나 우선 우리는 어떻게 하면 자기의식을 이룰 수 있는가 하는 어려운 문제를 살펴보아야 한다.

### 자기의 신체감각과 감정의 확인

자기의식을 성취하기 위해서 우리는 처음으로 돌아가 자신의 느낌을 재발견해야 한다. 놀랍게도 대부분의 사람들은 "기분 좋다", "기분 나쁘다" 하는 식으로 감정을 표현하지만 그것은 마치 "중국은 동양에 있다"는 표현 정도로 실감 나지 않는 얘기다. 그들은 자신의 감정과 잘못 연관시키고 마치 장거리 전화를 하듯이 아득하게 느낄 뿐이다. 이것은 직접 자신이 느끼는 것이 아니고 다만 이 느낌에 대한 생각을 하는 것뿐이다. 즉 감정의 영향에서 벗어나 있어서 이들의 감정은 메말라 있는 것이다. 마치 엘리엇의 시 〈텅 빈 인간들〉처럼.

> 형태 없는 모습, 색깔 없는 그림자
> 마비된 생명, 움직임 없는 제스처.

1. 참다운 인간이 되는 경험

정신치료에서는 이와 같이 느낌을 경험할 수 없는 사람들에게 매일매일 "지금 당장 당신의 느낌은 무엇인가?" 하고 대답하도록 만든다. 가장 중요한 일은 우리가 얼마나 많이 느끼는가 하는 데 있지 않고 얼마나 주체성을 가지고 느낄 수 있느냐 하는 데 있다. 그러기 위해서는 자신이 직접 느낄 수 있어야 하고 당장 그 자리에서 느낄 수 있어야 한다. 또한 어떤 감정을 충심으로 느낄 수 있어야 하는 것이다. 그리고 생생하게 느낌을 받아들여야 하고, 또한 성숙된 사람은 마치 심포니에서 느끼듯이 여러 가지 감정적 측면에서 강한 정열적인 경험이나 민감하고 섬세한 경험 등을 구분하면서 느낄 수 있어야 한다.

이것은 또한 우리가 우리 몸에 대한 의식, 즉 신체감각을 감지할 필요가 있다는 말도 된다. 유아는 처음에 자신의 신체에 대한 느낌을 가지고 자신의 동일성을 찾게 된다. 가드너 머피는 인간이 처음으로 자신을 느끼는 핵심은 바로 신체에 있다고 했다. 가령 다리 부분을 느끼면 이것이 자신의 다리란 것을 알게 되고 조만간 그 다리가 자신 속에 있다는 것을 실감하게 된다. 특히 성적 감정은 초기 감정 중에서도 매우 중요한 것인데, 왜냐하면 어린이가 이것을 직접 자신 속에 느낄 수 있기 때문이다.

가령 성기 부위가 우연히 옷에 닿아서 자극이 될 적에는 어떤 묘한 흥분이 일어나고 이때 비로소 이 세상에 존재하는 자아의 느낌을 맛볼 수 있게 된다. 그러나 불행히도 우리 사회에서는 성적 충동이나 용변과 관계되는 느낌에 대해서는 일반적으로 금기시되어왔기 때문에, 어린이들이 이런 느낌에 대해서 '더러운' 느낌으로 밖에는 이해하지 않았던 것이다. 이와 같은 느낌은 우리 자신의 동일성을 규정짓기 때문에 우리는 어릴 적부터 "우리 자신의 이미지는 더러운 것"이라고 생각하기 쉽다. 이것이 바로 우리 사회에서 자신을 더러운 것, 또는 경멸하는 것으로 보게 되는 이유다.

자신의 신체감각을 알 수 있는 능력은 일생을 통해서 매우 중요한 의미를 가진다. 그러나 대부분의 성인들이 "만일 당신의 다리가 어떻게 느껴지며, 가운뎃손가락이나 발꿈치의 감각이 어떤가"라고 묻는다면 대답을 잘 못한다. 서양 사회에서는 이와 같은 신체감각이 매우 제한되었는데, 다만 경계선상에 있는 정신분열증[1] 환자이거나 동양의 요가를 수련하는 사람은 예외로 되어 있다.

대개의 사람들은 "손이나 발이 어떻게 느껴지든 상관없다. 나는 바빠서 일하러 나가야 한다"고 생각하고 있다. 서양에서는 몇 세기 동안 인간의 신체를 단지 생산하는 기계로서 억압만 했고 사람들은 신체에 대한 감각을 갖지 않는 것을 오히려 자랑했던 터이다. 그들은 신체를 마치 가스를 폭발시켜 움직이고 조종하는 트럭과 같이 하나의 객체(客體)로서 다루었다. 마치 멀리 있는 친척과 전화로 얘기할 때 건강이 어떠냐고 묻지만 그 대답에 대해서는 전혀 신경을 쓰지 않는 것과 비교될 수 있다. 이렇게 신체를 등한히 하다가 감기나 심한 병에 걸리면 비로소 놀라고 신체감각에 대해서

---

[1] 노이로제와 정신병의 중간에 있는 병으로 주로 신체 망상을 많이 호소하며 인격은 파괴되어 있지 않은 것이 특징이다.

신경과민이 된다.

　이들은 또한 신체가 병에 걸렸을 경우에도 공연히 신경과민만 일으킬 뿐 하나의 물체처럼 취급하는 습관을 버릴 수 없다. 그들은 마치 자동차에 치었을 때 몸을 객체로 보는 것과 같이 "나는 병을 얻었어" 하는 식으로 자신의 신체를 객관적 대상처럼 취급한다. 그래서 신체를 이끌고 병원에 들어가서 마치 자신과는 관계없는 듯 모든 것을 의사의 신통한 처방이나 약에 맡기게 된다. 이들은 극히 수동적 태도를 취하면서도 과학의 발달 때문이라고 생각하고 몸을 맡기게 된다. 그들은 세균이나 바이러스의 인체 침입이나 알레르기 발생 또는 페니실린이나 설파제의 작용 등을 알고 있기 때문에 자신은 병 치료에 아무 할 일이 없노라고 주장하는 것이다. 이들은 마치 "폐렴균이 나의 신체에 들어왔다. 그러나 페니실린 주사는 이들과 잘 대항해서 치료해줄 것이다"라는 식으로 마치 남의 말을 하듯이 하는 것이다.

　물론 20세기의 의학이 놀라우리만큼 발전된 것은 사실이다. 그러나 그렇다고 우리가 우리 신체를 이토록 소홀히 다룰 수는 없다. 우리가 우리의 의지나 조화 없이 다만 자율신경에 맡기게 되면 모든 종류의 이른바 '정신신체증상'[2]이 오고야 말 것이다. 많은 신체의 병은, 바르지 못한 자세나 잘못된 걸음걸이, 또는 고르지 못한 숨쉬기 등에서 시작해서 자신의 다리나 손과 같은 신체감각을 느

---

[2] 정신적 원인으로 신체 증상이 온다는 학설로 가령 신경성 두통, 당뇨병, 성불능증, 고혈압, 기관지 천식 따위가 있다.

끼지 못하는 기계적 생활에서 유래된다는 점을 알아야 한다. 걸음걸이를 교정하는 문제만 해도 우선 다리의 신체감각을 확실히 느낄 수 있어야 함이 전제된다. 정신신체증상이나 결핵 같은 만성병을 극복하기 위해서는 언제 일해야 하고 언제 쉬어야 한다는 '신체언어'를 계속 들어야 하는 것이다. 자신의 신체 언어를 들을 수 있는 사람은 직관력이 얼마나 발달되어 있으며 얼마나 정확히 판단하는가를 우리는 알 수 있다. 우리가 주위 인물이나 세상에 대해서 자율적으로 감정적인 느낌을 받듯이, 신체도 주변의 리듬에 맞추어서 변화를 하게 되면 비로소 인간은 완전한 건강을 찾을 수 있다.

사람들은 신체를 일하는 도구로서 자신과 분리해서 생각할 뿐 아니라, 삶의 기쁨을 추구하는 점에서는 자신과 신체를 구별하려는 생각을 가지고 있다. 이렇게 되면 우리가 마치 텔레비전 채널을 돌리듯이 신체 여기저기를 단추로 틀어서 가령 성적 쾌감을 맛본다든가 음식을 통한 위장의 감각을 즐긴다든가 하는 식으로 구분해서 즐긴다는 결론이 나올 수 있다. 킨제이 보고서에 의하면 성적 파트너는 성욕의 대상으로만 보게 되고, 이렇게 되면 누구와 사랑을 하고 성적 관계를 맺는 게 아니고 다만 나의 성욕을 만족시키는 이용의 대상으로 상대방을 택하게 된다는 것이다. 성행위를 인격과 분리해서 생각한다는 것은 서양의 종교적 전통인 청교도주의(Puritanism)와도 관계가 있다. 그러나 주의할 점은 이 청교도주의뿐 아니라 이와 정반대인 자유주의(Libertism)에서도 인간을 정신과 성적 쾌락으로 나누어 취급한다는 것이다.

　인간의 신체는 자신(정신)과 다시 융합해야 한다. 이를 위해서는 이미 설명한 바와 같이 우리의 신체감각을 적극적으로 '발견'해야만 한다. 즉 자신의 신체에 대한 경험을 음미해야 하는데, 가령 음식을 먹거나 쉴 적에 느끼는 쾌감과 긴장된 근육을 사용해서 일할 때와 성적 긴장을 풀 때에 느끼는 쾌감 따위와 같이 모든 신체 영역의 쾌감을 맛볼 때에는 하나의 총체적인 자신의 것으로서 이 쾌감을 받아들여야 한다는 것이다. 즉 "나의 신체는 이렇게 느껴졌다"가 아니라 "나는 이렇게 느꼈노라"가 되어야 한다. 성적인 쾌락의 경우에도 상대방과의 대인관계를 통한 경험과 성욕이 결부되어야 한다는 것이다. 성적 쾌락을 인격의 다른 측면과 구별한다면, 극단으로 말하면 내가 대화하는 것이 아니고 내 후두(larynx)가 나의 친구와 얘기하는 웃지 못할 결과가 나온다.

　또한 우리 자신(自身)이 모든 신체적 건강의 중심이 되어야 한다. 건강을 찾거나 병에 걸리는 것은 '나(총체적 나)'이지 나의 신체가 아니라는 뜻이다. 따라서 우리는 병이 가지는 의미를 소극적으로 생각할 것이 아니고 적극적으로 임해야 하는데, 가령 "내가 병들었다"라는 말이 옳다는 것이다. 다행히 현대병 중에 결핵만은 예외로 쓰여왔는데, "나는 어떤 요양소에서 병을 고쳤다"라는 말을 쓰고 있다. 모든 인간의 병은 그것이 신체적 병이든 심리적 병이든 간에, 우연히 신체의 그 부분을 선택한 결과로 왔다. 때문에 병을 고침에 있어 인성 전체를 재교육하는 것이 얼마나 중요한지 모른다.

병의 치료를 하나의 인간 재교육으로 보아야 한다는 것은 한 결핵 환자가 그의 친구에게 보낸 편지에서도 알 수 있다. "내가 결핵에 걸린 것은 결핵균이 침입했거나 내가 너무 과로한 탓만이 아니고 내가 분수에 맞지 않은 삶을 시도한 탓이지요. 나는 얌전한 사람인데 공연히 지나친 외향적 삶을 택하고서 여기저기 뛰어다니고, 한꺼번에 서너 가지 일을 벌이기도 하고 정신없이 돌아다니느라 조용히 명상하거나 자신을 돌볼 시간이 없었어요. 자연이 나에게 교훈을 준 셈이지요. '너, 정신을 차려! 너 자신을 되찾고 진정한 자아가 되어야 한단 말이야' 하고." 우리는 여기서 한 걸음 더 나아가 사람은 중병을 앓고 나면 그전보다 더 신통해지고 신체적으로나 정신적으로 더 건강해지는 방향으로 인생 재교육을 받게 된다고 말할 수 있다.

몸이 아파보면 현대인이 사로잡힌 이원론(二元論)을 극복할 수 있다. 우리가 자신을 중심으로 병을 생각해보면 그것이 위장병이든 심장병이든 또는 순수한 노이로제이든 간에 모두 자아 상실의 결과에서 왔음을 알게 되는데, 이 경우 삶에 절망했거나 의미를 상실했다는 것을 발견할 수 있다. 그래서 다른 여러 가지 병이 교대로 한 인간에게 올 수 있는데, 이 병들은 왔다 갔다 한다고 할 수 있다. 가령 막연한 불안에 휩싸인 사람은 불안신경증을 앓기도 하지만 때로는 불안이 위장에 집중되어 "위가 아프다"든가 "소화가 안 된다"고 느끼기도 한다. 이들은 무의식 속에 부과된 책임을 회피하고자 미숙한 반응을 보이는 것이다. 또 죄악감을 가진 사람은 다소 건설적이지 못하지만 때로는 감기에 걸리거나 몸살을 앓음으로써 정신 대신 신체적 고통에 당면하게 된다. 이렇게 보면 현대 의학은 신체적 측면에서 결핵, 디프테리아, 위장병 따위를 잘 고칠 수 있게 되었지만, 정신적 측면을 소홀히 하면 절망감, 공허감, 죄악감, 불안 따위가 작용하여 새로운 신체 증상이 발생하게 될 것이다. 너무 조잡하게 들릴지 모르지만, 원칙에 있어서는 이것이 틀림이 없다. 그래서 종전과 같이 구분된 신체적 부분만 가지고 전투적으로 치료한다면, 마치 일곱 개의 머리를 가진 히드라와 싸우는 헤라클레스의 싸움처럼 끝이 없게 된다. 그래서 건강을 위한 투쟁은 더 깊은 심층에 자리잡은 자아에 초점을 두어야 한다. 물론 이렇게 말한다고 해서 현대 의학의 발전을 비방하는 것은 아니다. 항생제나 화학요법이나 외과적 수술요법 따위가 인간의 생명을 얼마나 많이 구했는지는 셀 수 없을 정도다. 다만 거기에다가 인간 실존의 문제까지 고려한다면 더욱 훌륭한 결과가 나온다는 것을 강조하는 것이다.

자신의 내적 감정을 음미하는 토대로서 둘째 단계는 자신이 무엇을 원하는가를 아는 데 있다. 이 말은 매우 단순하게 들릴지 모른다. 누구나 자기가 원하는 것을 모를 사람이 있겠느냐고 반문할 것이다. 그러나 우리가 제1부 1장에서 지적한 바와 같이 놀라운 사실은 자신이 행동하는 것을 모르고 있는 사람이 대부분이라는 것이다. 만일 우리가 솔직하게 자신을 들여다보면 자신은 극히 일상적인 방식으로 삶을 되풀이하고 있다. 가령 금요일에는 낚시를 간다는 식이다. 또한 그는 자신이 원하는 대신에 무엇을 원하는 것이 바람직한가라는 외부적 규칙에 따라서, 가령 '성공'이나 '이웃을 위하여' 따위를 열심히 생각함으로써 마치 자신이 그렇게 원하는 것처럼 느낀다. 오히려 순진한 아이들이 자신이 바라는 바를 그대로 말하는 경우가 많다. 그들은 "난 아이스크림을 먹을 테야", "나는 강냉이가 좋아" 하고 서슴없이 말한다. 이들은 무엇을 원하는지 아무런 혼란이 없다. 이렇게 자신의 욕망을 솔직히 말한다는 것은 탁한 방 안의 신선한 공기처럼 바람직스럽다. 아이들이 강냉이를 원할 때 부모들은 사준다든가 사주지 않는다든가 하는 태도를 결정해주는 것으로 족하지, 아이들이 강냉이를 원하지 않는 것처럼 감정을 왜곡시키는 설득을 해서는 결코 안 된다.

　자신의 느낌이나 욕구를 안다고 하는 것은 무분별하게 그때그때 말로써 나타낸다는 뜻은 아니다. 뒷장에서 보겠지만 판단과 결단이 우리의 성숙된 자아의 한 부분으로서 작용하게 된다. 그러나 첫째로 그가 무엇을 원하는지를 알지 않고서는 무엇을 할지 않을지에 대한 결단을 내리는 판단 기준을 가질 수 있겠는가? 예컨대 한 청소년이 전철 안에서 맞은편에 앉은 여학생이나 혹은 자신의 어머니에 대해서 성적 충동을 느꼈음을 알게 되는 경우, 바로 그 충동대로 행동하라는 말은 결코 아니다. 그러나 이런 생각이 사회적으로 용납될 수 없는 것이라고 해서 억압만 하고 자신의 의식계(意識界)에 떠오르는 것조차 못하게 한다면 어떻게 될 것인가? 그렇게 되면 그가 자라나서 성인이 되고 결혼하여 그의 부인과 성적 관계를 맺을 적에도 과연 자신이 원해서 하는지 혹은 남들이 다 그러니까 관계를 맺는지조차 알 길이 없게 된다.

물론 자신의 욕망을 생기는 대로 배출시킨다면, 예컨대 근친상간이나 친한 친구의 부인과의 성적 관계와 같은 혼란이 오며, 또 이런 욕구는 신경증적 감정이라고 하지 않을 수 없다. 하기야 한번 억압한 욕망은 후에 의식에 강박적으로 떠올라온다는 것도 알고 있다. 지나치게 억압하고 이를 죄악시했던 것이다. 그러나 통일성을 잘 이룬 사람에게는 감정이 강박성으로 나타나는 일은 매우 드물다. 성숙된 사람에게는 감정과 욕구가 변형된 모습으로 나타난다. 예컨대 연극에서 점심을 먹는 장면이 나온다고 해서 이 사람은 곧 음식을 먹고 싶어 못 견디거나 하지는 않는다. 또 가수가 노래를 하는 것을 들을 때에 비록 그 가수가 매력적이라 할지라도 곧 성욕이 발동되는 것은 아니다. 그는 본능을 변형시켜서 음악을 듣는 것으로 만족하게 된다. 물론 이 책에서 내내 지적한 바와 같이 우리는 아무도 전적으로 갈등을 안 느끼고 살 수는 없다. 그리고 그것은 강박적으로 어떤 욕망을 느끼는 일과는 별개 문제다.

감정과 욕구를 직접적으로 그 자리에서 경험한다는 것은 자연스럽고 고유한 현상이어야 한다. 다시 말하면 바라는 것이나 느끼는 것은 그 주어진 시간과 장소에서, 주어진 상황에 알맞은 것이어야 한다는 것이다. 자연스럽다는 것은 전체적 장합(場合)에 직접적으로 반응할 수 있다는 뜻이고 이를 학술적으로 말하자면 "상상에 바탕을 둔 변용"이라 하겠다. 자연스러움은 적극적인 '나'가 상상적 바탕의 한 부분으로 되는 것을 말한다. 좋은 인물화(人物畵)일수록 그 배경이 중시된다. 그와 같이 성숙된 인간은 자아와 그 주변 세계와의 관계에서 하나의 통합성을 보여준다. 그래서 자연스러움은 방종하다는 뜻이 아니고 주변을 무시해서 행동한다는 뜻도 아니다. 오히려 자연스러움이란 적극적인 '나'가 주어진 순간에 특수한 환경에 맞추어서 반응함을 뜻한다. 이렇게 해서 자연스런 느낌의 하나인 '순수성'이나 '특수성'이 이해되어야 하는 것이다. 한 가지 느낌이 고정적으로 반복되는 것은 강박신경증에서나 볼 수 있는 일이고, 우리는 주어진 상황에서 알맞은 느낌과 욕구와 반응을 보이게끔 되어 있다.

우리의 느낌과 바람을 되찾는 셋째 단계는 우리의 정신 구조에서 특히 전의식[3] 부분과의 관계를 되찾는 데 있다. 이 단계에 대해서 나는 단지 간단한 설명을 하는 데 그치겠다. 현대인은 자신의 신체에 대한 지배를 포기했듯이 자신의 무의식에 항복당했고, 오늘날에 와서 무의식은 전혀 낯선 존재가 되고 말았다. 앞 장에서 본 바와 같이 '불합리한' 충동을 억압하여 무의식 속으로 들여보냄으로써, 현대인은 산업과 상업을 위한 규칙적이고 합리적인 과업을 수행할 수 있었다. 이제는 우리가 마음속에 억압했던 것들을 될 수 있는 대로 많이 다시금 끄집어내야 할 때가 되었다. 요셉이 파

---

3 전의식(前意識) : 프로이트는 인간의 마음은 무의식, 전의식, 의식의 세 영역으로 되어 있는데, 전의식은 의식화되기 직전의 영역으로 꿈이나 일상생활의 실수를 통해서 의식화되기 쉽다고 했다.

라오(Paraoh)의 꿈을 해석하기 전부터도 그러했지만, 인간은 어느 시대를 막론하고 자신의 꿈을 어떤 지혜나 방향성이나 통찰의 원천으로 생각해왔다.

그러나 오늘날에 와서, 사람들은 자신의 꿈을 마치 티베트 지방에나 있는 이상한 의식적(意識的)인 춤과도 같이 야릇하고 알 수 없는 것으로 취급하고 있다. 이렇게 되면 우리는 자아의 가장 중요하고 위대한 부분을 단절시키는 결과를 낳고 만다. 따라서 우리는 이미 무의식의 힘과 지혜를 창조적으로 사용할 수 없다. 다섯 마리 말이 이끄는 마차에서 네 마리만이 다른 방향으로 달리려 한다면, 방향이 잘못되는 것과 같은 것이다. 무의식 속에 있는 경향성과 직관은 비록 의식되지는 않고 있더라도 엄연히 자신의 한 부분임은 틀림없고 기회만 있으면 의식화될 수 있다. 우리가 이 부분을 잘 다스리게 되면 될수록 더 좋은 결과가 오는 것이다.

꿈의 해석에 대해서 말하고 싶기는 하지만 그것은 이 책의 뜻과는 다소 거리가 있다.[4] 꿈을 이해한다고 함은 복잡하고 어렵지만 그 법칙을 알게 되면 그리 어려운 것만도 아니다. 꿈이 주는 상징성은 해석하기가 쉽지 않기 때문에 현대인으로 하여금 무의식의 세계에 압도당하게 한다. 미국의 사회정신분석학자인 에리히 프롬[5]은

---

4  꿈의 해석은 프로이트가 정신분석학적 방법으로 시도한 것으로, 그는 무의식이 의식에 주는 메시지임을 밝혀냈다. 꿈은 상징성, 응축성, 변이성 등의 특징이 있다.
5  에리히 프롬(Erich Fromm) : 프로이트의 제자로서 정신분석학의 원리를 현대 자본주의 사회에 적용해서 사회 분석을 했다. 《자유로부터의 도피》, 《자신을 위한 인간》 등 다수의 저서가 있다.

그의 《잊어버린 언어》란 저서에서, 꿈은 마치 신화나 전설과도 같이 우리에게 전혀 생소한 것은 아니며, 실제 있어서는 모든 인류에 공통된 언어 세계를 가지고 있다는 점을 강조한 바 있다. 누구든 무의식 속에 있는 인간의 '국제 언어'를 알고자 하는 사람은 프롬의 저서를 읽어보면 될 것이다.

이 장에서는 단지 꿈이라든가 다른 무의식적 측면에 대한 표현에 관심을 가질 필요가 있다는 것만 강조하고자 할 뿐이다. 꿈은 갈등과 억압된 욕망의 표현일 뿐 아니라, 우리가 이미 몇 년 전에 배웠고 자신이 잃어버렸다고 느꼈던 지식들에 대한 표현이다. 꿈이 쓸데없는 것이라고 생각지 않는다면, 꿈에 대한 전문 지식이 없다고 할지라도 상당한 의미를 찾을 수 있다. 꿈에서 자신이 겪은 것과 행한 것에 대한 이해의 기술이 있는 사람은 꿈을 통해서 당면한 문제를 해결하는 데 값진 힌트와 통찰을 얻을 수 있는 것이다.

이 장에서 보여준 바를 한마디로 말하면 한 인간이 자신에 대해서 알면 알수록 그는 더욱 생의 의욕이 있게 된다는 것이다. 키르케고르는 말했다. "더 많은 의식은 더 많은 자기를 이룬다"고. 이것은 바로 의식의 영역 확대를 의미한다. 그리고 '나' 다움에 대한 높은 의식을 알게 하며, 또한 그것이 바로 성장하는 경험이며, 모든 주변에서 일어나는 일들의 주인인 '나'라는 의식인 것을 알 수 있다.

결론적으로 말해서 하나의 사람이 된다는 것이 무엇인가에 대한 견해를 알게 됨으로써, 우리는 두 가지 오류에서 벗어날 수 있다. 첫째는 수동주의[6]인데, 여기에 빠지면 자기의식은 제쳐놓고 어떤 운명론에 기대려는 경향이 생긴다. 한 가지 알아야 할 사실은 정신분석학도 초기에는 이 운명론과 같이 수동주의를 합리화시킨 경향이 있었다는 점이다. 즉 프로이트가 인간은 무의식의 공포, 욕구 및 기타 많은 억압된 감정들의 노예에 불과하다는 것을 밝혔을 때 큰 파문이 일어났고, 이에 따르면 19세기까지 믿어오던 인간의 의지력에 대한 신념이 과소평가된 것이 사실이다. 그러나 여기에 인간의 의지는 별것이 아니라고 하여, 무의식적 영향이 지배한다는 일종의 운명론이 뒤따라온 것은 매우 유감스런 일이었다. 실제로 프로이트 자신도 그것을 어느 정도 시인했다.

예컨대 초기의 정신치료자인 그로데크(Grodeck)는 "우리는 우리의 무의식의 영향 때문에 살아간다"고 했고, 프로이트 자신도 그에게 보낸 편지에서 "자아(ego)의 수동성"에 대해서 강조하도록 추천한 바 있었다. 그러나 우리가 알아야 할 것은 프로이트가 무의식의 힘을 밝혀낸 것은 이들을 의식계로 끌어올리기 위한 것이지 결코 다른 데 그 목적이 있지 않았다는 사실이다. 프로이트가 몇 번이나 언급한 것처럼, 정신분석학의 목표는 인간의 무의식을 의식화하는 데 있었고, 깨달음의 영역을 넓혀서 개인으로 하여금 혼미 상태에서 벗어나 밝은 앞날을 찾을 수 있도록 하는 데 그 목표가 있다. 우리가 이 장에서 자신의 높은 깨달음과 수동주의에 대한 경

---

6 수동주의(受動主義) : 여기서는 나의 주체성을 상실한 수동적 자세를 뜻한다. 즉 노이로제적 수동성.

고를 했지만, 이것은 따지고 보면 프로이트가 의도한 전반적 목적과 동일하다.

우리가 피력한 견해 중에 둘째 오류는 행동주의에 빠지지 않는가 하는 데 있다. 즉 우리가 깨달음 대신에 행동성을 강조할 우려가 있었다는 것이다. 오늘날 미국에는 흔히 볼 수 있지만 더 많이 행동할수록 더욱 참신한 삶을 가진다는 이른바 행동주의의 미신이 있다. 이 책에서 우리가 "활동적인 나"란 용어를 쓸 적에는 그것이 바쁘게 돌아다닌다는 뜻으로 쓰는 것은 아니다. 대개의 사람들은 자신의 내적 불안을 은폐하려고 하루 종일 바쁘게 뛰어다니는 것을 볼 수 있다. 이들의 행동주의는 다만 자신으로부터 도피하기 위해 뛰어다니는 것이 된다. 이들은 공연히 바쁜 체험으로써 마치 무슨 중대한 일이 돌아가고 있다는 것을 보이려 하고, 또한 바쁘다는 것을 무슨 큰 벼슬이나 하는 것처럼 보이려고 하는, 이른바 일시적인 가짜 생동감을 보인다. 초서는 《캔터베리 이야기》에서, 한 상인이 실제는 그렇지도 않지만 무던히 바쁜 것처럼 보이려고 하는 장면을 풍자적으로 그린다.

우리가 말하는 자기의식이란 분명히 생생하고 통일된 자신의 표현으로서 행동하는 것을 포함하는데 그것은 행동주의와는 정반대되는 개념이다. 왜냐하면 행동주의는 자기의식을 도피하는 결론에 이르기 때문이다. 살아 있다는 것은 때로는 행동하지 않는 것을 말하고 창조적으로 가만히 있는 것을 뜻하기도 하는데, 이렇게 가만히 있기란 현대인에게 매우 힘든 일이 되어 있다. R. L. 스티븐슨은 "가만히 있기 위해서는 강한 자아동일성(주체성)의 감각이 있어야 한다"고 했다. 우리가 강조한 자기의식은 생생한 삶이지만 조용한 형태로 나타난다. 즉 심사숙고나 명상을 할 수 있는 능력으로, 이는 현대 서양 사회가 상실해가는 것이다. 우리는 단지 어떤 일을 '한다'는 것보다는 어떻게 '존재한다'는 것에 대해 새로운 음미를 할 때가 되었다. 현대인은 이러한 방식으로 자신과 일에 대한 관계를 맺음으로써 단지 도피를 하려 하거나 자신을 중요한 사람이라고 증명하려 하는 대신에 진정한 하나의 사람으로서의 창조적인 능력을 보여줄 수 있고, 이렇게 되면 자기 주변 세계와 동료들에 대해서도 긍정적인 관계를 맺을 수 있다.

## 2. 자기실존을 위한 투쟁

　자아 통찰의 길은 험난하여 오르막 내리막으로 곤란과 갈등에 당면하며, 앞 장의 과제보다는 어려운 길이 아닐 수 없다. 우리는 이제 하나의 '사람'이 되는, 더욱더 역동적인 측면을 살펴볼 때가 되었다. 자기 고유의 특성을 살피면서 하나의 '사람'이 되기 위해 노력하는 사람, 특히 어릴 적에 어떤 정신적 타격을 입어 발달이 중지된 사람, 자아의 깨달음을 이룩하고자 하는 사람은 많은 투쟁과 갈등에 당면하게 된다. 이들이 한 '사람'이 되기 위해서는 이미 앞 장에서 설명한 바와 같이 느끼는 것, 바라는 것 등을 배워야 할 뿐 아니라, 스스로 느끼고 바라는 것을 방해하는 요소를 예방하는 투쟁을 벌여야 한다. 또한 이들은 자기 속에 앞으로 나아가지 못하게 묶어두는 쇠사슬 같은 것이 있음을 발견하게 되는데, 이 쇠사슬은 오늘날 미국 사회에서 보자면, 부모님, 특히 어머니에게 매여 있는 것임을 알게 되리라.
　인간의 발달은 어떤 '덩어리(mass)'에서 분열을 계속하여 하나의 개체로서의 자유를 얻을 때까지의 연속적인 과정을 말한다. 애시당초 한 잠재적 개체가 모체 속 태아처럼 어머니에게 매달려 있어, 탯줄을 통해서 자동적으로 영양을 받고, 자동적으로 성장해간다. 개체가 이 세상에 탄생하고 탯줄을 끊으면 하나의 육체적인 개체가 된다. 가령 음식물을 취할 때에도 어머니와 어린애가 상호 선택 작용을 한다. 어린이는 울음을 터뜨리고 어머니는 젖을 줄 수도, 안 줄 수도 있다. 그러나 유아는 거의 전적으로 부모에게 의존하는 존재다. 유아가 하나의 개인으로서의 사람이 되기까지는 무수한 단계를 밟는다. 처음에는 책임과 자유의식이 잠재적으로 존재하던 것이 학교에 다니게 되고, 사춘기에는 성적인 개체로서 성숙되고, 어느 대학을 택할 것인가 어떤 직업을 선택할 것인가를 결정해야 하며, 그 후 결혼 상대를 구해서 가정을 이루는 등 수없이 많은 일들에 부딪친다.

이러한 과정을 통해서 개체는 전체에서 자신을 분리하며 새로운 통합을 위해 언제나 투쟁해야 한다. 실로 모든 진화(進化) 전체에서 분리되는 과정을 말하듯이, 개체도 덩어리에서 떨어져 나옴으로써 남들과 더 높은 수준의 관계를 맺게 된다. 인간은 돌이나 화합물과 달라서 의식적이고 책임 있는 선택을 통해서 자신의 개성을 이룩할 수 있기 때문에 그는 단지 육체적 개체일 뿐 아니라 심리적이고 윤리적인 개체가 되지 않으면 안 된다.

엄격히 말하자면 자궁에서 태어나거나, 덩어리에서부터 끊겨 나와 자유로이 되는 것이다. 의존하는 대신에 선택을 하는 전 과정에 있어서 한 생명은 스스로 결단을 하는 연속이어야 하고 심지어는 죽음의 문제마저도 자신이 결단해야 한다는 명제가 생긴다.

그러므로 모든 사람의 일생은 하나의 분리 과정의 그래프로 나타낼 수 있다. 그가 자동적인 의존 상태에서 자신을 얼마나 해방시켰는가, 그리고 얼마나 사람 구실을 하게 되고, 책임 및 창조적 과업을 할 수 있는 수준에서 동료들과 어울릴 수 있는가 하는 것이 중요하다. 그렇다면 개체가 덩어리에서 분리되어 성숙해가는 데 있어 심리적 투쟁이 무엇인가를 살펴보자.

### 심리적 탯줄 끊기

어린아이는 탄생 후 탯줄을 끊었을 때 하나의 육체적인 개체가 되지만, 적당한 시기에 심리적인 탯줄을 끊지 않으면 항상 부모 슬하에서 떠나지 못하는 존재가 된다. 즉 탯줄 길이 이상 더 멀리 갈 수 없는 것이다. 그의 발달은 중지되고 성장을 향하는 자유는 억압되어 마침내 분노와 적개심으로 가득 찬다. 이들은 제법 자신의 길을 걷는 듯이 보일 때도 있지만, 결국은 결혼이나 직업 선택 또는 죽음의 문제에 당면했을 때에는 몹시 당황하지 않을 수 없다. 삶의 어떤 위기에도 그들은 곧 '어머니를 향한' 후퇴 작업을 시도한다.

어느 젊은 신랑이 말한 것처럼 "나는 어머니를 너무 사랑하기 때문에 나의 아내를 사랑할 수 없다"는 결론이 나온다. 이때 어머니와의 관계를 "사랑"으로 표현한 것은 과오다. 진정한 사랑은 확대해나가는 것이지 결코 다른 사람을 배제하는 것이 아니다. 배제

하는 병적인 사랑인 경우에는 어머니와 아내 중에서 택일을 해야 한다는 결론이 나온다. 현대에 와서는 모든 어머니가 개인적인 최소한의 사랑을 주고 시종일관 지지를 해주지 못하기 때문에, 현대인은 자신이 어렸을 때의 육체적인 어머니 상(像)에 더욱 얽매이게 되는 경향이 있다.

이런 집착이 무엇인가, 또 이 애착을 끊는 것이 얼마나 힘든가를 예로 들어보면 정확히 알 수 있다. 다음 예는 너무나 극단적인 경우로, 특히 어머니의 태도가 애매한 경우다. 30세의 재능 있는 청년이 동성애적 감정으로 곤란을 겪는데, 그는 이성(異性)에 대해서는 긍정적 감정이 없었고 오히려 두려워했다. 그는 어느 누구와도 친하게 지내는 것을 회피했고 급기야 박사 과정을 마치는 것마저 좌절되었다. 외아들로 자란 그는 아버지를 경멸했는데, 아버지는 언제나 어머니의 말만 들었다. 어머니가 그가 있는 앞에서 아버지를 경멸할 때도 있었다. 그는 한때 어머니가 아버지에게 "당신은 차라리 죽는 게 낫구려. 하지만 죽을 용기조차 없는 비겁자니……" 하고 말하는 걸 들은 적도 있었다. 학교에 갈 때는 옷을 너무 조심스럽게 입혔기 때문에 싸울 수도 없었고 시비가 벌어지면 어머니가 직접 학교에 와서 따지곤 했다. 어머니는 마침내 자신이 얼마나 남편 때문에 고통을 받는지를 그에게 말하게 되었다. 때로는 변(便)을 볼 때도 그에게 도움을 청했는데, 그는 그것을 죽어라 싫어했지만 어쩔 도리가 없었다. 대학을 다닐 때도 방학이 되어 집에 오면 그의 어머니는 밤에도 그의 이층 방으로 올라왔는데 특히 그가 옷을 벗고 있을 때는 얼마나 난처한지 몰랐다. 그가 어렸을 때, 그의 어머니는 거의 공공연하게 다른 남성과 간통을 했는데, 그때마다 몹시 화가 났고 때로는 묘하게 질투가 나기도 했다. 어머니는 청년이 된 그가 여대생과 만나는 것을 금지했고, 그래도 여성과 사귀면 여러 가지 방법으로 방해를 했다.

소년 시절에 그는 피아노를 잘 쳐서 주일학교에서 연주하는 경우가 많았다. 어느 날 주일학교 연주를 하던 그는 "너희 부모님을 공경하라"는 대목의 십계명을 연주하지 못해서 그의 부모를 당황하게 만든 적이 있다. 그의 어머니가 부녀회에서 그에게 피아노를 치게 했을 때도 아주 쉬운 곡을 치지 못해서 어머니를 난처하게 만든 적도 있다. 그는 어릴 때부터 영리해서 공부를 잘했고, 군에서도 표창까지 받았으나 이 모든 게 실은 그의 어머니를 기쁘게 하기 위한 노력에 불과했다. 이 청년이 박사 학위를 마치지 못한 것은 어릴 때 중단된 피아노 연주와 같은 의미를 가진 것으로 짐작할 수 있다. 사실 그가 어머니를 기쁘게 해주기를 내심 싫어한 것이 그 이유였다. 자신의 성공이 제3자의 위신이나 기쁨을 위해서만 의미가 있다고 느낄 경우에, 자신이 할 수 있는 유일한 방식은 성공을 하지 않고 아무 일도 하지 않는 것이 된다. 그가 정신치료를 받는 동안에도 그의 어머니는 몇십 번이나 아들에게 편지를 보냈는데, 자신의 심장이 나쁘다는 것, 빨리 집에 와서 자신을 돌봐달라는 것, 여의치 못하면 병이 더욱 악화될 것 등 협박의 내용이었다.

간략하게 말하기는 했지만, 이 청년의 문제는 어떤 의미에서 현대사회의 모든 젊은이들이 당면한 전형적인 문제라 할 수 있다. 첫째로 그는 감정이 결여되어 있고 성적(性的) 역할에 혼돈을 느끼며, 성적으로나 일하는 데 있어 힘이 빠져 있다. 두 번째 특징은 그의 가정적 형태다. 이 청년이 자라난 가정은 프로이트가 처음 오이디푸스 콤플렉스 학설[1]을 주창할 때 마음속에 생각했던 부권적(父權的) 가정이 아니다. 이 청년의 가정에서는 어머니가 주도자고, 아들에게 아버지는 약하고 어딘지 얼간이 같은 존재로 느껴진다. 세 번째 특징은 소년 시절에 어머니는 아들을 사랑하고 남편보다 아들에게 지나친 기대를 했다는 것이다. 그러나 언제나 불안은 있었다. 즉 청년은 자신의 업적을 달성하면서 아무런 자신(自身)과 안도감을 느낄 수 없었다. 왜냐하면 자기는 자신의 뜻이 아니라 어머니 뜻대로 움직이는 꼭두각시에 불과하다고 느끼기 때문이다.

이 경우에도 고전적인 오이디푸스 콤플렉스의 관계가 성립되고 있기는 하다. 그러나 중요한 차이점은, 이 소년은 심각한 거세불안(去勢不安)이 있고 이때 거세자는 아버지가 아니고 어머니라는 점이다. 현대에 와서는 경쟁자가 아버지가 아니고 반대로 어머니가 경쟁자로 등장했다. 자신이 동일시[2]할 대상이 어머니이기 때문에

---

[1] 근친상간 콤플렉스설. 어린아이가 이성의 부모를 좋아하고 동성의 부모를 배척하거나 죽었으면 하고 생각하는 일종의 심리적 갈등 상태로, 프로이트는 이것이 모든 인간의 무의식에 있는 갈등이고 노이로제의 중요한 원인이 된다고 보았다.
[2] 동일시(同一視) : 정신분석학에 의하면 오이디푸스 시기의 절정에 달하면 남아는 아버지를 죽이고 싶도록 미워하게 되나, 곧 아버지의 보복을 두려워하며 아버지가 거세(去勢)를 하지나 않을까 두려워하다가 마침내 아버지에게 굴복하고 아버지를 닮아서 동일시하려고 하게 된다.

아들에게는 남성적인 힘이 나타나지 않고 따라서 그는 정상적인 힘의 원천을 갖지 못하게 된다. 그는 어머니의 극성과 지배적인 주목을 이 힘의 상실에 대한 대가로 받게 된다. 청년은 자연스레 자신이 왕자로 생각되는 꿈을 꾼다. 그의 나르시시즘(자기애)은 극도로 심한 꿈으로 나타난다. 자신이 무력하다는 생각을 내심 갖기 때문에 이것을 보상하기 위해서다. 어머니가 시키거나 바라는 일을 하지 않음으로써 약간의 반발을 나타낼 수도 있기는 하다. 그러나 이것은 노예가 주인에게 보이는 수동적 반항에 불과하다. 이런 사람은 어김없이 여성을 심각하게 두려워한다. 또한 내적으로는 많은 갈등이 있어서 일이나 사랑, 또는 인간관계를 맺는 데서 앞으로 나아가지를 못한다.

이러한 병적인 상황에서 빠져나오는 길은 무엇인가? 물론 어린 아이는 일시적으로 후퇴함으로써 이용당하는 데서 자신을 보호할 수도 있다. 이 청년은 약한 술꾼인 아버지와 지배적이고 자칭 헌신적인 어머니 사이에서 자라나며 당했던 고충을 훗날 회상하게 된다. 이런 사람들은 남의 꼭두각시가 아닌 진정한 자신이 되는 자유를 얻기 위해서 피눈물나는 노력을 하는데, 이것은 다음에 살펴보기로 하자.

### 어머니의 지배에 대한 투쟁

어머니에 대한 투쟁은 불멸의 작품인 연극 〈오레스테스〉에서 볼 수 있다. 이 연극에 나오는 통찰을 통해서 이 문제를 살펴보자. 역사적인 사실이 현재에 교훈을 줄 수 있을 뿐 아니라, 이와 같은 인간 경험에 대한 깊은 진리가 연극 〈오이디푸스〉나 〈욥의 책〉과 같은 고전적 작품 속에서 오랜 세월을 두고 내려오는 인간관계의 문제로서 나타나 있기 때문이다.

이 인간 갈등에 대한 위대한 작품은 고대 그리스의 아이스퀼로스의 원작이나 최근 로빈슨 제퍼즈에 의해 《비극을 넘어선 탑(The Tower Beyond Tragedy)》이라는 책명으로 간추려 씌어졌다. 미케네의 왕 아가멤논은 트로이와의 전쟁에서 그리스군을 지휘하고 있었는데, 그의 부인인 클리템네스트라는 자기의 숙부인 에기스투스를 사랑하고 있었다. 아가멤논이 트로이의 전쟁에서 돌아오자 그의 부인은 그를 죽였다. 그녀는 어린 아들 오레스테스를 추방하고 그의 딸을 후계자로 삼았다. 오레스테스는 나이가 들자 그의 어머니를 죽이기 위해서 미케네로 돌아왔다. 궁전에서 칼을 든 아들을 보자 클리템네스트라는 지난날의 남편을 비난하면서 아들의 동정을 사려 했다. "내 팔자가 얼마나 세었던가. 내 아들아!" 하면서 그는 울먹였다. "내 저주가 오죽했겠는가, 알아다오!" 그러나 이런 변명이 소용이 없게 되자 클리템네스트라는 사랑하는 척하면서 아들을 껴안고 정열적으로 키스를 했다. 오레스테스는 갑자기 칼을 떨어뜨리고 "나는 모르겠습니다. 어찌할 바를……" 하고 말았다. 오레스테스의 이와 같은 갑작스런 수동적 자세는 오늘날 많은 젊은이들에게서 볼 수 있는 현상으로, 지배적인 어머니와의 투쟁에 있어 자신(自信)을 상실한 데서 오는 일종의 행동화 양식이다. 이때 오레스테스의 어머니는 아들이 방심하는 틈을 타서 병사들을 부르고 반격을 했다.

오레스테스는 어머니를 살해했으며 미치게 되었다. 그는 뱀들을 조종하는 밤의 악령에게 시달림을 받게 되었다. 이는 자책감과 양심의 가책을 그린 그리스 신화로, 죄책감 때문에 잠을 잘 수 없고 노이로제나 정신병이 될 때까지 괴로워하는 상징성을 고대 그리스 신화는 놀랍게도 정확하게 표현한다.

오레스테스는 쫓기고, 잠 못 이루고, 지칠 대로 지쳐서 마침내 델피에 있는 아폴로 신전에 떨어지는데 이곳에서 그는 잠시 피난처를 구한다. 그 후 아폴로의 보호를 받고서 모든 아테네 사람들이 주재하는 큰 법정에서 재판을 받는다. 이 법정에서 가려내야 할 가장 중대한 문제는, 한 인간이 지배적이고 착취적인 부인을 죽이는 것이 죄가 되느냐의 여부였다. 이것은 앞으로 닥쳐올 인류의 장래에 결정적인 결과를 낳을 수 있는 문제기 때문에 올림푸스의 신들이 이 논쟁에 참여하려고 내려온다. 여러 가지 연설이 있은 후에 아테네는 배심원들에게 "높은 권위를 가지되 신들과 성스러운 공포의 경건함을 유지하고" "무정부주의(가치 혼란)"와 "노예 제도"를 피하기 위해서 판단을 내려달라고 외쳤다. 시민 윤리와 객관성 및 지혜의 여신인 아테네는 그 결과를 가지고 결심을 해야만 했다. 그는 마침내 법정에서 선언하기를, "만약 인류가 하나의 사람으로 발전하려면 증오하는 부모들의 쇠사슬을 풀어버려야 하고 필요하다면 그런 부모의 살생도 불사(不辭)한다"는 것이었다. 그리하여 오레스테스는 용서를 받았다.

이와 같은 생소한 이야기의 밑바탕에는 인간의 정열에 대한 무서울 정도의 투쟁이 숨어 있는데, 그 정열은 어떤 인간의 경험보다도 심각하고 기본적인 갈등으로 나타나 있다. 이야기의 테마는 어머니를 죽이는 데 있지만, 그 진정한 의미는 아들인 오레스테스의 한 사람으로서의 존재성을 위한 투쟁이라고 할 수 있다. 그것은 "존재할 것인가, 아니할 것인가" 하는 심리적·정신적 존재에 대한 투쟁이라 하겠다. 법정에서 행한 연설에서 아테네나 다른 시민들이 명백히 한 것처럼, 이 투쟁은 클리템네스트라나 어두운 지옥에서 온 그의 지배인 에리니에스가 대표하는 낡은 습관 및 도덕률과, 아폴로와 아테네 및 오레스테스로 대표되는 새로운 도덕률 간의 투쟁이라 할 수 있었다. 이것을 오늘날 사회학적으로 말한다면, 에리히 프롬이 저서 《잊어버린 언어》에서 지적한 것처럼 낡은 모권주의(母權主義)에 대한 새로운 부권주의(父權主義)의 투쟁이라 할 수 있다. 그러나 여기서 우리는 다만 이 갈등이 가진 심리학적 측면만 살펴보았다.

아이스퀼로스는 놀라운 심리학적인 센스를 가미해서 "오레스테스는 그 권위의 높이를 측정하지 않을 수 없었다. 그리고 만일 그가 그렇게 못했더라면 그는 영구히 병들고 말았을 것이다"라고 말한다. 그리고 종막에 가서는 그리스의 코러스가 울려 퍼진다. "빛이 왔도다. 날은 환하게 밝았도다." 다시 말해 오레스테스는 이 세상에 새로운 빛과 명백한 방향을 제시했다고 하겠다.

이 드라마를 오늘날의 문제들과 비교해서 생각할 때 가장 놀라운 사실은 오레스테스에 대한 이야기 자체가 아니고, 어떤 어머니들이 바로 이 클리템네스트라와 같다는 데 있다. 분명히 클리템네스트라는 극단적인 모습이다. 즉 모든 인간의 마음은 단순하지 않고, 증오, 사랑, 권력욕 따위가 복잡하게 얽히고설켜 있다. 물론 클리템네스트라는 하나의 인간이라기보다는 상징적 존재인데, 아들을 내쫓고 지배하는 비합리적 권위의 상징이다. 그리고 이 드라마는 그리스 신화가 보여주는 깊은 뜻과 용기를 가지고 인간의 근본적인 갈등을 설명해준다고 볼 수 있다. 현대인은 피상적인 음식물만 섭취했기 때문에 이 약(신화)은 입에 너무 쓸 것이다.

부모를 죽인다는 것은 대체 무엇을 의미하는가? 이 투쟁의 본질은 오레스테스가 보여준 것처럼, 성장하려는 사람이 자신의 성장과 자유를 가로막는 권위주의적 힘에 반대하고 나서는 것이다. 가족 단위에서 보면 그런 힘을 아버지나 어머니에게서 찾게 된다. 그야말로 프로이트는, 모든 갈등은 아버지와 아들 사이에 벌어지는 것으로 굳게 믿었는데, 아버지는 아들의 힘을 억누르고 '거세'[3]하며, 따라서 오이디푸스가 한 것처럼 자신의 권익을 지키기 위해 아버지를 죽인다는 결론이 나온다. 그러나 오늘날에 와서 보면 이 거세 콤플렉스를 모든 인간에게서 볼 수 있는 것은 아니며, 문화적·

---

[3] 정신분석에서 중요한 개념으로, 아들은 아버지에게 성기를 거세당하지 않을까 불안해한다는 것으로, 거세 불안이라고 한다.

역사적 요인에 따라 다르게 나타난다는 것을 알 수 있다. 프로이트는 소위 '독일식 아버지'들이 설치는 사회에서 성장했던 것이다.

　20세기 중엽인 오늘날에 와서 미국 사회를 보면 아버지가 아니고 어머니가 가정의 주인이 되어가는데, 그렇기 때문에 오늘날의 미국인들은 이 오레스테스의 드라마 속에서 자신의 모습을 절실하게 발견하곤 한다. 이것은 내가 치료한 환자들에게서 깊이 느낀 바에 기초한 것으로 비단 나의 경험뿐 아니라 모든 동료 정신분석 의사와의 의견 교환에서도 확인한 것이다. 이미 설명된 사례와 같이 아들은 흔히 어머니에게 얽매여 있게 되고 아들은 어머니를 즐겁게 해줌으로써만 어떤 보상을 받게 된다. 마치 그들은 어머니의 뜻에 맞도록 자라나야만 하는 것처럼 보인다. 따라서 어머니가 아닌 다른 사람의 말을 들으면 아들의 잠재성은 발휘될 수 없는 것으로 보인다. 때문에 오늘날의 모든 아들은 어머니와의 깊은 유대를 끊지 않는 한 자신의 잠재력을 기를 수도 없거니와 자신이 원하는 사랑도 할 수 없게 된다.

　어머니와의 투쟁이라는 말에서 요즘 미국 사회에서 흔히 문제시되는 소위 '모권주의(momism)'을 연상하게 될 것이다.

　이 모권주의에 대한 비난이 얼마나 진리를 내포하는지 어떤지는 알 수 없다. 그러나 내가 확실히 말할 수 있는 것은 소설 속에서 볼 때 오늘날 많은 사람들이 어머니에 대한 비난과 더불어, 무의식에서는 어머니에게 깊은 의존감을 가지고 있는 것 자체를 기분 나쁘게 생각한다는 점이다.

오늘날 미국 사회는 정신과 의사 에드워드 A. 스트렉커가 지적한 것처럼 점차 모권 사회를 닮아간다. 정신분석 의사인 에릭 에릭슨은 《아동기와 사회(Childhood and Society)》라는 저서에서 모권주의의 근원을 논의하면서 "미국의 어머니는 승리자가 아니고 희생자다"라고 느끼는데, 그것은 오늘날 미국의 경우에는 아버지가 닷새를 직장에서 기진맥진하며 보내고 단 하루만을 가정에서 지내기 때문에 가정에서 자신의 중심적 위치를 포기하고 어머니에게 권리를 돌리기 때문이라고 했다. 즉 가정에 신경 쓸 수 없는 아버지 때문에 가정에서는 어머니라는 주도권자가 탄생한 셈이다.

모권주의는 하나의 예다. 그러나 오늘날의 미국에서 볼 수 있는 모권주의는 어쩌면 부인에게 힘을 행사하도록 강요하고 있다는 느낌마저 든다. 여기서 강조하지 않을 수 없는 것은, 이것이 현세대 미국 어머니들에게만 해당되는 말이 아니라는 점이다. 오히려 전 세계 어머니들에게서 시작된 작업이라 할 수 있다. 어째서 그렇게 되었는지 심리적 원인은 알 수 없다. 한 가지 뚜렷한 사실은, 오늘날 병을 앓고 있는 미국 청소년의 어머니들은 진찰실에 와서는 오히려 자기네가 매우 실망을 했노라 주장한다는 것이다. 클리템네스트라가 그런 짓을 한 것은 '오래 내려오는 증오감' 때문이라고 변명한다. 물론 클리템네스트라뿐 아니라 어떤 사람이라도 확실한 이유 없이 그런 짓을 할 리는 만무하다. 그 이유란 그녀 자신이 몹시 상처를 받았으며, 앞으로 그런 상처를 받지 않기 위해서는 자기 자신이 남들을 지배해야만 된다는 믿음이다. 미국 사회에서 전세대(前世代) 여성들은 남성들에게 무엇을 기대했을까? 그들은 후기 빅토리아 시대부터 싹튼 여성 우위 사상에서 영향을 받은 어떤 특권의식이 있었을까? 그렇지 않으면 영구적으로 남성에게 대우를 받아야 한다고 기대했을까? 여하튼 그들은 여성으로서의 역할을 하는 데 있어 근본적으로 좌절감을 느낀 일이 없었을까? 실제로 후기 빅토리아 시대의 여성들은 성적(性的)으로 매우 좌절감에 휩싸여 있었던 것이 사실이고 따라서 다른 모든 영역에서도 그러했을 것이라 짐작된다. 숭상만 받음으로써 아내로서 만족과 기쁨을 얻을 수 있느냐 하는 것은 의문스럽다. 남성이 어떤 희한한 일을 해줄 것을 기대하는 여성은 남편에게 심히 실망하고, 이런 남편에게 실망한 부인은 아들을 지나치게 소유하고 지배하려는 경향에 빠지지 않을까?

　방금 말한 모든 것은 아마도 현대사회의 모자 관계에 대한 설명과 어떤 연관성이 있을 것이다. 그러나 고대 그리스인들은 이 물음을 사회학적으로나 심리학적으로 제시하는 데 만족하지 않고, 아들이 어머니에게서 자유를 얻는다는 것이 얼마나 중요하고 어려운 일인가에 대해서 모자 간에 가로놓인 어떤 생물학적 이유 때문이라는 암시를 함으로써 논제를 근본적으로 뒤흔든다. 그리스의 드라마에서 오레스테스를 용서하는 데 표를 던진 이가 바로 아테네의 여신이라는 점 때문에 이 물음이 제기될 수 있다. 아테네는 "나는 구질구질한 어머니의 자궁 속에서 나온 게 아니라 옷을 입은 채 아버지의 신인 제우스의 앞이마에서 태어났다"고 말했다.

이 말이야말로 우리가 음미할 만한 놀라운 것이다. 첫째로 어머니의 자궁을 빌리지 않고 탄생했다는 것 자체가 놀라운 일이고, 둘째로 그리스인들이 아테네를 지혜의 여신으로 삼은 사실 또한 중요하다. 아테네는 결코 자궁 생활을 경험하지 않았기 때문에 '새로운 것'을 편들기 위해 오레스테스를 옹호하는 표를 던졌다. 이것은 인간이 육체적으로나 심리적으로 탯줄을 통해서 너무나 어머니에게 밀착되었기 때문에, 의존과 편견과 미숙에서 독립과 지혜와 성숙으로 가는 길이 얼마나 외로운 길인지 알려준다. 따라서 그리스인이 지혜와 선행의 여신에 대한 신화에서 탯줄에 대한 투쟁을 하지 않아도 되도록 한 진의를 짐작할 수 있지 않겠는가?

유아는 어머니의 자궁에서 자라나고 유방을 통해서 음식을 먹기 때문에 아버지보다는 어머니와 가깝다. 아들은 어머니의 피와 살로써 만들어졌기 때문에 항상 그에게 밀착되어 있다. 따라서 어머니와의 관계는 항상 혁명적이라기보다는 보수적이고, 미래보다는 언제나 과거에 의미를 부여하고 있다는 사실을 그리스인들은 잘 알고 있었던 게 아니겠는가? 따라서 그리스인들은 인간의 지혜가 무관계(無關係)의 공백(空白)에서 솟아나는 것이고, 어떠한 관계든 다소 잘못이 있게 된다는 것을 잘 말하고 있다. 이렇게 보면 마치 오레스테스가 그러했던 것처럼 "보호를 받고자 하고", "후퇴하고", "수동적이고", "어찌할 바를 모르는" 것은 결국 어머니의 자궁 속으로 돌아가고 싶다는 것을 말해주는데, 인간의 성숙이나 자유의 개념은 이들과 정반대 편에 있다. 그러므로 그리스 신화에 나오는 지혜의 여신이 '자궁'을 결코 모르고 지냈다는 것은 얼마나 의미 있는 일인가?

이제 이 문제를 독자 여러분의 상상에 맡기도록 하고 다시금 오레스테스 이야기로 돌아가자. 이 이야기에서 진짜 흥미를 느끼는 점은, 감정적 갈등 속에 있는 원형(原型)에 불과했던 이 청년이 하나의 사람으로 살아가기 위한 자유를 어떻게 이룩했느냐에 있다. 그런 짓을 하고 나서 잠시 동안 미친 상태에 있던 오레스테스는 눈이 잘 보이지 않는 가운데 숲속을 헤매게 되었다. 여기서 로빈슨 제퍼즈는 말하기를, 오레스테스가 미케네에 있는 궁전으로 돌아오니 그곳에 그에게 아버지의 대를 이어 왕이 될 것을 청하는 누이가 있었다. 오레스테스는 놀라서 그녀를 바라보고, 자신이 어머니를 죽이는 무서운 짓을 한 것이 반드시 아가멤논의 뒤를 이어 미케네의 왕이 되기 위한 것으로 보이느냐고 물었다. "아니야!" 하고 그는 외쳤다. "내가 그런 짓을 한 것은 다만 그 도시를 떠나서 더 성장하기 위해서야." 여동생은 오빠에게 "여인이 필요한" 것으로 짐작하고 자기와 결혼해달라고 졸랐다. 그는 "바로 네 속에 어머니였던 클리템네스트라가 들어 있단 말이야" 하고 고함치면서 그의 온 가족의 비극은 바로 근친상간에 있다는 것을 지적했다. 숲속에서의 투쟁에서 그는 말한다.

나는 어둠 속에 움직이는 우리의 모습을 보았네. 우리가 한 짓과 우리가 꿈꾼 것을, 남자는 여자를 따라다니고 여자는 남자에게 안기고,

병사들과 왕들은 어둠 속에서 지친 채 모두들 속으로만 사랑하고 싸우며, 잃어버린 사람은 자기를 칭찬해줄 사람을 찾아다니고, 뒤를 돌아다보면 처음에 서 있던 사람만을 보게 되고, 맨 끝에 있는 사람이 앞으로 온 것인가? 또는 빛나지만 쓰디쓴 하늘을 위로 나는가. 신(神)들은 무엇이라 부르는가. 모든 것이 안으로 굽어들었고, 모든 너희의 욕망들, 그것은 근친상간이렷다.

— 로빈슨 제퍼즈의 《비극을 넘어선 탑》에서

오레스테스는 "속으로 감아드는 욕망"이라는 낭비를 하지 않겠다고 결심했다. 만일 오레스테스가 누이동생의 청혼을 받아들이고 미케네에 머물렀더라면 마치 "돌멩이가 걸어다니는 것처럼" 사람으로서의 고유의 본능을 상실하고 하나의 무기물이 되었을 것이다. 그가 "인간성을 향해서" 걸어 나오고, 미케네의 근친상간적인 집구석에서 빠져나옴으로써 몇 세기 동안 인류의 갈망이었던 심리적 통일성을 찾을 수 있었고, "나는 밖을 향해서 사랑을 찾게 되었다"고 할 수 있다.

이 시에서 오레스테스가 '안으로' 또는 '밖으로'라는 말을 여러 번 쓰게 된 것이나 미케네에서 비극은 '근친상간'이라고 말한 것은 우연한 일이 아니다. 왜냐하면 근친상간이란 육체적·성적인 상징이 '안'을 향해서 이루어진 것이고 따라서 '밖'을 향해서 사랑을 할 수 없는 것이 된다. 심리학적으로 보면 근친상간적 욕구는 부모님에 대한 병적인 의존 증상이고, 충분히 '자라나지 못한' 사람에게서 볼 수 있으며, 부모에게 얽힌 탯줄을 끊어버리지 못한 사람에게서 볼 수 있다. 그러므로 이때의 성적 쾌감은 어머니의 젖을 먹을 때 느끼는 구강기적 쾌락[4]이라 할 수 있다. 근친상간에서 두드러진 현상은 오레스테스의 경우에서 볼 수 있듯이 남들의 찬사를 받기를 원하며 "남들은 나를 칭찬해야 한다"로 되어 있다.

제퍼즈의 서술에서 보는 것처럼 특수한 형식의 시적(詩的) 표현을 통해서 오레스테스는 이런 사람들의 종교마저도 근친상간이라고 말한다. 그들은 다만 자신의 속마음이 투사된 모습을 만들어서 신이라고 불렀고, 자신이 만든 신을 찾아 헤맨다. 이들의 신은 새롭고 높은 열망과 통일성을 가진 신이 아니라 다만 유아기의 의존 상태로 되돌아가고자 하는 자신의 욕구를 나타낸다. 물론 이것은 종교적으로나 심리학적으로나 예수의 말씀과는 정반대인데, 예수는 "나는 평화가 아니고 칼을 가지고 왔노라. 왜냐하면 아들은 아버지를, 딸은 어머니를, 며느리는 시어머니를 어떻게 대할 것인가에 본을 보이려 이 세상에 왔도다. 그래서 인간의 적은 그들 가족 속에 있는 사람들일지니라" 하고 외치지 않았던가.[5] 물론 예수는 가족끼리 서로 증오하라고 한 것이 아니고, 인간의 영적인 발달은 근친상간적 향내적(向內的) 사랑이 아니라 밖으로 이웃이나 이방인을 사랑해야만 한다는 것을 보여준 것이다. 그야말로 가족 내의 인

---

4 구강기적 쾌락(口腔期的 快樂) : 정신분석학에서는 유아가 태어나서 어머니의 젖을 빠는 한두 살까지는 특히 어머니 젖가슴의 따뜻함과 젖에 대한 쾌락을 느끼는데, 이것을 일종의 넓은 의미의 성적 쾌감이라고 본다.
5 〈마태복음〉 10장 34~36절.

간이 서로 얽혀 있기만 하다면 하나의 원수가 되는 것이 사실이다.

근친상간에 대한 금기는 하나의 사회심리적 견지에서 평가할 수 있다. 왜냐하면 근친상간의 자손은 '새로운 피'의 '새로운 유전인자'를 기대할 수가 없고 어떤 변화나 발달을 기대하기가 힘들기 때문이다. 이는 모든 사회에서 볼 수 있는 바다. 근친상간이 어떤 신체적 해를 주는 것은 아니지만 다만 유전인자를 겹치는 것뿐이며 다른 유전자가 들어올 가능성이 없어진다. 다시 말하면 근친상간을 금지함으로써 비로소 인류 발전을 기할 수 있는데, 발전이란 동일성에서 오는 것이 아니고 높은 수준의 통일성을 향해서 이루어진다. 그래서 우리는 이 장의 서두로 돌아가서 '분리(分離)의 연속 과정'을 통해 하나의 사람이 되는 인생 항로를 계속하는데, 여기에 덧붙인다면 "안으로 향하는 근친상간이 아니라 밖으로 향하는 이웃에 대한 사랑을 통해서 인류는 발달할 수 있다"는 것이다.

### 의존욕구를 버리는 투쟁

오레스테스의 윤리(倫理)는 분명히 누구나 총을 들고 어머니를 죽여야 한다는 뜻은 아니다. 이미 지적한 바와 같이 인간을 부모에게 매어놓고 있는 유치한 의존성의 유대야말로 우리가 죽여야 할 대상이다. 그야말로 우리는 바깥에서, 그리고 창조적이고 독립적인 자세로 사랑을 할 수 있게 된다.

이 작업은 갑작스레 서두른다고 되는 것이 아니고 부모들에게 주먹질을 한다고 되는 것은 더욱 아니다. 모든 연극이 그런 것처럼 오레스테스의 연극도 불과 몇 주일 동안 일어나는 것으로 되어 있지만 그것은 '존재를 위한 투쟁'으로 집약할 수 있다. 실제로 이러한 투쟁에서 새로운 통일성이 어느 수준에 이르기까지 성장의 고갯길을 넘어야만 하는데 이것은 저절로 되는 것이 아니고 재교육, 새로운 통찰의 발견, 의식적인 결단성의 함양 및 때때로 겪게 되는 고된 투쟁을 기꺼이 감내함으로써 이루어진다. 정신치료를 받는 사람은 자신도 모르는 사이에 얼마나 얽히고설켜 있는지, 또는 그가 사랑과 일과 결혼을 할 수 없는 이유가 어디에 있는지를 찾아내기 위해서 몇 개월 또는 몇 년 동안 재구성 작업[6]을 해야 한다. 그러면 자신의 권익을 찾을 수 있는 사람이 되기 위한 투쟁을 하는 과정에서 때로 상당한 불안을 느끼고 실제적인 협박을 당하게 된다는 것도 알게 될 것이다. 얽매인 줄을 끊기 위한 투쟁을 하는 사람은, 마치 오레스테스가 일시적으로나마 겪은 미친 상태에 비유될 수 있을 만큼 무서운 감정적 혼란과 갈등을 겪을 수 있다. 이때의 갈등은, 고향과도 같은 곳을 떠나서 새로운 독립을 시작할 때 생기는 그런 성질의 것이고, 아무런 지지(支持)도 없는 고립을 향하여 불안과 무력감에 싸여 있는 상태에 비유될 수 있다. 사람이 발달기의 전단계에서 충분히 준비를 갖추지 못한 경우에는 투쟁이 매우 격렬하게(노이로제적으로) 일어나는데, 이런 경우 쇠사슬

---

[6] 정신분석 치료에서는 통찰을 모두 종합하고 그것을 새로운 인격 재구성 작업에 맞추어가는 작업을 반드시 하게 되는데, 이를 'work through'라 한다.

끊기는 매우 외상적(外傷的)이고 근본적인 것으로 나타나기도 한다. 오레스테스와 그의 어머니 사이의 갈등을 보면, 그가 어릴 적에 미케네에서 심한 증오감과 근친상간적인 충동을 느낀 관계였기 때문에 그 갈등 정도가 상당히 외상적으로 일어나지 않을 수 없다.

무엇 때문에 사람은 부모에게 얽매이게 되는 것일까? 전형적인 그리스인인 아이스퀼로스는 문제의 근원을 아주 객관적으로 서술한다. 즉 미케네 왕가에 어떤 악덕(惡德)이 여러 세대 동안 내려오고 있어, 오레스테스는 그의 어머니를 죽일 수밖에 없었던 것이다. 셰익스피어는 전형적인 현대식 센스를 가지고 서술했지만, 햄릿의 "존재할 것인가" 하는 과제는 인간의 양심과 죄악감, 용기냐 우유부단이냐의 양가감정[7]을 나타내는 내적이고 주관적인 갈등이라 하겠다. 사실은 아이스퀼로스나 셰익스피어는 다 옳았다. 다만 그런 투쟁은 공히 내적이고 외적인 것이다. 인간이 어릴 적에 당면하는 권위적인 강요는 주로 외적인 것이다. 예컨대 착취적인 부모의 아들이든, 반(反) 셈(Sem)족의 편견이 있는 나라에서 태어난 유태인의 아들이든 간에, 자라나는 어린이는 외적 환경의 피조물이라 할 수 있다. 아이들은 태어난 세상에 대해서 아무튼 적응하지 않으면 안 된다. 그러나 이들이 점차 성장하면서 외적인 권위가 점차 내재화한다. 자라나는 사람은 주위의 규칙을 받아들이고 자신의 마음

---

7 양가감정(兩價感情) : 동일 대상에 대해 사랑과 증오 따위의 정반대되는 감정이 동시에 생기는 현상으로, 심하면 정신분열증에 걸린다.

속에 심는다. 그래서 마치 그 노예화시키려는 외부적 권위와 싸우듯이 모든 일상생활을 그때그때 맞추어서 행한다. 그러나 이제는 그 힘이 내적인 갈등으로 바뀐 것이다. 다행히도 이 점에 있어, 행복한 도덕이 있게 된 셈이다. 왜냐하면 인간은 어릴 적 자기를 억압하던 권위를 스스로 자기 것으로 만들어 이제는 그것을 지배할 수 있게 되었기 때문이다.

자신을 재발견하려는 어른들에게서는 이 전투는 주로 내적인 것으로 바뀐다. 즉 하나의 사람이 되려고 하는 투쟁이 자기 자신 속에서 진행된다는 것을 알아야 한다. 인간은 세상을 살면서 아무도 착취적 인간이나 환경 속에 있는 외부적 힘을 피할 수는 없다. 그러나 분명한 사실은 우리가 벌여야 하는 핵심적인 심리적 전투는 우리들 마음속에서 일어나는데, 그 적은 의존·욕구·불안·죄악감 등으로서, 이들은 인간이 자유를 향하여 나아갈 적에 부닥쳐온다. 우리가 당면하는 가장 근본적인 갈등은, 인간이 성장과 자기 확대와 건강을 향해서 나아갈 것인가, 아니면 심리적인 탯줄에 얽매여서 부모에게 거짓 보호나 받으며 미숙한 상태에 머물러 있어야 하는가 하는 양자의 싸움이다.

### 자아를 의식하는 단계

이미 지적한 바와 같이 하나의 '사람'이 된다고 하는 것은 자기 의식의 몇 가지 단계를 지나가는 것을 말한다. 그 첫째 단계는 자기의식이 아직 생기지 않은 유아가 가지는 천진난만한 시기다. 둘째가 소위 반항기로서, 이때는 자아가 어떤 내적 힘을 가지기 위해서 자유를 추구할 때다. 이것은 어린애가 2,3세 될 때나 사춘기에서 가장 잘 볼 수 있으며, 이 시기에는 반항과 적대의식이 나타나고, 극단적으로는 오레스테스의 자유를 위한 투쟁과 같은 양상이 나타난다. 이 반항은 인간이 낡은 유대를 끊고 새로운 것을 찾아야 할 때 나타나며, 크든 작든 이러한 반항이 필요하다. 그러나 반항 그 자체가 곧 자유라고 혼돈해서는 안 된다.

셋째 단계는 자신에 대해 일상적인 의식을 하는 시기다. 이 시기에 사람은 어느 정도까지 자신의 과오를 볼 수가 있고 어느 정도 편견도 가지게 되며, 죄악감이나 불안감이 있어도 이것을 가지고 어떤 인생 경험을 배우기도 하고 때로는 책임 있는 일을 결심하기도 한다. 이것이 바로 일반이 말하는 건강한 인격의 단계다.

그러나 넷째 단계는 대부분의 사람이 흔히 느끼지 않는 어떤 특별한 의식을 가지는 시기다. 이 시기는 며칠씩이나 해답을 찾기 위해서 고민하다가, 그와 같은 문제에 대한 통찰을 갑자기 얻게 된다. 이 통찰이 때로는 꿈을 통해서 전달되기도 하고 어떤 경우에는 무엇인가 명상을 따라서 오기도 한다. 어떤 경우든 간에 이것은 소위 인격의 전의식(前意識)이라고 불리는 것에서 온다. 이런 의식은 과학, 종교, 또는 예술 활동시에 일어나기도 한다. 흔히 어떤 생각이나 상념의 '새벽'이라고 표현하는 것이다. 창조적 활동을 하는 학생이라면 다 알고 있지만, 이 부분에 속하는 의식(전의식)은 모든 창조 작업에 나타난다.

우리는 이 의식의 부분을 무엇이라고 부르는가. 어떤 동양 사상에서 명명한 바와 같이 "객관적 자기의식"이라고 해도 되겠다. 왜냐하면 그것은 어떤 객관적 진리에 대한 깨달음을 주기 때문이다. 이것은 또 니체가 부른 것처럼 "자기한계의식(自己限界意識)"이라 해도 좋을 것이다. 혹은 윤리 종교적 전통에서 보는 "자기초월의식(自己超越意識)"이라 해도 안 될 것은 없다. 그러나 방금 말한 모든 용어는 다 그 개념을 명확하게 하기보다는 오히려 왜곡시킬 가능성이 크다. 그래서 나는 이 전의식에 대한 용어를 "창조적 자기의식"이라고 명명하는데, 이는 어떤 극적인 표현은 아니지만 현대에 와서는 우리 감각에 맞다고 할 수 있다.

이 통찰에 대한 전통적인 심리학적 용어는 엑스터시[8]라고 한다. 즉 이 용어는 자기의 밖에 서게 된다는 뜻으로, 인간이 일상적인 견해의 한계선을 넘어서서 어떤 깨달음을 찾는 것을 말한다. 사람이 주변에 있는 객관적 세계를 보지 못함은 항상 주관적인 세계가 먹구름처럼 가리고 있기 때문이다. 인간은 언제나 자신의 눈을 가지고 사물을 보고 내적·주관적 세계에서 해석하기 때문에, 항상 주관과 객관의 이원론에 사로잡혀 있다. 이 넷째 단계는 인간의 주관과 객관을 넘어서는 시기다. 일시적이나마 우리는 자신이 의식하는 인격의 한계를 넘어설 수 있다. 우리가 통찰 또는 직관이라고

---

[8] 엑스터시(ecstasy) : 환희의 절정.

부르는 기능을 통해서 우리는 현실 속에 있는 객관적 진리를 볼 수 있으며, 때로는 진실로 이타적(利他的)인 새로운 윤리의식을 경험하기도 한다.

이것은 오레스테스가 숲속을 방황하다가 깨닫게 된 생각이다.

> …… 그들은 그것에 대해 이름을 붙이지 않았다.
> 뒤늦게 가고, 시간과 시대를 넘어서 기도하는
> 그리고 영원히 있는 모든 것들……
> …… 색깔도 없지만 명료한 것인데
> 이것을 내가 찾은 그 기쁨이여!
> 꿀은 아니지만 엑스터시가 있고…… 욕망은
> 없으되 채워졌도다. 정열은 없으되 평화가 있도다……
>
> — 로빈슨 제퍼즈의 《비극을 넘어선 탑》에서

이 제퍼즈의 시에 나타나는 언어를 더 명확하게 해두기 위해 하나 강조해둘 것은 오레스테스의 의미가 심리학적 용어로 잘 서술된다는 점이다. 오레스테스는 당시 미케네 시민들이 생각하는 통상적인 관념을 넘어설 수가 있었는데, 그들은 언제나 타인의 눈을 빌려 자기를 보고 "모든 것이 안으로 굽었도다" 하게 되었으며, 모든 것은 자신의 마음속에 있는 것이 투사된 편견들인데도 당시 사람들은 그것을 진리라고 믿었다. "밖으로 눈을 돌려라"라고 한 것은 인간이 당장 그 자리에서 아는 세계에서 멀리 바라보는 상상력을 가져야 한다는 것이다. 니체도 말한 바 있지만 인간이 자신을 완성하려면 자기로부터의 '초월'이 요청된다는 것이 한낱 비과학적인 선언이라고는 할 수 없다. 그것은 성숙하고 건강한 인간상에 대한 일면에 불과하고 여기서부터 순간순간 인간은 자신과 세계를 확대시켜나간다. 시몬느 드 보부아르는 그의 윤리학 책에서 "인생은 그 자체가 영속되면서 한계선을 긋고 있다…… 만일 영속하는 쪽으로만 가게 된다면 죽음이 없게 되고, 그러면 식물과 다를 게 없는 것이다……"라고 말한다.

 창조적 자기의식의 시기는 인간이 매우 드물게 한 번씩 이룩하는 단계로서, 항상 이 단계에 머무는 것은 성인(聖人)에게서나 볼 수 있을 뿐이다. 그러나 이 단계가 있음으로 해서 우리는 낮은 단계와 비교할 수 있게 된다. 많은 사람들은 가령 음악을 들을 때나 사랑이나 우정을 경험할 때에 이런 단계에 일시적으로 돌입할 수 있는데, 이런 경우에는 일상생활의 한계선을 잠시 넘어선다. 그것은 마치 산의 꼭대기에 오른 것과 같아서 그곳에서 모든 자기의 생활을 폭넓게 바라볼 수 있다. 우리는 꼭대기를 보고 이것을 중심으로 해서 마음의 지도를 그릴 수 있는데, 애써 산꼭대기에 오르지 못한 사람은 시계(視界)가 좁은 것이다. 이곳에 올라가면 편견의 먹구름이 진리를 가리는 일이 없으며, 자신의 요구를 내세우지 않는 숭고한 사랑을 할 수 있다. 또한 전적으로 몰입함으로써 생기는 일종의 환희마저 맛볼 수 있으며, 우리는 이를 기점으로 인생의 의미를 찾고 삶의 방향을 알게 되기도 한다.

이 넷째 단계는 성서에서 "너희의 생명을 던지고 만인이 믿는 가치를 찾아라"라고 한 말씀에 해당된다고도 할 수 있다. 따라서 이 단계에선 자기의식을 잊어버릴 수도 있다. 그러나 자기망각[9]이란 용어는 그리 좋은 말은 아니다. 왜냐하면 이런 의식 상태는 단순한 잊어버림이 아니고, 하나의 완성된 인간 존재의 상태라고 할 수 있기 때문이다.

깨달음의 세계는 억지로 이룰 수는 없다. 이미 지적한 바와 같이 인간이 활동하고 있을 때 오는 것이 아니라, 조용히 긴장을 풀고 무엇인가 받아들이려는 자세를 가지고 있을 때 순간적으로 들이닥친다. 그러나 창조적인 사람들의 경험을 들어보면, 이것은 한 가지 문제를 가지고 씨름을 하고 부지런히 탐구할 때 비로소 얻어진다. 물론 우리는 억지로 꿈을 꿀 수는 없다. 그러나 꿈이 제시한 내용을 가지고 열매가 있는 통찰을 얻어낼 수 있고 자신의 문제를 바라보는 힘을 기를 수도 있다.

니체는 한때 괴테를 논평하면서 "그는 전체 속에 자신을 던졌고, 그 스스로 창조를 했노라…… 자유를 얻은 그런 사람은, 유쾌하고 믿음직스런 운명인 우주의 한복판에 서게 되고, 모든 것을 빛나게 하며, 존재성을 확인해주는, 그런 믿음을 지니게 되노라…… 그는 더는 아무것도 부정하지 않노라……" 하고 찬사를 던졌다.

---

[9] 자기망각(自己忘却) : 몰아(沒我).

제3부

# 자아통일의 목표

# 1. 자유와 내적인 힘

만약 자유를 송두리째 빼앗긴 사람이라면 그 사람은 어떠한 상태일까? 이 질문에 대해 온갖 상상력을 동원해보자. 그것은 마치 다음과 같은 상태라고 할 수 있을 것이다.

**새장 속에 갇힌 인간의 경우**

어느 날 저녁, 어느 먼 나라 왕이 창가에서 어디선가 들려오는 음악 소리를 들으며 복도를 거닐고 있었다. 왕은 의례적인 외교 모임 등에 싫증을 느끼며 이것저것 세상사를 생각하고 있었다. 문득 궁전 아래 네거리에서 전차를 타려는 어떤 사람을 보았다. 그는 몇 년 동안 같은 길을 매주 다섯 번씩 왕래했던 것이다. 왕은 그의 문제를 상상하기 시작했다. 집에 도착하여 부인에게 키스를 하고, 별일 없었느냐 묻고, 늦은 저녁을 먹고, 신문을 뒤적거리다가 잠자리에 들고, 이튿날이면 일어나서 또 일자리로 나가고……. 

이쯤 생각이 미치자 왕은 묘한 생각이 들었다. "만일 한 인간을 새장 속에 가두고 마치 동물원의 동물처럼 두면 어떻게 될까?"

그 이튿날 왕은 심리학자를 불러 자신의 뜻을 전하고 자신의 명령대로 실험을 하고 잘 관찰하도록 했다. 그래서 그가 머무를 만한 커다란 새장을 가져오게 하여 그곳에 그 사람을 넣었다.

처음에 그는 매우 못마땅해하며 옆에 서 있는 심리학자에게 말했다. "나는 전차를 타야 하고 일터로 가야 해요. 지금 몇 시인가요? 늦었소." 오후 늦게 그는 매우 화가 났고, "왕이 나에게 이럴 수 있소? 이런 일을 저지르다니, 이건 위법 아니오?" 하고 강한 목소리로 노여움에 떨며 항의했다.

며칠 동안 그는 똑같이 반항했다. 왕이 지나갈 때마다 감히 똑같은 저주를 퍼부었다. 그때마다 왕은 "여보게, 음식은 얼마든지 있겠다, 푹신한 침대에다 일할 필요도 없고 우리가 다 돌봐주지 않는가? 무엇이 그리 불만인가?" 하고 물었다. 그러나 심리학자가 보기에 그의 눈에서는 여전히 노여움의 불길이 타올랐다.

몇 주가 지난 후에 보니 그는 한참 동안 생각에 잠기기도 하는데 마치 "과연 나는 왕의 애기처럼 보호를 받고 있는가"라고 생각하는 듯했고, 그럴 적에는 노여움이 멈추는 것 같이 보였다.

그 후 또 몇 주가 지났고, 이번에는 그가 심리학자에게 말을 걸어왔는데, 사람이 밥을 얻어먹고 보호를 받는다는 것이 나쁘지는 않다는 것이었다. 그 후 교수들과 졸업한 학생들이 새장에 와보니 그는 매우 친절해져 있었다. 이런 생활을 하도록 왕의 선택을 받았고 이렇게 돌봄을 받으니 얼마나 복된 일이냐고도 했다. '얼마나 이상한 현상인가!' 하고 심리학자는 느꼈다. 이자는 어찌하여 그와 같은 삶을 살아가는 데 있어 여러 사람의 승인을 받기를 원한단 말인가?

그 후 왕이 지나가면 그는 왕에게 음식을 주고 돌봐주기도 하는 데 대해 감사를 했다. 그러나 왕도 없고 심리학자도 보이지 않는다는 생각이 들 때, 그는 전혀 다른 표정을 지었다. 헬쑥하고 무표정한 모습이었다. 음식을 건네주면 그는 그릇을 떨어뜨리거나 물을 쏟기도 하면서 당황했는데, 그것은 그가 바보처럼 둔해진 탓이었다. 그의 대화도 점차 단순해져서 가령 돌봄을 받는 가치 문제 따위가 아닌 다만 몇 마디의 "그것은 운명이야" 하는 소리만 반복했고, 어떤 때는 "그것은……" 하기도 했다. 마지막에는 어떻게 되었을까? 그의 얼굴에선 이렇다 할 표정이 없어졌다. 어떤 헛웃음도 없었고 다만 어린이가 배 속에 가스가 찼을 때 하듯이 찌푸림으로 공허하고 무의미한 웃음을 나타낼 뿐이었다. 그는 음식을 먹고 때때로 심리학자와 몇 마디 말을 나누었으며, 희미한 눈으로 먼 곳을 바라볼 뿐이었다. 심리학자를 쳐다보면서도 그는 도무지 보지 못하는 사람과도 같았다.

그러다가 그 젊은이는 자학적인 대화를 나누더니 급기야 '나'라는 용어를 전혀 쓰지 못하는 것이 아닌가! 그는 그 새장을 받아들이기로 한 것이다. 아무런 노여움도 증오도 합리화도 없었다. 이제 정말 미쳐버린 것이다.

그날 저녁 심리학자는 결론을 내리려고 연구실에서 글을 쓰고 있었다. 그러나 어떤 단어를 써야 할지 몰랐다. 이유인즉 자신의 마음속에서 공허감을 느꼈기 때문이다. 심리학자는 몇 번이나 되풀이해서 말했다. "우리가 잃은 것은 없지 않은가, 다만 사물이 에너지로 변했다가 다시 되돌아온 것뿐이다." 그렇게 말하면서도 심리학자의 마음속에는 무엇인가 잃어버린 것이 있다는 생각이 들었고, 이 실험에서와 같이 이 우주에서 무엇인가를 빼앗기고 말았다.

### 자유를 거부한 대가로 오는 증오감과 노여움

새장에 든 자가 자신이 포로가 되었음을 알았을 적에 북받친 감정은 증오였다. 인간이 자신의 자유를 포기하지 않으면 안 된다고 믿을 때 오는 극심한 증오감은 자유가 얼마나 소중한 가치를 가졌는가를 보여준다. 어릴 적에 어쩔 수 없이 자유를 억압당했거나 자유의 많은 부분을 빼앗겼던 사람은 적어도 표면상으로는 그와 같은 상황을 받아들이지 않을 수 없고 그런 상태에 항복하게 된다. 그러나 자유를 빼앗긴 정신의 바로 밑바닥에는 자유를 앗아간 사람을 향하는 노여움과 증오가 있음을 알 수 있다. 그리고 이 증오는 자신이 존재할 권리를 박탈당한 때처럼 큰 파동을 몰고 올 것이다. 물론 이 증오감은 억압되기는 한다. 왜냐하면 노예는 그 마음속의 증오감을 주인에게 표시하지 못하기 때문이다. 그러나 이것이 다른 방향으로 나타남은 물론이다. 가령 아동의 경우라면 성적이 떨어지거나, 심한 신체적인 병을 앓거나, 나이가 많아도 오줌을 못 가리거나 하는 따위다. 정말이지 아무런 내적인 충격을 일으키지 않고서 자유를 포기할 수 있는 경우란 없다. 이 내적인 충동파(波)는 마침내 그 자유를 억압한 자에 대한 증오로 나타난다.

증오나 노여움은 자유를 상실당한 인간이 심리적으로나 정신적인 자살을 하지 않기 위해 취하게 되는 무의식적 현상이다. 증오라도 하게 되면 자신의 주체성을 어느 정도 지킬 수 있기 때문이다. 즉 자유를 박탈당한 개인이나 국민은 정복자에게 "너는 나를 정복했어. 그러나 나는 너를 미워할 권리는 가지고 있어!" 하고 느끼게 된다. 가령 심한 노이로제나 정신병에 걸린 사람의 경우에는 어릴 적부터 불행을 겪었기 때문에 그의 내적인 증오감이 들끓게 되고 그의 자존심도 상할 대로 상해 있다. 포크너의 작품 《먼지 속의 침입자》에서 볼 수 있듯이 외부 조건은 그를 경멸하기 때문에 미칠 지경이 되지만, 그 주인공인 흑인은 끝까지 내적인 투쟁을 하여 그의 인간으로서의 권리와 주체성을 잃지 않는다.

더욱이 치료를 받은 환자의 경우에서 보면, 한 인간이 오랫동안 증오감이나 노여움을 표현하지 못하는 상태가 유지되면, 그 치료적 예후(豫後)가 좋지 않게 된다. 마치 어린아이가 자신의 자유를 쟁취하기 위해서 부모에게 맞설 경우 견디는 능력이 문제인 것처럼, 피해를 받은 어떤 사람이 있다면 증오하고 노여움을 나타낼 수 있는 능력이 중요한 것으로, 이 능력이 곧 내적인 잠재력이라고 할 수 있다.

인간이 자신의 자유를 빼앗긴 경우 반드시 정복자를 증오하게 되는 것처럼, 독재적인 정부는 국민을 탄압하면서도 반드시 그 배출구를 찾아서 증오의 대상을 만들어준다. 그 좋은 예를 히틀러의 독일 정부나 스탈린 정부에서 볼 수 있었는데, 전자는 유태인을 희생의 제물로 삼았고, 후자는 소련 국민의 증오감을 "서구의 전쟁 상인 놈들"에게 돌리는 데 천재적인 소질을 발휘했던 것이다. 《1984년》이란 소설에서 볼 수 있듯이, 정부가 국민의 자유를 빼앗게 되면, 국민의 증오감을 외국으로 돌려야만 하는데, 그렇지 못하면 반발이 일어나거나 집단 정신병에 걸리거나 심리학적으로는 '죽은 것'과 같이 된다. 또 하나의 좋은 본보기를 우리는 매카시즘에서 찾아볼 수 있다. 미국민이 한국전쟁에서 겪었던 좌절감을 풀 길이 없게 되자, 소련의 공산주의자들에 대한 증오로써 발산을 시도했던 좋은 예라 하겠다. 매카시 의원은 멀쩡한 사람을 빨갱이로 몰아세워 비난함으로써 국민의 허탈감을 달래줄 수 있었다.

    그렇다고 해서 증오나 노여움 그 자체가 좋다는 것은 아니며, 또한 건강한 사람은 반드시 미워할 줄 알아야 한다는 뜻도 아니다. 더욱이 부모나 그 밖의 권위체(權威體)를 미워해야만 인간이 바람직한 발전을 한다는 것도 아니다. 증오와 노여움은 하나의 파괴적인 감정으로서, 성숙함은 이 감정을 건설적인 것으로 바꾸어놓을 수 있어야 하는데, 그것은 뒤에서 살펴보기로 하자. 그러나 인간은 자신의 자유를 빼앗기는 것보다는 차라리 무엇인가를 파괴하고 마침내는 자기 자신마저 파괴하는 것을 선택하게 되는데, 이것은 자유가 얼마나 중요한가를 입증해주고도 남는다.

다른 현대문학 작품에서도 그렇지만 카프카의 작품은 현대인이 자기에 대한 고발자에 대해서 얼마나 무력한가를 보여준다. 《심판》의 주인공 K는 체포당하지만, 그의 죄가 무엇인지를 통고받지 못한다. 그는 법원과 판사, 변호사에게 뛰어다니면서 대체 자기가 무슨 죄를 지었느냐고 묻지만 결코 자신의 정당성을 주장하지도 않고, 죽인다 해도 양보할 수 없다는 선(線) 같은 것은 긋지도 않는다. 교회에서 목사는 K에게 고함을 쳤다. "대체 아무것도 모른단 말이오? 당신 속에는 아무런 불꽃도 튀지 않는단 말이지요…… 그래 당신 자신을 주장하고 꿋꿋이 설 수 없게 되었단 말이지요?" 물론 이 목사님의 고함에는 중간계층이 나타내는 소위 점잖은 태도가 없었지만, 한 인간이 다른 인간에 대해서 관심을 쏟는다는 깊은 존엄성이 있었다. 소설 마지막 부분에서는 두 사람의 집행관이 K에게 와서는 차라리 자살을 하라고 칼을 준다. 그러나 현대의 인간은 자살조차 할 수 없을 정도로 마지막 남은 인간의 존엄성을 상실하고 있다는 것이 판명되었다.

오늘날 소위 행세를 한다는 사람들은 증오감을 나타내서는 안 된다고 믿는데, 그것은 마치 40년 전에는 성적(性的) 충동을 억압했고, 20년 전까지는 화를 내는 일과 침략성을 나타내서는 안 된다는 것이 사회 통념으로 되어 있었던 것과 같다. 지금 말한 부정적인 감정은 인간이 실수로 저지르게 되는 것이지, 선량하고 자제력이 있고 잘 적응된 부르주아 시민은 결코 그런 것을 나타내지 않는 것으로 되어 있다.

그 결과 일반적으로 증오감과 노여움은 억압당했다. 그러나 이제는, 사람이 어떤 행동이나 감정을 억압하면 표면상으로는 그와 정반대 감정을 가지고 하나의 심리적인 균형을 취하려는 경향이 있다는 사실을 알게 되었다. 예컨대 당신은 가장 싫어하는 인간을 만났을 적에 유달리 친절하게 대하게 되는 경우를 경험했을 것이다. 불안이 별로 없는 경우에는 자신이 한 점잖은 행동을 솔직히 평가하게 될 것이다. 즉 "나는 나의 원수의 머리에 불을 지르기 위해서 그에게 정중하게 대했다"는 성 바울의 말을 인용할 것이다. 그러나 만일 당신이 좀 불안정한 사람이라면 자신의 진정한 동기를 받아들이지 못하고 "나는 그를 사랑하기 때문에 그렇게 대한 것이다"라고 합리화하게 된다. 예컨대 지배적인 어머니나 아버지 또는 권위체에 지나치게 의존하는 사람은 흔히 자신의 마음속 증오를 감추기 위해서 사람을 '사랑하는' 것처럼 대하는 경우가 많다. 마치 구석에 몰린 권투 선수처럼 적인 상대편에게 가까이 가서 그를 껴안는 것이다. 그러나 실제 생활에서 이렇게 한다고 증오감이나 노여움이 해결되는 것은 아니다. 인간은 이 감정을 다른 사람에게 이전[1]하거나 때로는 자기 자신에게 증오감을 돌리기도 한다.

그래서 자신의 증오감을 공개적으로 대할 수 있다는 사실이 중요하다. 더욱 중요한 것은 증오감이 과장되어 나타나는 것으로 볼 수 있는 노여움도 공개적으로 받아들여야 한다는 것이다. 현대사

---

[1] 이전(移轉): 정신분석학 용어. 방어기제 가운데 하나로서, 인간은 무의식 중에 더 약하거나 반발이 없는 대상을 택해서 증오감 따위를 풀게 된다는 것.

회에서 대부분의 인간은, 자신의 마음속을 들여다볼 때 어떤 특이한 증오감은 발견 못할지 모르나 노여움은 얼마든지 잠재해 있음을 발견하게 된다. 개인 간의 경쟁이 치열해진 현대사회에서 이 노여움이 널리 만성화된 것은 발산하지 못하고 억압되어 있기 때문이다.

더욱이 만약 우리가 이 증오감과 노여움을 공개리에 대면하지 않는다면 결코 바람직하지 못한 생각인 자기 연민(Self-pity)의 감정으로 변화되고 만다. 자기 연민은 증오나 노여움의 '저장품'이라 할 수 있다. 즉 증오감을 나타내지 못하고 반대로 자신을 동정하면서 자신은 얼마나 억울한 사람인가 하는 생각에 아무 일도 하지 못한 채 앉아 있게 된다. 이것은 자기 연민을 가지고 증오감과 심리적 균형을 취하게 하여 결과적으로는 오히려 증오감을 기르는 것이 된다.

니체는 현대에 이 노여움의 문제가 얼마나 중요한가를 통감했다. 니체야말로 현대의 많은 민감한 사람들과 마찬가지로 인간이 자유를 거부한다는 사실을 강조했다. 루터교 목사였던 아버지는 니체가 어렸을 적에 죽었기 때문에 니체는 모순된 분위기를 지닌 친척 집에서 자라났다. 당시 독일의 전통은 매우 좁은 시야에서 사물을 보는 것이었는데, 니체는 항상 그것을 불만으로 여겼다. 어떤 독단에 빠지지 않는, 매우 진실한 종교인이었던 그는 당시 독일 사회에서 전통적 도덕이라는 가면을 쓰고 있는 인간의 증오감을 주시했다. 당시 중류계급 사람들은 이 억압된 증오감 때문에 자유로이 행동할 수가 없고, 심지어는 이 증오감이 '도덕'이라는 형태를 취하고 있음을 니체는 간파했다. 그는, "우리의 도덕적 핵심은 증오감이라네. 그리고 기독교의 사랑이라는 이 불감증에 걸린 증오감을 말하게 되었다네"라고 외쳤다. 이 증오감이 원인이 되어 소위 '도덕'으로 행세한다는 것은 예를 들지 않아도 얼마든지 알 수 있을 것이다.

 니체의 말을 전적으로 믿지 않는 사람이라 할지라도 인간이 자신의 내적인 증오감을 정리하지 못한다면 결코 참다운 사랑도 도덕도 자유도 얻을 수 없다는 데는 모두 동의할 줄 안다. 증오감과 노여움은 반대로 인간의 자유를 재확립시키는 원동력으로 사용되어야 한다. 이러한 일을 하지 않고 파괴적 감정을 건설적 감정으로 변형만 시켜서는 안 된다는 것이다. 그러기 위해서는 첫째로 자기는 누구를 미워하며 무엇을 미워하는가를 똑바로 알아야 한다. 예컨대 독재정치 하에 있는 사람은 무엇보다도 먼저 그들의 증오감을 독재권력 자체에 돌려서 과감하게 항거하고 자유를 되찾아야 한다.

 증오와 노여움은 인간의 내적인 자유를 일시적으로 유지시켜준다. 그러나 이 증오를 이용해서 실제 생활에 있어서의 자유와 권위를 되찾지 못한다면 조만간 증오감이 자기를 파괴하고 말 것이다. 누군가의 시에도 있지만 우리의 목표는 "새바람을 불게 하기 위해서 증오를 불태우는" 데 있다.

### 자유가 아닌 것

　자유가 무엇인가 하는 것은 자유가 아닌 것이 무엇인가를 살펴보면 더욱 명백해진다. 자유는 반항 자체는 아니다. 반항은 자유를 향해 가는 하나의 중간 과정에 불과하다. 그것은 마치 어린아이가 자신의 힘을 기르기 위해서 부모에게 '아니오' 하고 말하는 것과 같다. 그것은 또 사춘기 아이들이 부모에게서 독립하려 할 때 더욱 명료하게 나타난다. 다른 시기라 해서 안 그런 것은 아니지만, 특히 사춘기에는 세상을 살아가는 데 대한 불안이 겹치기 때문에 부모에 대한 반항이 더욱 격렬하게 나타나는 경우가 많다. 부모들이 "안 된다"라고 하면 그들은 부모들에게 반항하는 고함을 지른다. 이유인즉 부모의 "안 된다" 하는 말 속에 말려들어 그 속에서 보호나 받고 있으면 어떻게 하나 하는 심리가 발동되어 아이들이 더욱 반항하게 되는 것이다.

　이 반항이 흔히 자유 그 자체라고 오해되기도 했다. 그러나 이 반항은 진정한 독립의 표시가 아니고 폭풍을 피하기 위해 헤매는 배가 가짜 항구에 들어간 것과 같다. 반항에는 잘못된 규칙, 법률, 관습 따위와 같이 인간을 묶어두는 어떤 외부적 규제가 전제되는데, 이 외부적 규제는 인간의 안정감, 자유, 자신감을 보장하는 바탕이기도 하다. 즉 안정감, 자유, 자신감 따위는 마치 규제를 담보로 받는 대부(貸付)와도 같다. 심리학적으로 보면 많은 사람은 이 반항의 단계에서 멈춘다. 이들이 느끼는 내적인 도덕의 힘은 여태

1. 자유와 내적인 힘　171

까지 경험해보지 못한 새로운 도덕적 전통을 재발견하는 데 있다. 그럼에도 무신론(無神論)과 불신으로 무장함으로써 어떤 비뚤어진 반항만을 하는 경우도 없지 않다.

1920년대에 심리적인 생명력은 대부분 반항을 통해서 성취된 것이 사실이다. 그것은 F. 스콧 피츠제럴드, D. H. 로렌스 및 싱클레어 루이스의 소설에서 볼 수 있다. 당시 젊은이들에게 성경처럼 읽혔던 스콧의 작품인 《낙원의 이쪽》이란 책이나 그 외의 책들을 보면, 당시의 청소년들이 소녀에게 어떻게 키스했는가를 보게 되는데, 이것은 지금과 비교해보면 아무것도 아니다. D. H. 로렌스는 성적 능력이 마비된 남편을 가진 채털리 부인이 산지기와 간통을 할 권리가 있다는 사실을 외쳤다. 그러나 오늘날에 와서는 이런 것은 문제도 아니다.

그것은 이런 생각들 —— 가령 자유연애, 자유교육 따위와 같은 —— 자체가 아무 논의할 가치조차 없기 때문은 아니다. 여기서 필자가 문제로 삼는 것은 이 소설들의 논조가 매우 부정적이어서 반항하도록만 권유한다는 데 있다. 즉 당시에는 연애에 대한 외부적 강박이나 자녀들에 대한 지나치게 엄격한 교육 등에 대해서 반항해야 했다. 이런 식으로 밀고 나간다면, 가령 교육 문제만 해도 애들에게 이래라저래라 해서는 안 된다, 간섭해도 안 된다, 애들은 하고 싶은 대로 무엇이나 하도록 두어라 하는 식이 되고 만다. 이들에게 그와 같이 아무런 원칙도 없는 생활을 시키게 되면 아이들은 불안에 빠지고 말 것이다. 또 부모들이 아이들 행동에 충분한 책임을 지도록 해야 한다는 것을 잊어버리고 마는 결과가 된다. 또한 진정한 의미의 자유는 부모가 아이들을 하나의 인격체로서 대하고, 아이들로 하여금 잠재적 능력을 충분히 발휘할 수 있게 하는 것으로 결코 자녀들이 부모가 바라는 바나 느끼는 바를 왜곡시켜서는 안 된다는 사실을 잊어버렸던 셈이다.

1920년대에 대학에 다니던 우리는 무엇에 반항해야 하는가를 잘 알고 있었다. 즉 전쟁이나 성적 금기나 계약결혼이나 폭음 같은 것을 왜 반대해야 하며, 그렇게 하면 어떻게 되는지를 잘 알았던 것이다. 그러나 오늘날 그런 것을 반대하면 아무도 귀를 기울이지 않을 것이다. 당시의 명승(名僧)인 H. L. 멘켄의 저서는 대학생들이 많이 읽었던 것인데 이제 와서는 아무도 읽지 않는다. 현대에 와서는 이런 종류의 반항은 별 흥미를 주지 못한다. 왜냐하면 무엇에 대해서 반항할 것인가에서 그 무엇이 없을 적에는 반항 자체가 아무런 의미를 갖지 못하기 때문이다. 20세기 중엽까지는 19세기의 설움이 계속되었고 이 기간에 어떤 가치의 변형이 일어나게 되었으며 마침내 그 과실은 공허감과 허무를 거두게 된 셈이다. "모든 슬픈 젊은이들은" 피츠제럴드의 표현을 빌리면 소녀들에게 키스를 함으로써 어떤 잠재력을 과시하려 했다. 그러나 이런 따위의 키스가 오늘날에 와서는 너무나 흔한 일이 되었고, 아무런 특별한 느낌을 주지도 못하며 따라서 청년들은 자기 자신 속에 어떤 새로운 잠재적 능력을 찾지 않으면 안 되게 되었는데, 대개는 그 잠재력이 없다는 것을 발견하게 된다.

모든 반항은 현재까지 내려온 표준이나 도덕에 공격을 가함으로써 그 방향을 잡았기 때문에 자신의 새로운 표준이나 도덕을 만들 필요는 없었다. 즉 반항이란 자신의 독자적인 자율성이랄까 어떤 새로운 신념의 바탕을 가질 수 없을 때 그 대리로서 취해지는 행동이다. 자유의 부정적인 형태는 진정한 자유와 혼동이 된 것이며, 이 자유가 책임을 결코 외면하는 것은 아니라는 사실을 알아야 한다. 자유에 대해 흔히들 하는 두 번째 오해는, 아무런 사전 계획이 없이 마음대로 행동하는 것이 자유인 것으로 혼동하는 것이다. 산업혁명 후 경제적 유한계층의 제도가 없었더라면(이들은 누구든지 자기가 원하는 대로 기업활동을 하며 행동할 수 있었는데) 오늘날 우리가 향유하는 자유는 발전될 수 없었을 것이라고 주장하는 학자도 있다. 이들은, "자유란 마치 생물과 같다. 즉 분리할 수 없다. 그리고 만일 개인이 생산수단을 빼앗겨 빵을 얻지 못한다면 그는 혼자 살아갈 자유를 빼앗기게 된다. 그렇게 되면 그는 전적으로 자유를 잃는다"고 주장한다.

이들의 말이 맞다면, 20세기와 같은 거대한 산업주의 체제에서 인간은 모두 생산을 위한 부속품으로 전락했다. 19세기와 같은 독자적 기업 형태가 아니어서 모든 사람이 서로 의존해서 대기업의 일을 하기 때문에 아무도 자유로울 수 없다는 결론이 나온다. 그것은 비단 공장뿐만 아니라 어떤 조직체 또는 대학이나 노동조합이든 절대적으로 독립된 인간은 없기 때문에 같은 얘기가 될 수 있다.

다행히도 현대인이 올바른 정신 자세만 가지고 있다면, 오늘날과 같은 상호 의존적인 대기업 체제의 메커니즘 속에서도 얼마든지 자유로울 수 있다. 가령 개척 시대의 역마차를 통해서 편지를 부치려면 직접 사람이 그것을 들고 해안에서 해안까지 가야만 했다. 이것은 물론 불편한 일이었다. 그러나 지금은 단지 우편함에 넣기만 하면 다음 순간부터는 그것에 대해서 잊어버려도 상대편에게 전달됨은 물론이다. 세계가 좁아진 현대에 와서 우리는 각자가 맡은 일만 하면 나머지는 동료들이 해주기 때문에 정신적으로나 지식의 면에서나 자유를 향유할 수 있는 시간이 더욱 많아진 셈이다.

나는 몇몇 학자들이, 어째서 지난 세기에 있던 독립적 소기업 제도가 아니면 모두가 자유를 잃는 것이라고 믿게 되었는가를 곰곰이 생각해보았다. 현대인은 매일 똑같이 닥치는 일을 반복하거나, 사회적 인습 속에서 똑같이 적응해야 하는 데서 심리적·정신적 패배의식을 느꼈을 것이고 그래서 자기는 모든 자유를 빼앗겼다고 믿고 있지는 않은가? 현대인은 그의 마지막 남은 자유를 행사하기 위해서 주위 사람들과 경제적으로 경쟁하기를 원하게 된 것은 아닌가? 예를 들면 변두리에 사는 사람은 매년 새 차를 사야 하고 더 큰 집을 지어야 하며 이웃집과는 다른 페인트를 칠해야 하는 등, 경쟁 때문에 인간으로서의 자기 자신은 존재하지도 않게 된 것은 아닌가? 이렇게 보면 19세기 스타일의 경쟁적인 독립기업 속에서만 자유를 가질 수 있다는 생각은 진정한 자유의 뜻을 잘못 이해한 데서 오는 결과다.

물론 조금 전 언급한 것처럼 자유는 분리할 수 있는 성질의 것은 아니다. 즉 개인과 그 개인이 속한 경제적 체제를 분리할 수는 없다. 그러나 중요한 것은 한 인간이 그의 공동 조직체 속에 있는 다른 인간과 어떻게 인격적으로 관계를 맺고 있느냐 하는 데 있다. 자유란 곧 개방을 의미하며 성장을 위한 준비를 의미한다. 이것은 더 큰 융통성을 요구하고, 더 큰 인간의 가치를 위해서는 언제든지 변화를 할 수 있는 준비가 되어 있어야 한다. 인간이 자기가 속한 조직체와 완전히 동일시된다면 그것은 자유를 부인하는 결과가 된다. 즉 전통에 얽매여 여태까지 옳았던 것은 언제나 옳은 것으로 생각한다면 우리는 모든 것을 잃게 되고, 여기에는 자유 정신도 없으며 장래의 자유를 위한 성장도 없다.

우리는 16세기에서 19세기까지 서구를 누비던 선도적인 기업가나 상인, 자본가, 그리고 미국의 개척 시대에 활약하던 독자적인 개척자들이 보여준 용기를 높이 평가해야 한다. 만일 그들이 보여준 용기를 오늘날 우리가 그대로 본받는다면 우리도 가장 효과적인 경제적 발전을 기할 수가 있을 것이다.

물론 이 책은 경제학이나 사회학 책이 아니고 심리학에 대한 책이다. 그러므로 우리는 심리적인 건강과 관계가 있는 한 사회적인 현상이나 경제 행위 따위를 다룰 수 있다. 그 속에 사는 모든 사람들이 자기 자신을 실현시킬 수 있고, 인간성 속에 있는 잠재력을 발전시키며 이용할 수 있고, 마지막으로 인간의 존엄성을 서로 주고받을 수 있는 최대의 기회가 보장되는 것이 사회적·경제적 이상(理想)이다. 그러므로 좋은 사회는 그 구성원에게 최대의 자유를 주는데, 이때의 자유는 부정적이거나 방어적인 것이 아니라 인간의 가치를 폭넓게 실현시킬 수 있는 기회로서의 적극적 자유이어야 한다. 그러므로 이와 같은 인간의 가치를 부정하는 파시즘이나 공산주의와 같은 전체주의를 우리는 어떤 희생을 치르더라도 반대해야 할 것이다. 이것은 우리가 인간의 자유와 존엄성을 존중하는 더 나은 사회를 만든다는 적극적인 이상을 향하여 나아갈 때 비로소 극복될 수 있다.

### 자유인 것

자유란 자신의 발전에 자신의 손을 쓰는 능력을 말한다. 그것은 또한 우리 자신을 병행시킬 수도 있는 능력이다. 자유란 자기 자신의 의식과 불가분의 관계가 있다. 우리가 우리 자신을 의식하지 못한다면, 우리는 마치 벌이나 개미들처럼 어떤 본능적인 자동성에 의해서 움직이는 존재가 되고 만다. 그러나 인간은 자신을 의식하는 능력이 있기 때문에 우리가 어제는 어떤 행동을 했고 지난 달에는 어떠했다는 것을 알 수 있으며, 또한 이들 행동을 통해서 배우기 때문에 오늘은 어떤 상황이 일어날 것인가를 짐작할 수 있다. 예컨대 점심은 어디서 먹으며 일자리는 어떻게 하며 이사회에서는 어떤 발언을 할 것인지 따위를 구상해봄으로써 어떻게 하는 것이 가장 바람직한 것인가를 알 수 있게 된다.

우리는 자기를 의식함으로써 골똘히 생각할 수도 있고, 단순한 자극과 반응이라는 조건반사에서 빠져나올 수도 있으며, 무슨 일에 대해서 어떤 결심을 할 것인가 또는 어떤 결과가 나올 것인가를 짐작할 수도 있다.

자기를 의식한다는 것은 자유롭게 되는 것과 병행한다. 자기의식이 적은 사람일수록 자유롭지 않다. 다시 말하자면 인간이 어떤 억압이나 어릴 적부터 생긴 억제 상태 때문에 쫓기게 되면 그에게는 아무런 주체적인 지배력이 없다. 정신분석학에서는 어릴 적에 억압을 당하면 무의식 속에 그것이 망각 상태로 존재하고, 훗날에도 계속 작용한다고 본다. 오늘날 정신치료를 받으러 오는 사람들은 그들 자신이 여러 가지로 쫓기고 있다는 말을 한다. 아무런 뚜렷한 이유 없이 공부나 일을 할 수 없으며, 갑작스러운 불안이나 공포에 사로잡히기도 한다는 것이다. 결국 그들은 자유롭지 못하고 어떤 무의식적인 패턴에 의해서 좌우된다.

그러나 오래 정신치료를 함에 따라서 조금씩 변화가 생기기 시작한다. 그는 규칙적으로 꾸는 꿈을 기억하기 시작하고 어떤 치료시간에는 자신이 먼저 화제를 바꾸기도 하며, 또 어떨 때는 정신과 의사가 이러쿵저러쿵 말하는 데 대해서 화가 났다고 말하기도 한다. 또 전에는 느낄 수 없었던 감정을 회상하고 울기도 하며 갑자기 마음속에서 웃음을 짓기도 한다. 어떨 때는 여태까지 별다른 생각 없이 사귀어왔던 캐더린이 좋아지게 되었으며 메리는 싫증이 난다는 말도 하는 것이다. 비록 조금씩 진전되는 일이긴 하지만 자기의식이 나타나기 시작하며 자신의 인생을 스스로 결정할 수 있는 힘도 기를 수 있다.

그가 자신의 의식을 넓힘에 따라서 그의 선택의 폭이나 자유는 증가하게 된다. 자유는 점점 쌓이게 되었고 어떤 한 가지 일을 자유를 가지고 결정하면 다음 일은 더욱 자유롭게 결정할 수 있게 된다. 자유를 훈련하면 할수록 한 인간의 자기 영역은 무한해진다.

이것은, 무엇이든지 한 인간의 뜻대로 된다는 말이 아니다. 우리는 자신의 의사와는 관계없이 특정한 신체를 물려받고, 20세기에 하필이면 미국에서 태어나기도 한다. 그뿐만 아니라 자신도 모르는 사이 성격이 형성되며 또한 우리의 의사와는 관계없이 무의식의 지배를 받게 된다. 방금 말한 것들은 운명론적인 현상들인데, 여기서 한 가지 알아야 할 것은 우리의 운명이 결정되어 나가는 과정에 인간의 의지가 개입되는 부분도 있다는 것이다. 그러므로 인간은 운명의 물줄기에 떠내려가면서도 어느 정도는 자신의 의사를 행사할 수 있다.

이렇게 보면 자유란 인간이 닥쳐오는 운명과 어떤 관계를 맺는가 하는 데서 나타난다. 가령 음률시를 쓸 적에는 마음에 떠오르는 모든 단어들 중에서 가장 필요한 단어를 고르게 된다. 집을 지을 때도 벽돌이나 목재 따위를 적재적소에 배치한다. 이렇게 할 적에 우리는 우리가 사용하는 물건이 어떤 것이며 결점이 있는가를 잘 알아야 한다. 가령 당신이 음률시에서 선택하게 된 언어와 작품은, 알프레드 아들러가 강조한 "오직 당신의 것"이 된다. 당신이 어떤 스타일로 또는 어떤 모양으로 집을 짓든 그것은 당신의 창조물로서, 어떤 물건을 선택하는가는 당신의 자유에 달려 있다.

운명이냐 자유냐에 대한 논쟁은 별로 큰 의미가 없다. 쉬거나 음식을 먹거나 궁극적으로는 죽음의 문제 따위를 결정하게 되는 것도 바로 자유에 속한다. 자유란 인간이 당면한 현실을 '선택'을 통해서 받아들이는 것을 말한다. 어떤 일을 하지 못한다고 한계선을 긋는 것은 단순한 자유의 폭이 아니라, 하나의 건설적인 자유의 행사다. 때로는 하지 않아야 한다고 선을 그음으로써 더욱 창조적인 결과가 올 수 있기 때문이다. 자유를 위해서 노력하는 사람은 현실에 급급하여 시간을 낭비하지 않고, 키르케고르가 말한 것처럼 현실을 지배한다.

예를 들면 폐결핵에 걸린 사람은 많은 부자유를 겪는다. 첫째로 요양소에 입원을 해야 하고 엄격한 규칙을 지켜야 하며, 언제 일어나며 언제 식사하고 산책은 어떻게 해야 한다는 것이 정해져 있다. 그러나 이 세계와 어떤 관계를 맺으며 자기의 생을 어떻게 대할 것인가 하는 점은 환자마다 각각 다를 것이다. 어떤 이는 생을 단념하고 죽음 속으로 들어가고, 어떤 이는 신이 하필 자기에게 고약한 병을 주었다고 원망한다. 또 어떤 이는 겉으로는 병원 규칙을 잘 지키지만 속으로는 심한 반발을 하기도 한다. 이 환자들이 다 죽기를 원하지는 않지만 그렇다고 해서 낫는 것을 바라지 않는 경우도 없지는 않다. 자신의 삶에 자신이 반항을 하는 셈이다.

그러나 어떤 사람은 심한 병에 걸렸다는 사실을 있는 그대로 솔직하게 받아들인다. 이들은 이 비극적 사실을 가지고 요양소 침대에 누운 채 많은 시간을 명상에 잠긴다. 이들은 뚜렷한 자기의식을 가지고 어떻게 살았길래 병에 걸리게 되었는가를 생각하기도 한다. 즉 이들은 이 잔인한 운명적 사실을 앞에 두고 새로운 깨달음의 길을 찾으려고 한다. 이들은 결코 기계적인 규칙에만 얽매인 생활을 하는 것이 아니고 자신이 선택한 방법을 가지고 확신을 느끼면서 하루하루를 투쟁해 나가며 마침내 병을 치료하게 된다. 이들은 건강을 회복할 뿐 아니라 이 투병을 통해서 더 넓고 강력한 자유를 얻을 수 있다. 그들은 자신들의 운명을 알았을 뿐 아니라 변형시킬 수 있는 기본적인 자유를 확인했다. 괴로운 운명을 자유를 가지고 대할 수 있었다. 진실로 건강하기를 선택하지 않는 사람은 진실로 건강을 성취할 수 없는 법이며, 건강하기를 선택하는 사람은 비록 병에 걸리는 일이 있더라도 하나의 인격체로서 더욱 높은 통일성을 이룩하게 된다.

인간은 자신의 삶을 탐구하는 힘을 통해서 눈앞에 들이닥친 운명을 초월할 수가 있다. 가령 폐결핵에 걸렸던 로마의 철학자 에픽테토스와 같은 사람은 노예 신분이든 사형선고를 받은 죄수이든 여전히 자유를 가지고 있는 것이며, 그가 부딪힌 운명적 사실과 어떤 관계를 맺을 것인가를 선택할 수 있다. 죽음과 같은 무자비한 현실이 닥쳐온다 하더라도 이 죽음과 어떤 관계를 가질 것인가가 중요하다. 소크라테스가 타협 대신에 독이 든 약사발을 선택했던 것은 영웅적인 행동이었고, 자유가 얼마나 중요한가를 보여주는 가장 극적인 예라 할 수 있다. 그러나 이런 극적인 형태가 아니라 하더라도 가령 현대사회와 같이 분열된 사회 속에서 더 높은 심리적·정신적 통일을 위해서 노력하는 사람이 있다면 이것은 더욱 중요한 자유의 훈련이라 할 수 있다.

이렇게 해서 자유란 어떤 특정한 일에 부닥쳤을 때에 다만 "네" 혹은 "아니오" 하고 말하는 것과는 다르다. 오히려 그러한 경우에 우리 자신을 변형시키고 창조할 수 있는 힘을 말하는 것이다. 자유란 니체의 말처럼, 우리의 본래의 진면목을 다시 찾는 데 있다.

### 자유와 구조

자유는 결코 진공 상태에서 얻어지는 것은 아니다. 또한 무정부 상태도 아니다. 이 책 서두에서 나는 어린이가 부모와 관계를 맺는 구조 속에서 태어난다는 사실을 지적한 바 있다. 그리고 인간의 심리적 자유는 황무지에 온 로빈슨 크루소 같은 경우가 아니라, 세상에 있는 다른 중요한 사람들과 부단히 관계를 맺는 가운데 발달될 수 있다. 자유란 혼자 외로이 살기를 바라는 것은 아니다. 비록 외로운 경지에 빠진다 해도 그 세계와 책임 있는 관계를 맺을 수 있는 결단을 가지는 데서 얻어진다.

구조가 무시됨으로써 일어나는 모순된 결과를 우리는 프랑스의 실존주의 문학가 장 폴 사르트르에게서 볼 수 있다. 사르트르의 작품 《이성(理性)의 시대》에 나오는 주인공은 표면상으로는 자유로이 행동하는 것처럼 묘사가 되어 있는데, 실은 우유부단하고 그때그때의 기분에 좌우되며, 밤에 아내가 요구하면 성욕이 발동되는 등 그야말로 외부적인 자극과 요청에 의해서 움직인다. 그 결과 이 소설을 읽는 사람은 어딘지 공허를 맛보게 되고 때로 싫증을 내면서 "누가 주인공인가?" 하고 묻게 된다. 이 소설이 전개하는 분위기를 보면 사르트르가 이론적인 바탕을 제시했음에도, 개성이나 자유와는 정반대라는 인상을 준다. 사르트르의 또다른 작품인 《붉은 장갑》을 보면 영웅 칭호를 받는 공산주의자인 주인공이 독재자를 암살하라는 지시를 이행하면서 결단성의 결여로 그 일을 완수하지 못하지만, 그의 부인이 다른 사람 품에 안겨 있는 것을 보자 몹시 흥분한다. 평론가들은 이 소설의 주인공이 특히 성적 질투에 있어서는 마치 나이 먹은 보이스카우트처럼 행동했다는 견해를 보였는데, 이러한 논조는 필자의 생각에도 그리 틀리지 않은 것으로 보인다.

   사르트르나 그 외의 사람들이 주장하는 실존주의의 본질은, 개인으로 하여금 자신의 자유와 통합성을 중시하도록 하는 것이다. 경우에 따라서는 그것을 위해서 자살이라도 할 수 있는 정도가 되어야 한다. 사르트르의 실존주의는 2차대전 때 프랑스에서 일어난 레지스탕스 운동으로 탄생했는데, 이때 사르트르 자신도 대단히 용기 있게 싸웠다. 그리고 이 운동은 프랑스의 자유를 위한 투쟁으로 그 생기(生氣)와 구조를 빌렸다고 볼 수 있다. 그러나 프랑스를 여행해본 사람들은 알겠지만, 이런 실존주의 운동이 파리의 젊은 이들을 동원해서 시위를 벌이는 정도에 이르면 매우 심각한 문제라 하지 않을 수 없다.

인간은 스스로 자신의 마지막 결심을 하지 않으면 안 되고, 하나의 인격체로서의 존재 여부는 이 결심에 달려 있다는 사르트르의 근본적 이론에 동의하는 바다. 그리고 자유의지와 최종적 분석을 통해서 결단을 내린다는 것은 문자 그대로 불안과 내적 갈등의 소산이다. 그러나 인간이 어느 정도 자유를 가지고 선택을 하며, 때로는 이 자유를 위해서 목숨을 내던질 수 있다는 사실은(이는 자기보존 본능에 어긋나기 때문에 매우 기이하게 들릴지 모르나) 인간성이나 인간존재 속에 심각한 무엇이 내포되어 있음을 증명한다. 아무도 논쟁의 부정적 측면이나 부정 그 자체를 위해서 목숨을 던지지는 않는다. 다만 인간은 어떤 상실된 원인을 위해서 죽을 수는 있다. 그러나 그 경우도 자신의 권위나 통합성 따위와 같은 강력한 적극적 가치를 위해서 죽는 것임을 알아야 한다. 사르트르의 견해가 공허로 돌아갔다는 사실은, 그가 열심히 투쟁을 벌인 대상이었던 바로 이 자유에 대한 전제(前提)를 분석하지 못한 데 있다. 우리는 사르트르의 실존주의가 프랑스의 레지스탕스 운동과 분리되면 어떤 운명에 빠질 것인가 생각해볼 수 있다. 냉혹한 비판을 가하는 사람은 그것이 마침내 권위주의로 빠질 것이라고 말한다. 폴 틸리히는 그것이 가톨릭주의로 빠질 것이라 보았고, 마르셀은 마르크스주의로 돌아갈 것이라고 예언했다.

여기서 인간과 세계의 관계가 어떤 특수한 구조여야 한다는 것을 더 자세히 설명하지는 않겠다. 여러 가지 접근 방법이 있다. 그리스인들은 그것을 로고스(Logos, 論理)라 불렀고, 스토아 학파의 철학에서는 '자연 법칙'의 개념을 가지고 있었는데, 이것은 인간이 행복해지기 위해서 가져야만 되는 '형태'다. 17~18세기에는 우주적 이성(universal reason)에 대한 믿음이 있었다. 여기서 한 가지 강조하고자 하는 것은, 모든 시대를 거쳐 사유하는 사람은 어떤 구조에 대해서 각기 자기 나름대로 서술해보려고 했다는 점이다. 그리고 사실 모든 사람은 의식적이든 무의식적이든 그가 행동하는 데 있어 어떤 구조를 가진다는 점이다. 그리고 대부분의 사람들은 주어진 사회가 요구하는 대로 움직여야 한다는 무의식적인 일치감을 가지고 이것을 행동의 지침으로 삼는다. 우리가 이른바 일치감(conformity)이나 권위주의(authoritarianism)라고 표현하는 것은 오늘날 현대인이 무의식적으로 무엇인가 믿고 있는 구조가 있기 때문이다. 여하튼 우리는 우리가 어떤 구조를 선택하고 있는가를 매우 의식적으로 자기 자신에게 물어본다.

이 구조에 대해서 적당한 견해를 확립하기 위해서는 물론 철학, 종교, 그 사회에 통용되는 윤리 및 심리학 등 다방면에서 고찰해야 한다. 그러나 이 책에서는 주로 심리학을 다루며, 또한 인간의 욕구 및 관계 맺기 따위에 대한 심리학적 이해를 바탕으로 이미 어떤 증거를 제시한 바 있다. 그것은 구조의 문제와 관련을 맺고 있다. 우리는 다음 장에서 윤리학, 철학, 종교학에 있어 어떤 종류의 구조가 한 인간의 잠재성을 충분히 실현시켜주는가를 다루기로 하자.

### 자기적인 선택

자유란 자동적으로 닥쳐오는 것은 아니다. 그것은 쟁취되어야만 한다. 또한 단숨에 얻어지는 것도 아니다. 그것은 매일매일 성취되어야 한다. 괴테는 《파우스트》를 통해서 궁극적인 교훈을 강력하게 던져주었다.

> 암! 나는 이 생각에 이르기까지
> 굳게 믿고 있도다.
> 이 진리는 지혜의 마지막······
> 자유와 존재를 향유하려면
> 매일 새로이 정복하는 자세가 필요하다.

인간이 내면적인 자유를 이룩하는 데 있어 기본적인 단계로는 "자기가 자신을 선택해야만 한다"고 키르케고르는 말했는데, 이것은 자기 자신과 자신의 존재성에 대한 깊은 책임의식이 있어야 한다는 것을 뜻한다. 그것은 매일 매 순간을 닥치는 대로 사는 태도와는 정반대다. 그것은 생생함과 결단성을 말하고, 인간이 우주 속에 있는 특수한 지점을 점령하고 살고 있음과 자신의 존재성에 책임을 진다는 것을 말한다. 이것은 니체의 말을 빌리면 "삶의 의지"로서 단지 자기보존의 본능이 아니고, 자기가 남이 아닌 자신이라는 사실을 받아들이며, 자신의 운명을 완수하는 데 있어 자기의 책임을 받아들이는 의지인 것이다. 이렇게 되면 인간은 자신을 근본적으로 선택해야 한다는 사실을 받아들일 수가 있게 된다.

자기 자신과 자신의 존재성을 선택한다는 말은 정반대로 말해서 존재하지 않기를 선택하기, 즉 자살하기와 같은 것을 가정하면 그 개념이 명백해진다. 자살의 의미는 사람들이 당장 자기 자신을 죽이는 데 있지 않다. 실제로 자살은 심한 정신병자[2]에게서나 볼 수 있는 일이다. 그러나 이 자살이 지닌 심리적·정신적 의미는 매우 다양하다. 즉 한꺼번에 자신의 목숨을 끊는 것이 아니고 살지 않을 것을 선택했기 때문에 서서히 진행되는 심리적 자살도 있다. 어떤 20대 청년이 보트를 타고 낚시를 하다가 보트가 전복되는 바람에 아버지와 같이 물에 빠져 통나무를 잡고 떠내려가게 되었다. 그는 약 한 시간 남짓 버티다가 아버지에게 "지금 죽기는 청춘이 너무 아깝다"는 말을 던지고 얼마 후에 "아버지, 나는 다 끝났어요……" 하는 말을 남긴 채 통나무를 놓고 물에 잠긴다. 이것은 이 젊은이가 힘이 빠져 그랬다기보다는 그가 삶을 포기하고 죽음을 선택한 결과라고 보는 것이 타당하다.

또다른 예로서 환자를 간호하거나 어떤 중요한 일을 끝마친 사람을 들 수 있다. 이들은 자신이 맡은 일을 하기 위해서 '살지 않으면 안 된다'고 결심하고, 맡은 일이 끝나고 '성공'이 다가오면 마치

---

[2] 자살은 우울신경증, 우울정신병, 갱년기성 우울증, 조울증을 가진 사람에게서 흔히 볼 수 있고, 때로는 피해망상을 가진 정신분열증 환자나 주위를 위협하려는 히스테리 환자에게서 볼 수 있다. 자살하겠다고 말한 사람의 4분의 1은 실제로 단행한다.

결심이나 한 듯이 죽어간다. 키르케고르는 14년에 걸쳐 스무 권의 책을 저술했는데, 마흔두 살에 마지막 책을 완료하면서 "결론적으로"란 말을 쓰고 나서는 곧 죽었다.

이와 같이 살지 않기를 선택하는 것과 대조해보면 살기를 선택하는 것이 얼마나 중요한 일인가를 알 수 있다. 자신의 생명을 잃어버릴 정도의 도전이 오더라도 살기를 선택하게 되는 경우가 아니고서는 진짜 살기 시작했다고 할 수 없고 자신의 존재를 확인하며 선택했다고 하기는 어렵다. 우리는 자유로이 죽을 수 있는 것처럼 자유로이 살 수도 있다. 그러므로 누구나 똑같은 방식으로 인생길을 걸어가는 것이 아니다. 부모에게서 태어나고, 자라나고, 결혼하고 자녀를 낳고, 노쇠해서 죽어가는데 이 모든 과정에서 자신이 순간마다 그리고 행동할 적마다 죽음을 선택하는 대신에 삶을 선택한다는 결론이 나온다. 그렇다면 모든 행동에 특수한 자유의 요인이 작용하는 셈이다.

사람들은 삶의 어떤 측면에서는 흔히 심리학적 자살을 경험한다. 가령 남성이 자기를 사랑해주지 않으면 살 수 없다고 믿는 여성이 있다. 그 남자가 다른 여자와 결혼하면 그녀는 자살을 생각할 것이다. 며칠 자살에 대한 생각을 하다가 그녀는 "아, 나는 자살해 버린 것과 같구나" 하는 환상을 갖게 된다. 그리고 그녀는 갑자기 "나는 이미 자살했기 때문에, 이제 다른 생활을 해도 좋을 것이다. 해는 아직 빛나고, 물은 시원하게 보이고, 나도 무엇인가를 할 수 있을 것이 아닌가" 생각하면서 "이 세상에 그 남자만 있는 건 아니겠지"하고 깨닫는다. 그러고는 다시 살기를 결심한다. 이 여성의 결심은 단지 죽음에 대한 공포 때문이 아니라 어떤 적극적인 이유에서 이루어졌기 때문에 그녀는 갈등에서 빠져나올 수 있었고, 새로운 자유를 얻을 수 있었다. 그녀의 일부분이 그 남자에게 얽매여 있었기 때문에 그녀는 자살을 하지 않고 새로운 출발을 할 수 있었다. 성(聖) 빈센트 머레이는 〈르네상스〉란 작품에서 더욱 많은 생명성에 대해서 노래했다.

오! 나는 땅에서 솟아나서
고함을 지르며 만세를 불렀네.
죽었던 자가 다시 살아나서
이 소리를 듣다니.

다른 예를 들어보자. 어떤 청년이 명성을 얻지 못하면 행복해질 수 없다고 느낀다. 그는 자신이 실력 있고 유능하다고 생각했다. 예컨대 대학의 조교수라고 하자. 그가 위로 올라갈수록 그의 위에는 다른 교수가 앉아 있고, 사람에 비해서 자리는 적었다. 그는 마침내 자신은 모래알만도 못하며 삶은 무의미하기 때문에 죽어버릴까 생각하기까지 한다. 이런 생각은 기분이 우울할 때는 더욱 심각하게 떠올랐다. 그도 "그렇다면 내가 죽었다고 치자. 그래서 어쨌단 말인가?" 하고 반문한다. 그래서 그가 다시 살아났다면 비록 명성을 얻지 못했다손 치더라도 얼마든지 할 일이 있다는 것을 알게 된다. 그래서 그는 명성 없이 살기로 결심한다. 그는 이런 과정을 통해서 진정한 행복은 남의 견해에 좌우되는 것이 아님을 깨닫는다. 그는 명성을 얻으려는 대신에 학생들에게 자신의 지식을 가르치는 일에 공헌하기로 결심했으며, 또한 그곳에서 자신의 잠재적 능력을 발휘하며 참다운 행복을 느낄 수 있었다.

물론 방금 예시한 바와 같은, 부분적·심리적 자살이란 매우 복잡하게 형성된다는 것을 강조하지 않을 수 없다. 실제로 대부분의 사람들은 어떤 욕구를 포기해야만 할 때 정반대 길을 걷는 것이 예사다. 그들은 단지 후퇴하기도 하고 생활을 좁혀보기도 하며 자유를 더욱 억압시키기도 한다. 그러나 부분적 자살은 어떤 긍정적 측면도 가지고 있다. 즉 한쪽 부분의 사망은 다른 부분의 새로운 탄생을 가져오는데 이것은 비단 인간의 경우뿐 아니라 모든 자연의 법칙이기도 하다. 우리는 우리 마음속의 신경증적 요인이나 의존 욕구, 집착 따위를 죽임으로써 더 큰 자유를 얻기도 한다. 예로 든 여성은 부분적 자살을 통해서, 자기가 목숨을 걸고 사랑했다고 믿었던 남자와의 관계와 자신의 태도에 대해서 깨달음을 얻을 수 있었다. 즉 그녀는 그 남자에게 기생충처럼 매달려 있었을 뿐 사랑을 주고받은 것은 아니었다. 인간의 생명성의 일부분이 죽어가는 과정을 통해서 우리는 더욱 높은 생명을 깨닫고 더 높은 가능성을 확신할 수 있다.

의식적으로 살기를 선택하면 두 가지 일이 일어난다. 첫째는 자신에 대한 책임이 새로운 의미를 가지게 된다. 그는 지금까지와는 달리 자신의 생명에 대한 책임을 자기 스스로 선택한 어떤 것으로 받아들인다. 왜냐하면 그는 자신의 다짐과 결심 때문에 존재하게 되기 때문이다. 물론 생각이 깊은 사람은 누구나 이론적으로는 자유나 책임이 동시에 있다는 것을 알고 있다. 즉 자유롭지 못하다면 그는 자동기계와 같은, 따라서 책임도 없는 존재가 된다. 그리고 만일 그가 자신의 존재에 대한 책임을 질 수 없다면 그는 자유를 믿을 수 없다. 그러나 사람이 자신을 '선택'한다면 자유와 책임은 따라온다. 그는 피부로 그 사실을 느끼게 된다. 즉 자신을 선택한다는 것은 동시에 자유와 책임도 선택한 셈이 되는 것이다.

둘째로 일어나는 일은, 여태까지 외부에서 강압되어온 도리란 것이 이제는 자신의 내적인 삶의 원칙으로 바뀌게 되는 것이다. 이럴 경우 누군가 명령을 하기 때문에 도리를 받아들이는 것이 아니라, 스스로 원하고 스스로 선택했기 때문에 받아들인다. 이러한 자신의 삶의 원칙은 그가 일생 동안 이룩하기를 원하는 일에 가치를 부여하는 것이다. 니체는 이것은 "자신의 운명을 사랑하기"라고 표현했고, 스피노자는 "생명의 법칙에 순종하기"라고 말하기도 했다. 그러나 어떻게 표현하든 여기서 확실히 말할 수 있는 것은, 우리가 성숙을 향해서 투쟁을 한다면 차차 이것을 알게 된다는 사실이다.

## 2. 창조적 양심

인간은 '윤리적인 동물'이다. 불행히도 그렇게 행동하지 않는 것처럼 보일 경우가 있다 하더라도 잠재성에 있어서는 윤리적임에 틀림없다.

몇 년 전 하버드 대학에 있는 H. 모우러 박사는 심리에 대한 흥미로운 실험을 했다. 그 실험의 목적은 과연 쥐에게 '윤리' 의식이 있는지 여부를 알아내는 데 있었다. 쥐는 과연 선과 악에 대한 장기적인 밸런스를 취할 수 있으며, 그것에 따라 행동할 수 있는가? 배고픈 쥐에게 음식을 몇 조각 던져주고는 쥐가 음식을 먹기 전 약 3초 동안을 기다리는 소위 에티켓을 지킬 수 있는가를 실험했다. 만일 쥐가 3초를 기다리지 못하고 음식에 달려들면 곧 전기 쇼크를 주었다.

쥐가 곧장 음식에 달려들 적마다 벌을 주었던 것인데 쥐들은 곧 '점잖아'졌고 음식이 와도 기다릴 줄 알고 서로 평화롭게 교대로 음식을 먹을 줄도 알았다. 그러나 쥐가 위반했을 적에 처벌하는 시간을 늦추어 가령 9~12초 후로 연기하게 되면 쥐들은 에티켓을 배울 수 없었다. 즉 쥐들은 범죄 행위를 하는 것으로 나타났고, 마음대로 음식을 먹으려고 달려들었다. 그렇지 않은 경우에는 '노이로제'와 같은 반응을 보이기도 했는데, 가령 배가 고파도 음식을 먹지 않고 후퇴하기도 했다. 즉 그들은 현재 나쁜 짓을 하면 가까운 장래에 벌이 들이닥친다는 사실을 예측하지 못했다.

이 작은 규모의 실험은 인간과 쥐의 차이를 보여준 셈이다. 즉 인간은 '전과 후'를 볼 수 있다. 인간은 주어진 순간을 초월할 수 있기 때문에 과거와 미래의 계획을 기억하고 더 훌륭한 일을 선택할 수 있으며, 적당한 시기를 기다릴 줄도 알게 된다. 그는 자기가 아닌 제3자의 욕구나 바라는 바도 알 수가 있게 되며, 제3자의 처지에서 생각하며 그에 따라 행동할 수도 있다. 이것은 바로 "이웃을 사랑하라"는 말씀을 실천할 수 있는 기초이며, 그는 자신의 행동과 주변 사회의 복리를 동시에 생각할 줄 아는 여유를 갖고 있다.

인간은 이와 같이 가치와 목표를 선택할 수 있을 뿐 아니라 자신 속에 통일성을 성취하기 위해서는 그렇게 하지 않을 수 없다는 사실마저 알게 된다. 왜냐하면 인간이 삶을 영위해가는 목표인 가치관은 그에게는 하나의 심리적인 핵심부가 되는 것으로, 마치 자석의 중심으로 끌리듯이 이 핵심부를 향해서 행동이 통합된다. 이미 지적한 바와 같이 어린아이나 청년들은 자기가 무엇을 원하는가를 알아야만 비로소 삶의 방향을 잡는 능력이 생긴다. 즉 자신이 원하는 바를 안다는 것은 성숙 단계의 인간이 자신의 가치를 선택하는 일에서 중요한 기초가 된다. 성숙된 인간의 기준은, 그의 삶의 목표가 중심을 향해 잘 통합되어 있느냐 여부에 있다. 성숙한 인간은, 마치 어린아이가 아이스크림을 원한다든가 어른이 창조적인 사랑의 관계나 사업의 성취를 향해서 계획하고 일하는 경우처럼, 자신이 바라는 것을 알게 된다. 또한 성숙한 인간은 가족 구성원을 단지 우연히 같은 부모 밑에서 태어났기 때문에 사랑하는 것이 아니라 그들이 정말 사랑스럽기 때문에 그리고 사랑하기를 결심했기 때문에 사랑한다는 결론이 나온다. 일을 하면서도 매일 부닥쳐오기 때문에 반복하는 것이 아니라, 그가 하는 일 자체의 가치성을 굳게 믿고 있기 때문에 일한다.

현대인의 만성적인 심리적 질환인 불안, 당황, 공허 따위는 주로 그의 가치관이 혼돈되었거나 상호 모순되어 심리적 핵심이 없게 된 데서 온다. 이것은 인간의 내적인 힘이나 통합성은 그의 삶 속에 있는 가치를 얼마나 스스로 믿고 있는가 하는 데 있다는 것이다. 이 장에서는, 인간이 어떻게 하면 그러한 가치를 성숙되고 창조적으로 선택할 수 있느냐 하는 물음을 던질 수 있다.

첫째로, 당신과 나의 가치가 무엇이며 우리가 그것을 확인하는 작업이란 무엇인가. 이는 우리가 살고 있는 시대에 따라 달라진다. 항상 그러했던 것처럼, 과도기에 처한 인간들은 매사에 회의적이고 의심하며, 따라서 살아가는 데 커다란 어려움을 겪는다. 괴테는 자신이 살던 시대의 전통을 믿고 있었기 때문에 다음과 같이 말할 수 있었다. "어떤 계기든, 또 어떤 형태로 나타나든, 만일 믿음 속에서 이루어졌다면 그것은 영광스러운 일이고, 그 자체가 번영을 향해서 상승하는 일이 된다. 그러나 믿음이 아닌 의심 속에서 이루어진 일이라면 승리를 거둘 수 없게 된다. 물론 그때그때의 영광을 맛보는 경우가 있다 하더라도……."

괴테가 다소 과장되게 표현한 셈이지만 만일 그가 말한 사회에서 통용되는 믿음(faith)이란 말이 그 사회 구성원들의 목표와 개인의 존재 의미에 핵심을 두고 있다면, 괴테의 말은 역사적으로 올바른 예언을 한 셈이다. 그리스 시대나 이사야 시대 또는 13세기의 파리, 혹은 르네상스기와 17세기 등을 보면, 그 당시 사람들이 창조적인 힘에 대해서 얼마나 깊은 믿음을 지녔는지 알 수 있다.

그러나 헬레니즘 말기나 중세 암흑 시대의 초기처럼 역사의 전환기, 또는 가치가 붕괴하는 시대에 사는 사람들에게는 믿음이 깨어지는 경향이 있다. 그래서 대체로 두 가지 결과가 나온다. 첫째로 그 사회에서 물려받은 신념이나 전통은 죽음의 형태로 나타나며 따라서 개인은 생명성을 잃게 된다. 예컨대 중세기에 나타난 상징성은 메마르고 텅 빈 형태였기 때문에 그 내용이 별로 없었다. 과도기에 나타나는 두 번째 결과는 그 전통성에서 생명성이 분리되어 산발적인 반항적 경향이 나타나게 되어 마치 동서남북으로 흩어져 나오는 물줄기와 같이 된다. 이런 현상은 바로 1920년대에 현저히 나타났다.

이것은 또한 우리가 사는 현대의 모순이 아닌가? 한편으로는 권위주의, 한편으로는 방향을 잃은 생명성으로 나타나지 않는가? 역사를 해석하는 방향이 모두 나와 같을지는 모르겠지만, 한 가지 명백한 사실은 오늘날 20세기와 같은 사회적인 혼란 속에서 사람들은 어떤 '뿌리'를 잃게 되고, 따라서 폭풍우를 피하려면 이미 확립된 기관과 기존의 권위에만 얽매이려는 경향이 생긴다는 것이다. 린드 박사 부처는 경제적 공황 속의 미국을 연구하고 서술한《전환기 속의 중간 도시》란 책에서 "대부분의 사람들은 갑자기 생활 전역에 들이닥치는 변화와 이로 인한 불확실성을 견딜 능력이 없다"고 주장한다. 중간 도시인들이 경제적으로나 정치적으로 더욱 보수적 권위에 얽매이는 것과 같이 교회도 자유주의보다는 보수적이고 근본적인 교리 해석에만 치우치는 따위의 융통성 없는 태도를 취한다.

우리가 사는 20세기 중엽의 위기 때문에 우리가 혼란이나 당황, 때로는 불안, 발작 상태에 있어 믿음을 가질 수 없기 때문에, 자칫하면 파괴적이고 악마적인 가치에 말려들어갈 수도 있다. A. M. 슐레징거는 "공산주의란 확립된 종교가 없고 믿음의 공백 상태가 되었을 경우에 오며, 인간의 불안이나 의문 따위의 내적인 고뇌에 대해서 비록 병적(病的)이긴 하지만 어떤 방향을 제시하는 것이다"라고 주장한다. 미국이 공산주의로 빠지리라고는 물론 생각지 않지만, 미국 사회의 파괴적 현상은 다른 형태로 나타나고 있다. 그래서 오늘날 미국 사회에서는 종교, 정치, 교육, 철학, 심지어는 과학의 영역에서도 권위주의와 같은 반능동적인 경향이 짙어진다. 사람들은 위협을 받고 불안하게 느끼면 느낄수록 독단적으로 되며 따라서 그들 자신의 생명성(vitality)을 잃는다. 그나마도 남은 전통적 가치를 이용해서 보호적인 도피를 하려 하고 마침내 그 속에 쭈그리고 숨는다. 때로 이들은 미친 듯이 과거로 후퇴하기도 한다.

그러나 대부분 과거로 후퇴한다 해도 별다른 방법이 없음을 알게 된다. 가령 헨리 링크의《종교에로 돌아가라(Return to Religion)》라는 저서는 일시적으로 인기를 끌다가 곧 영향력을 잃었는데 그것은 다행스러운 일이다. 왜냐하면 그와 같은 노력은 결국 자기 패배만 가져올 것이기 때문이다. 아무도 외부에서부터 자기의 '중심'을 찾을 수는 없다. 길버트 머레이(Gilbert Murray)가 말한 것처럼 헬레니즘이 몰락기에 접어들었을 때에 사람들은 종교에 지대한 관심을 가졌지만 결국은 아무런 구제를 받지 못했고, 개인이나 사회에 좋은 결과는 오지 않았다. 그러므로 비록 쉬운 일은 아닐지 모르지만, 우리는 우리 자신과 우리가 사는 사회를 받아들이지 않으면 안 되고, 우리 자신에 대한 깊은 이해와 인류가 서 있는 역사적 상황에 대한 용기 있는 대결을 통해서 인간 윤리의 핵심을 찾아야 한다.

지난 몇 년 동안 "종교에로 돌아가라"는 것과는 전혀 다른 운동이 일어나고 있다. 많은 지성인들이나 민감한 사람들은 문화 속에 있는 종교적·윤리적 전통에서 단절되었다는 것을 깨닫게 되었고 이사야나 욥, 예수, 부처, 노자 등의 사상을 잘 모르는 사람들은 가장 중요한 것을 잃어버리고 말았으며, 인간이 자신의 가치를 재발견해야 한다는 것을 깨닫게 되었다. 그들은 지난날의 윤리적·

종교적인 지혜에 대해서 새로운 관심을 보이게 되었다. 이런 경향은 가령 데이비드 리스먼이 미국 학술지에 실은 〈프로이트, 과학, 그리고 종교〉란 논문 및 H. 모러의 논문 속에서 잘 나타난다. 1950년대의 《정당 평론(政黨評論)》지에서도 대부분 "종교와 지성인"의 문제를 다루기 시작한 것이다.

현대가 불안의 시대이기 때문에 이런 현상이 나타나는 것은 아닐 것이다. 그러나 이런 문제를 소홀히 다루면 풋내기 지식인의 글처럼 종교적 전통에 대한 건전한 바탕을 갖지 못하고 수박겉핥기식이 될 우려가 없지 않다. 이것은 매우 위험한 일이다. 만일 이런 지성인들이 종교를 잘못 다루어 권위주의적인 반응만 조성하게 된다면, 현대인은 더욱 많은 상실을 겪게 된다.

그러므로 중요한 것은, 윤리나 종교에서 건전한 부분이 무엇인가를 가려내고, 인간의 가치나 책임과 자유를 증진시키는 길이 무엇인가를 찾는 데 있다. 그러므로 우리는 앞 장에서 한 것과 같은 질문을 던져야 할 때가 되었다. "어떻게 하면 인간 내면에서 건전한 윤리적인 통찰이 탄생될 수 있겠는가" 하는.

### 아담과 프로메테우스

인간은 윤리적 동물이다. 그러나 윤리적 통찰을 성취하기란 그리 쉬운 일이 아니다. 즉 인간은 마치 꽃나무가 태양을 향해서 자라듯이, 저절로 윤리적 판단을 향해서 성장하는 것이 아니다. 인간의 자기의식의 또다른 측면과 마찬가지로 자유라든가 윤리적 통찰이라든가 하는 것도 내적 갈등과 불안을 겪어야만 얻을 수 있다.

이 갈등은 놀라운 신화인 성서 속에서, 그것도 첫 번째 남자인 아담에게서 찾을 수 있다. 이 고대 바빌로니아의 이야기는 서기전 850년경에 구약성서 속에 씌어졌는데, 이것을 읽어보면 윤리적 통찰은 자기의식과 거의 동시에 생겨나게 되었음을 알 수 있다. 아담의 이야기는 프로메테우스와 다른 신화들과 마찬가지로 오랜 세대를 전해 내려오는데, 그 이유는 다만 역사적인 사실을 말해주는 것이 아니고 모든 인간들에게 공통적으로 있는 어떤 깊은 내적인 경험을 묘사하기 때문이다.

이 이야기에 따르면 아담과 이브가 에덴 동산에서 살았는데, 하느님은 그전에 모든 종류의 나무를 자라나게 하셨고, 그것은 보기에 좋을 뿐 아니라 열매를 따 먹을 수도 있었다. 이 낙원에서 두 사람은 아무것도 바랄 것이 없었다. 더욱 중요한 것은 그들에게 불안도 죄악감도 없었다는 사실이다. 그들은 자신이 벌거벗고 있다는 사실도 몰랐다. 그들은 살기 위해서 싸울 필요도 없었고 마음속에 심리적 갈등도 없었으며 신과의 정신적 갈등은 더욱 없었다.

그러나 아담은 그 동산에 있는 선악과(善惡果)만은 따 먹지 말라는 명령을 받았다. 왜냐하면 이것을 먹으면 신과 같아져서 선과 악을 알게 되기 때문이다. 아담과 이브가 처음으로 나무의 과실을 따 먹었을 적에 "그들의 눈이 열렸다." 그리하여 그들의 선악 구별에 대한 첫째 증거는 그들이 불안과 죄악감을 경험한 데 있다. 그들은 자기네가 "벌거벗고 있음을 알게 되었고" 신이 정원을 산책할 적에 그들은 부끄러워서 그 부분을 가렸다.

신은 이들의 불복종을 알고서 벌을 내렸다. 여인은 남자에 대한 성적인 그리움을 갖게 될 것이며, 고통 속에서 아이를 낳게 될 것이다. 그리고 남자에게는 노동을 하도록 벌을 내렸던 것이다.

>너희 이마에 땀을 흘리며
>너희는 먹기 위해 일할 것이며
>그것은 너희가 땅으로 돌아갈 때까지……
>왜인고 하니 너희는 먼지에서 왔기에
>먼지로 돌아가야 할지어다.

이 놀라운 이야기는 초기 메소포타미아 지방 사람들의 원시적인 묘사지만, 사실은 인간이 두세 살이 되어 자기의식이 싹트기 시작하는 것에 비유할 수 있다. 인간은 두세 살 전까지는 그야말로 에덴 동산의 삶 같은, 자궁 내 생존이나 초기 유아기 생존을 한다. 이 시기는 전적으로 부모의 보호를 받으며 항상 따뜻하고 기분 좋은 상태다. 에덴 동산은 인간의 유아기 또는 동물이나 천사의 세계에 비유되는데, 이곳에는 윤리적 갈등도, 책임도 존재하지 않는다. 그야말로 부끄러움도 죄악감도 알지 못하는 천진난만한 시기라 하겠다. 이와 같은 생산적 활동이 없는 낙원에 대해서는 문학에서도 여러 가지 형태로 묘사된다. 자기의식이 없는 시기에 대한 낭만적인 동경의 모습으로 나타나기도 하고, 더 극단적 표현으로는 이 시기가 바로 아무런 번뇌 없는 어머니 배 속의 세계로 묘사되기도 한다.

이 천진난만함이 없어지자 유치하나마 윤리의식이 싹트기 시작했고 인간은 비로소, 자기의식, 불안, 죄악감 따위의 무거운 짐을 지게 되었다. 그리고 얼마 후에 인간은 먼지에서 왔기 때문에 언젠가는 먼지로 돌아가야 한다는 사실도 알게 된다. 즉 그는 자신이 이 지구상의 유한한 존재임을 깨닫게 된다.

선악과를 따 먹은 사실은 긍정적으로 보면 선악의 문제를 깨닫게 된 것이고 그 후 비로소 심리적·정신적 인간이 되었다. 이와 같은 인간의 '타락'을 헤겔은 "위를 향하여 타락했다"고 표현한다. 헤브라이의 작가는 〈창세기〉에서, 아담을 창조하는 날은 밤이었는데, 그가 선악을 알고 축복과 음악이 울리는 가운데 인간이 되는 날은 낮으로 묘사한다. 그러나 가장 놀라운 사실은, 이 모든 행위가 신의 명령을 거역하는 것으로 묘사된다는 점이다. 즉 인간이 신과 같이 선악을 알게 된 데 대해 신은 크게 노하게 되었다.

그러면 과연 이 신은 인간이 지혜와 윤리적 판단력을 가지기를 원하지 않았단 말인가? 〈창세기〉에는 바로 이 신이 인간을 자기의 모습과 꼭 같이 만들었다고 되어 있는데, 그렇다면 신은 인간이 자기와 같은 자유나 창조성이나 윤리적 선택을 할 수 있게 했어야 하지 않을까? 신은 과연 인간이 천진난만하고 윤리에 어두운 상태, 심리적으로나 윤리적인 장님 상태에 머물기를 바랐을까?

이것은 신화에 대한 심리적 통찰과는 어긋나는 사실을 내포하기 때문에 다른 방식의 설명이 필요할 듯하다. 물론 신화는 서기전 1천 년에서 3천 년 사이에 일어났던 여명기의 이야기들로, 원시적인 견해를 가지고 있다. 원시적인 소설가는 건설적인 자기의식과 반항을 구별할 수 없었는데, 이것은 오늘날에 와서도 그리 쉬운 일은 아닌 것이 사실이다. 게다가 신화에 나오는 신은 야훼(Yahweh)라고 해서 가장 원시적인 헤브라이 족의 신인데, 이 신은 질투가 많고 심술궂기로 유명했다. 후기 헤브라이 예언자들이 이 잔인하고 비윤리적인 야훼 신에게 반항한 것은 당연하다.

제우스와 올림푸스 산에 살던 신들에 대한 그리스 신화를 살펴보면, 이 아담 신화가 가진 이상한 모순의 원인을 찾을 수 있는데, 그리스 신화도 아담 신화와 같은 원시적인 내용을 담고 있기 때문이다. 아담 신화와 가장 유사한 그리스 신화는 프로메테우스의 일화로 그는 신에게 불을 훔쳐 인간에게 건네주었다. 인간으로 하여금 따뜻하게 지내며 생산적으로 불을 활용하도록 해주었던 것이다. 화가 머리끝까지 난 제우스는 어느 날 밤 지구에서 불빛을 보고서 프로메테우스를 붙잡아다 코카서스 밖으로 데려가 산 위에 매달았다. 제우스가 용의주도하게 짜낸 고문 방법은 야수들이 프로메테우스의 간을 찢어서 먹도록 하는 것으로, 밤 사이에 간이 자라나면 또 그것을 쪼아 먹는 일을 영구히 반복토록 했다.

계속 벌을 가함으로써 제우스는 그 잔인성이 야훼와 비슷해진다. 그는 인간이 불을 가지게 된 사실에 크게 노여워하고 온갖 질병과 슬픔과 악덕을 상자 속에 넣어, 머큐리로 하여금 판도라와 에피메테우스가 아무 걱정 없이 행복하게 살고 있는 곳으로 가져가게 한다. 그 여인이 상자를 열었을 때에 온갖 재난이 그 속에서 나오게 되었고, 끝없는 불행이 시작된다. 신이 인간을 이와 같은 악마적인 자세로 대하는 것은 그리 아름다운 일은 아니다.

아담의 신화가 자기의식의 문제를 다루었듯이 프로메테우스는 창조의 상징으로, 인류로 하여금 새로운 삶을 살 수 있도록 해준 것이다. 이 프로메테우스란 이름 자체가 "선행(先行)된 생각"이란 말로서, 미래를 바라보고 계획을 세우는 능력을 일컫는데, 그것은 자기의식의 한 측면을 말할 뿐이다. 프로메테우스에 대한 고문은 인간의 내적 갈등과 그로 말미암은 창조를 의미하는 것으로 가령 미켈란젤로, 토마스 만, 도스토예프스키 등 수많은 창조적인 인물들이 말했듯이 불안과 죄악감의 상징이다. 이들 창조적 인물들은 인류에게 새로운 삶의 형태를 가져오는 것을 과제로 삼았다. 그러나 아담의 신화와 마찬가지로 제우스도 인간의 상향성(上向性) 투쟁을 매우 질투하여 가차없이 벌을 내린다. 우리도 똑같은 문제를 물려받게 되었다. 신이 인간의 창조성에 대해 투쟁한다 함은 무엇을 뜻하는 것인지 조금 더 살펴보자.

분명히 아담과 프로메테우스는 신에게 반항하는 행동을 했다. 바로 이 점 때문에 신화는 존재 가치가 있다. 왜냐하면 그리스인이나 헤브라이인들은 언제 인간이 자신의 한계를 넘어서려 하는지, 언제 신을 넘어서는 죄를 범하려는 것인지(다비드가 우리아의 처를 범하듯이), 언제 간음을 하는지(마치 교만한 아가멤논이 트로이를 정복하려고 한 것처럼), 언제 자신이 우주적인 힘을 가졌다고 하는지(마치 현대 파시스트의 이념처럼), 언제 자신의 지식이 최종적인 진리라고 하는지(종교적·과학적 독단주의자의 경우처럼)를 알았다. 그렇게 되면 그는 위험하게 된다. 소크라테스는 옳았다. 지혜의 첫 단계는 자신의 무지를 깨닫는 일이고, 인간은 무엇보다도 먼저 이 제한성을 겸허하고 정직하게 받아들여야만 자신의 힘을 창조적으로 사용할 수 있게 된다. 이런 의미에서 보면, 신화는 인간의 거짓된 자존심에 경고를 던져주며, 따라서 건전한 방향을 제시한다고 볼 수 있다.

이들 신화들이 묘사하는 반항은 분명히 선량하고 건설적일 수도 있다. 이 반항은 또한 인간의 제한성과 자존심을 위한 투쟁이라고만은 할 수 없다. 신화들은 또한 하나의 심리학적 진리를 보여주는데, 마치 '어린이가 눈을 뜨며' 자신에 대한 통찰을 얻게 하며, 부모와 신의 권위에 대해서 잠재적인 갈등을 일으키도록 촉구하는 것이다. 그러나 아이들이 이러한 반항 없이는 결코 자유나 책임, 윤리적 결단 및 기타 인간의 귀중한 성품을 가질 수 없는 일인데, 어찌하여 이 잠재적 반항(potential rebellion)은 잠만 자는가? 어찌하여 이 인간의 반항이 항상 찬양은커녕 벌을 받아야만 하는 것인가?

이들 신화들을 읽어보면 질투심 많은 신들과 기타 고지식한 권위에 대해서 인간이 갈등을 일으키고 도전을 하여 새로운 생활과 창조성을 찾도록 촉구하고 있음을 알게 된다. 새로운 생명성이란 항상 어느 정도는 현존하는 관습과 믿음을 파괴하는 데서 올 수 있고, 이 생명성이 권력을 쥔 자에게는 언제나 불안 조성의 요인이 되는 것도 사실이다. 그래서 오레스테스나 오이디푸스의 경우가 그러했듯이 "새로운 사람"은 언제나 권력에 대해서 목숨을 걸고 투쟁하게 된다. 아담의 불안과 프로메테우스가 겪은 고문에서 볼 수 있듯이 창조적인 인간 자신도 앞으로 나아가려면 심리적인 불안이 있다. 이 신화에서는 인간의 용기 있는 측면만이 아니고, 자유보다는 안락을, 자신의 성장보다는 안전을 더욱 좋아한다는 결론을 보여준다. 아담과 이브의 신화에서 내려진 벌이 성적 충동과 노동이라는 점은 우리의 견해를 증명해준다. 즉 인간이 일을 하고 손수 논밭을 갈아서 먹을 것을 얻는 것은 돌봄을 바라는 인간으로서 하나의 좋은 기회라 하겠는데, 이것은 신의 벌로서 받은 것이 아니었던가? 또한 인간이 성욕을 품는다는 것은 그 자체가 불안한 일이며 짐을 지는 것이기 때문에 실제 오리겐이 한 것처럼 거세를 함으로써 욕망을 차단하고 갈등을 피할 수 있었던 게 아닌가? 자신의 음식물을 얻는 데 따르는 불안이나 죄악감 그리고 성적인 욕망을 충족시키는 데 동반되는 문제들은, 자기 자신의 깨달음을 향한 투쟁만큼이나 괴롭고 고통스러운 것이다. 때로는 이들을 이룩하는 데 크나큰 갈등과 고통을 겪지 않을 수 없다. 그러나 극단적인 정신병의 경우는 예외로 치더라도, 자기 발전이나 창조성을 찾기 위한 대가로서 언제나 불안이나 죄악감이 뒤따른다. 인간이 어린아이로 머무는 대신 하나의 사람이 되는 능력을 갖추기 위해서 너무나 큰 대가를 치러야 한다는 결론이 나온다.

이들 신화들을 보면 그리스든 헤브라이적 기독교든 모든 종교적 전통은 하나의 권위주의의 측면을 보여주는데, 이는 새로운 윤리적 통찰과 정반대다. 그것은 질투심 많고 심술궂은 야훼 신의 목소리이며, 또한 오이디푸스의 아버지가 그러한 것처럼 지위와 권력에 질투심이 많고 마침내 아들을 여우에게 던져주었던 왕의 목소리라고 할 수 있다. 또한 그것을 젊고 새롭게 성장하는 세대를 짓밟는 추장이나 성직자의 목소리, 혹은 새로운 창조성을 용납하지 않는 고지식한 신념이나 딱딱한 관습이라 할 수도 있을 것이다.

분명히 말해서 모든 사회는 양면성을 지녀야 한다. 즉 새로운 사상과 윤리적 통찰을 가져오는 데 영향을 주는 측면과 과거의 가치를 유지하려는 측면이 그것이다. 이와 같이 새로운 생명과 낡은 생명, 변화와 안정성, 그리고 현존하는 기관을 지탄하는 예언적인 종교와 기관을 보호하려는 구식 종교 등이 항상 대립된 상태로 있어야만 그 사회는 오래갈 수 있다.

그러나 이미 지적한 바와 같이 현대의 고유한 특징은 압도적인 획일화 경향에 있다. 주위 사람들이나 집단이 무엇을 요구하는가에 따라 살려고 피눈물나게 움직이는 소위 레이더식 인간이 많다. 이들은 주변의 표준에 자신을 맞추는 일이 곧 도덕적이라고 믿는다. 이런 경우 윤리를 점차 복종(obedience)과 동일시하게 된다. 인간은 주어진 학교나 사회에서 통용되는 것에 따르기만 하면 '선량하다'는 평을 받게 된다. 물론 아담 신화에 대한 비판적 견해에 따르면 그러한 경향에 대해 매우 훌륭한 합리화를 한다. 즉 아담이 하느님 말씀을 들었더라면 결코 낙원에서 쫓겨나는 일은 없었을 것이다. 이것은 오늘날과 같은 혼란의 시대에는 예상보다 훨씬 더 호소력이 있을 것이다. 왜냐하면 돌봄도, 바람도, 불안도, 갈등도, 개인의 책임마저 없는 낙원으로 상징되는 상태란 불안의 시대에는 동경의 세계가 되기 때문이다.

이러한 상황에서 인간은 자신에 대한 의식을 구태여 발전시키지 않아도 된다는 특혜가 주어진다. 무조건 복종하면 할수록 더욱 좋고 개인적으로 책임이 없을수록 더욱 좋다.

그러나 복종에 대한 진정한 윤리는 무엇인가? 단지 복종만이 목표라면 차라리 개를 훈련시키는 편이 낫다. 그렇다면 개가 더욱 충실히 과업을 이룩할 것이다. 사실 개는 주인보다 더욱 윤리적일 것이다. 왜냐하면 개에게는 노이로제가 발생할 가능성은 없기 때문이다. 그는 억압되고 부정된 자신의 자유에 대해 반항하지도 않고, 오직 순종만을 한다. 그리고 사회학적으로 말해본다면 어떤 주어진 기준에 일치되는 것만이 과연 윤리적인가라는 의문이 생긴다. 가령 1900년대에 그 이상(理想)을 추구하던 사람들은 당시의 모든 사람들과 같이 성적인 억압을 받았을 것이다. 1925년대에는 약간의 반항을 했을 것이고 1945년대에는 킨제이 보고서에 나타난 것과 같이 행동했을 것이다. 그 표준을 '문화적'이라거나 도덕적 또는 종교적 절대 교리 등 무엇으로 부르든 간에 당신이 그 기준을 절대화해서 그곳에 일치시키려 한다면 윤리적이겠는가? 분명히 그런 태도는 인간 윤리의 본질을 팽개치는 결과가 된다. 이처럼 윤리적인 감각과 현존하는 기관 사이에는 갈등이 있고, 윤리적인 자유가 가져오는 불안이 얼마나 큰가 하는 것을 도스도예프스키의 작품 〈대심문관(大審問官)〉[1]은 잘 보여준다. 어느 날 예수가 지상에 왔다. 그는 길거리에서 조용하고 조심스레 환자를 치료하고 있었다. 때마침 스페인의 종교재판소장이 지나다가 그를 발견하고서는 감옥에 잡아넣었다.

한밤중에 재판장은 말없는 예수에게 다가와서, 어째서 이 지상에 다시 돌아와서는 안 되는지를 설명했다. 15세기에 교회는 예수가 인간에게 자유를 준 것이 잘못이라고 주장했던 것이다.

예수의 잘못은 고대의 딱딱한 율법을 폐기하고, 그 대신 인간으로 하여금 선과 악을 판단할 수 있는 자유를 준 데 있다고 재판장은 말했다. 이러한 자유는 인간에게는 너무나 벅찬 것으로 인간은 마치 어린이와 같이 어떤 권위체나 '신비한 존재'의 인도를 받기를 원한다는 사실을 예수는 알지 못했다고 재판장은 비난했다. 예수는 악령의 말처럼, 인간에게 빵만을 주었어야 했다. 그러나 예수는 말했다. "너희들은 인간의 자유를 빼앗지 말 것이며 그 자유와 요구를 거절하지 말지어다. 그리고 만일 순종을 통해서 빵을 얻었다면 자유의 가치는 무엇이겠는가? 끝내 그들은 자기들의 자유를 던

---

[1] 《카라마조프 형제들》의 한 편(篇).

지고 우리에게 말하리라. 즉 '우리를 당신의 노예로 삼고서 그 대신 빵을 던져주십시오'라고. 그리고 너희는 잊었느냐? 즉 인간은 선악을 판단할 지혜를 선택하는 자유를 멀리하고 오히려 평화와 때로는 죽음마저 원하는 것이 아닌가?"

종교재판장은 말을 이었다. "예수가 말한 자유의 길을 따르는 자는 극히 드문 영웅적이고 강한 사람들이다. 대부분의 인간들은 전체의 조화를 깨지 않고 회귀하는 쪽으로 가지 않는가? 나는 너희에게 말하고자 한다. 인간은 그 자유 때문에 얼마나 시달림을 받았는지 그것을 넘겨줄 사람을 찾았던 것이고, 이 재수없는 자가 드디어 탄생되었도다." 교회는 그 자유란 선물을 받아들이기로 했다. "우리는 그들이 아이와 부인들을 데리고 살든지 말든지 개의치 않으며, 하느님 말씀에 따라 아이를 낳든지 말든지 상관치 말 것이며, 우리에게 즐거이 복종하든 말든 상관치 않을 것이다. 왜냐하면 그렇게 해야만 그들이 자신이 할 바를 자유로이 선택할 수 있으며, 그것에서 오는 큰 불안과 고뇌에서 벗어나기 때문이다." 그 늙은 재판장은 좀 슬픈 어조로 물었다. "왜 너는 우리의 일을 방해하기 위해서 또다시 왔느냐?" 그리고 다음날에 그리스도를 화형에 처하도록 명령했다.

물론 도스토예프스키는 이 종교재판장이 가톨릭이나 프로테스탄트 등 모든 종교를 대변하는 것으로 보지는 않는다. 그는 다만 인간을 노예로 만들고, 인간으로 하여금 항복하기를 유혹하는 종교적 요인을 고발한다.

그러므로 현대에 와서 자신의 삶을 통합할 수 있는 어떤 가치를 찾고자 하는 사람은 쉽고 간단하게 빠져나갈 길이 없다. 즉 자유나 책임을 선택한다는 것이 너무 무거운 짐이기 때문에 그의 부모에게 되돌아갈 수 없듯이 '종교로 되돌아갈' 수가 없게 된 것이다. 윤리와 종교에는 상극의 관계가 있는데 이와 똑같은 상극적인 관계를 우리는 부모와 자식들 간에 볼 수 있기 때문이다. 다른 한편 역사를 통해서 윤리적 예언자들을 주시해보면 종교적 전통 속에서 탄생했고 성장했던 것을 알 수 있는데, 예를 들면 아모스(Amos), 이사야, 예수, 성(聖) 프랜시스, 노자, 소크라테스, 스피노자 등 헤아릴 수 없는 많은 사람들이 있다. 그러나 한편으로는 윤리적으로 민감한 사람들과 종교 기관 사이에서는 격심한 투쟁이 있었다. 윤리적 통찰은 현존하는 어떤 도덕률에 대해서 공격을 가하는 것이다. 산상 설교에서 예수는 "낡은 생각 속에 사는 너희에게 이르노니……" 하고서 새로운 윤리적 통찰을 주었던 것이 아닌가. 이것이야말로 민감한 윤리의식을 가진 사람이 언제나 보여주는 부정(否定)이다. 새 술은 낡은 독에 담을 수 없으며, 만일 담는다면 독은 깨어지고 술은 쏟아지고 말 것이다. 그래서 언제나 그렇지만 소크라테스, 키르케고르, 스피노자 등 윤리적 창조를 하는 사람들은 새로운 윤리 정신을 찾아내며, 전통 체제 속에 안주하려는 형식화된 '법칙'에 대항한다.

이들 윤리 지도자들과 현존하는 종교적·사회적 기관 사이에는 항상 치열한 투쟁이 있었는데, 윤리 지도자는 교회를 비난했고 반대로 교회는 이들을 적으로 낙인찍었다. 스피노자는 "신에 중독된 철학자"라는 낙인이 찍혔지만 그 역시 파문을 당했고, 키르케고르의 저서는 "기독교에의 공격"이라고 명명되었다. 예수와 소크라테스는 도덕적·사회적 안정을 '위협'했다고 해서 처형을 당했다. 역사를 살펴볼 때 한 시대의 성자(聖者)들은 그 시대 사람들에게 소위 무신론자로 취급되기 일쑤였다.

현대에 와서 살펴보면 가령 니체는 종교를 비난하면서 기독교적 윤리가 적개심에서 출발했다고 갈파했고, 프로이트는 이 종교를 유아기적 의존이라고 비난한 바 있다. 이론적 바탕이야 어떻든 이들은 인간의 행복과 완성을 위한 윤리적 관심을 피력한 셈이다. 이들의 가르침 중 어떤 부분은 오히려 종교적인 냄새가 나기도 하지만, 나는 이들의 통찰들이 후세에 가서는 윤리적·종교적 전통 속에 용해되고, 종교는 이들의 공헌 때문에 더욱 살찌게 되리라는 것을 확신하는 바이다.

J. S. 밀은, 자기 아버지 제임스 밀이 종교를 도덕의 적(敵)이라고 생각했다고 지적한다. 아버지 밀은 스코틀랜드에 있는 장로교 신학교에서 교육을 받았는데, 훗날 교회에서 파문당했다. 그 이유는 하느님이 지옥을 만들어서 죄를 지은 자들을 강제로 보내게 된다는 개념을 믿기를 거부했기 때문이다. 그는 종교가 모든 도덕적 표준을 타락시켰다고 주장했는데, 그에 따르면 종교는 인간을 의지의 존재로 보며 온갖 아첨하는 어구(語句)를 구사하지만 실은 인간을 가장 보잘것없는 대상으로 묘사한다는 것이다.

러시아의 전통적 신학자요 철학자인 니콜라이 베르댜예프는 밀의 아버지가 한 것 같은 풍자적인 어조로 종교를 비판하면서 "기독교인들은 마치 상놈들이 하는 것 같은 교태를 부리고 온갖 아첨과 굽실거림을 다하는 것이 신에 대한 경건성이라고 보는 것 같다"고 말했다. 역사상 모든 예언자들과 같이 베르댜예프는 "참다운 신의 이름으로 잘못된 신과 싸우지 않으면 안 된다"고 말하면서, "내가 반대하기로 결심할 수 있다고 판단하는 그 마지막 근거인 어떤 궁극적 가치를 가지고 나는 반항의 깃발을 들 수 있는 것이다"라고 부언한다. 여기서 그 궁극적 가치란 물론 진정한 신을 말한다.

새로운 통찰과 구시대의 권위 사이에는 항상 마찰과 갈등이 있기 마련인데, 예를 들면 아담과 야훼, 프로메테우스와 제우스, 오이디푸스와 그의 아버지, 오레스테스와 모권주의적인 권력 사이에 있었던 투쟁을 볼 수 있다. 이것을 심리학적으로 아버지와 아들 사이에 전개되는 갈등에서 찾아볼 수는 없겠는가? 또는 더 정확히 말해본다면, 인간이 자아 통찰, 성숙성, 자유, 책임을 택할 것인가 또는 항상 어린이처럼 부모의 보호나 받으려고 할 것인가 하는 양자 간의 싸움이라 할 수 있을 것이다.

### 종교는 힘의 원천인가 인간 약점의 원천인가

종교와 인간의 통합성 간의 논쟁에서 항상 문제시되는 의문은 종교가 인간을 건강하게 하느냐, 노이로제로 이끄느냐 하는 데 있지 않고, 어떤 종류의 종교가 바람직하며 어떻게 쓰여야 하느냐 하는 데 있다. 프로이트는 모든 종교는 강박신경증(强迫神經症)의 산물이라고 단언한 바 있는데 이것은 옳다고만은 할 수 없다. 어떤 것은 그럴 것이고 어떤 종교는 그렇지 않을 것이다. 삶의 어떤 측면도 강박신경증으로 보일 수 있다. 즉 철학의 경우를 보아도 그것이 일상생활의 불안과 부조화에서 벗어나기 위해 조화를 이룬 학문 '체계' 속으로 도피하는 것으로도 볼 수 있고, 그렇지 않으면 현실을 더 잘 이해하기 위한 용기 있는 노력으로 받아들일 수도 있다. 과학도 마찬가지다. 사람들이 감정적 불안정이나 불신에서 벗어나 안정을 되찾는 데 과학이 쓰이기도 하고, 또는 새로운 진리를 위한 폭넓은 탐구가 될 수도 있다. 현대사회의 지식인들은 과학을 더욱 쉽사리 받아들이기 때문에 과학이라고 하면 의심도 없이 믿으며, 현실의 불확실성에서 벗어나는 강박적인 도피의 도구로 이용한다. 그러나 프로이트가 종교에 대해서 질문을 던진 것은 적어도 기술적인 측면에서 보면 옳았다고 하겠다. 즉 종교는 인간의 의존성을 기르며 유치한 상태에 머물게 하지는 않는가 하는 것이다.

  종교가 인간의 정신을 건강하게 한다고 기꺼이 주장하는 사람들이 있는데, 그것은 옳다고 할 수 없다. 어떤 종교는 그럴 수도 있지만 어떤 것은 그렇지 않기 때문이다. 우리는 이와 같은 의미 없는 질문보다는 종교적 자세에 대한 내면적인 의미가 무엇인가를 살펴보는 것이 중요하다. 그래서 종교를 어떤 이론적인 믿음의 문제로서 다룰 것이 아니라, 마치 개체의 기관과 생명 사이에 무슨 관계가 있는가와 같은 기능적인 측면에서 보아야 함이 타당하다.

우리가 제안코자 하는 물음은 과연 종교가 한 인간의 의지를 파괴하고 유치한 상태에 머물게 하며, 그로 하여금 자유와 개인적인 책임을 지는 데서 오는 불안을 회피하도록 하는가에 있다. 또 종교가 개인으로 하여금 그의 존엄성과 가치를 확신케 하며, 자신의 능력의 한계와 정상적 불안을 용기 있게 받아들이는 기본이 되게 하는가, 나아가서는 자신의 힘과 책임과 동료에의 사랑의 능력을 부여해주느냐 하는 데 있다. 이런 질문에 대답하기 위해서 가장 중요한 것은 종교와 의존성의 관계를 살펴보는 것이다.

딸이 아주 어릴 적에는 오직 하느님이 이끄는 대로 딸의 생활이 이루어질 것이라는 생각에 어머니와 딸은 동의한다. 이들은 또 신의 의지는 어머니의 기도를 통해서 딸에게 이룩되리라 믿는다. 이런 생각을 통해서 어머니는 딸을 완전히 지배하게 된다는 것을 알아야 한다. 이렇게 자란 딸이 스무 살이 되어 자신의 결혼 문제를 자신이 결정할 수 없음을 알게 되면 얼마나 당황할 것인가? 이 예는 지나치게 극단적일지 모른다. 왜냐하면 이때 모녀는 같은 교회의 영향 아래 있어, 마침내 이런 사고(思考)의 패턴은 합리적 지식에 의해서 발각되기 때문이다. 이 사례의 어머니처럼, 자신이 항상 신의 반려자라고 믿는다면 자기 의사를 내세울 수 없게 된다.

이와 같은 종교 문제에의 응용은 우리가 정신치료를 할 적에 흔히 볼 수 있는데, 치료 중인 환자가 부모의 지배를 벗어나 자유를 얻기 위해 투쟁하는 것은 매우 중요하다. 흔히 환자의 부모들은 자식이 부모가 시키는 대로 하는 것은 하나의 종교적인 의무라고 주장하는데, 이때 부모의 가르침이 곧 "하느님 뜻"이라고 자녀들에게 강요하는 것이다. 치료 중인 자녀들에게 부모들이 보내는 편지를 보면 언제나 성경 말씀을 인용한다. 그것도 재미있는 것은 "너희 부모를 공경하라"는 예수의 초기 말씀만 인용하고 "사람들의 원수는 자기가 어릴 적 집안에서 배운 대로 머무는 것이로다"[2]라는 후기 성경 말씀은 인용하지 않는다.

대부분의 부모들이 말로는 자녀들이 잠재적 능력을 발휘하기를 바란다고 얘기한다. 그러나 이들은 번번이 무의식 속에서는 자녀들을 자기 뜻대로 매어두려 한다는 사실을 모르는 것이다. 이들은 자녀들이 자신이 시키는 대로 해야만 성공할 수 있다고 생각하면서도 겉으로는 전혀 그렇지 않은 것처럼 행동한다. 자녀들이 자유를 얻게 되면 부모들은 깊은 불안을 맛보게 되는 경우가 많다. 오늘날 미국 사회에서 부모들이 자녀들의 잠재적 능력을 믿어준다는 것이 얼마나 어려운 일이며, 종전의 권위를 지키기 위해서는 끈질기게 젊은이들의 주장을 묵살하고 복종토록 만드는가.

젊은이들이 자율성을 쟁취하려 할 때도, 이들은 부모의 승인을 얻어야만 하고 그렇지 않으면 재미가 없다고 생각하는 경우가 많은데 이렇게 되면 갈등은 더욱 복잡미묘해진다. 그래서 젊은이들은 자유를 쟁취하려는 노력을 하기에 앞서 먼저 자신의 마음속에

---

2 《마태복음》 10장 34~39절.

일어나는 불안이나 죄악감과 싸우지 않으면 안 된다. 이 시기에 있는 젊은이들은 흔히 꿈을 꾸는데, 그것은 그에게 피가 있느냐 없느냐 하는 것으로, 오레스테스가 가졌던 죄악감과 비슷한 것이다. 또는 어떤 이는 아무 죄도 없으면서 상원(上院)에 불려나가 매카시 의원의 신랄한 비난을 받는 꿈을 꾸기도 한다.

사람이 마치 어린이처럼 남의 보호를 받기를 원하게 되면 결과적으로 다른 사람의 힘을 강화하는 데 쓰이는 희생물이 되는 수가 많다. 그래서 한 사람의 자기 존재성을 지배하는 다른 사람에게 넘겨주는 아이러니가 생긴다. 필자가 지난 10여 년 동안 정신치료 업무에 임해본 결과 대략 절반은 종교적 직업이나 배경을 가진 사람들이었고 절반은 그렇지 않은 사람들이었다. 이런 작업을 통해서 나는 종교적 훈련이 인간 심리에 미치는 영향이 무엇인가를 살펴볼 수 있었다. 나는 다음과 같은 두 가지 인상을 받았다. 첫째, 종교적 전통이 있는 사회에서 이 종교를 회피하려는 사람들은 어떤 심리 상태에 빠지는가, 둘째, 종교적 전통에서 자라지 않았지만 종교가 인간의 가치 발견에 어떤 점은 기여하고 어떤 점은 오히려 피해를 주는가 하는 것을 관심에 두는 지식인들은 과연 심리 상태가 어떤가를 살펴보는 것이 대단히 중요하다.

나의 관찰 결과, 종교적 배경을 가진 사람들은 첫째로 자신이나 자신의 삶을 개척하기 위한 정열이 대단히 높았다. 둘째로 이들 종교적 배경을 가진 사람들은 대개가 "나는 하느님의 보호를 받을 권리가 있다"라고 생각했다. 이 두 가지 자세는 물론 상호 모순되는 것이 사실이다. 이것이야말로 종교가 가진 두 가지 모순되는 평행선인데, 우리는 이 문제를 다루어왔거니와 다음 장에서도 다루고자 한다. 첫 번째 태도, 즉 자신의 문제에 강한 정열을 가지는 태도는 논평할 필요가 없다. 그것은 인간의 삶의 의미와 가치에 대해서 신뢰성을 주는 종교의 역할을 나타낸 것이며 이것은 성숙한 종교가 가진 건설적인 공헌이다. 앞으로 살펴보겠지만 정신치료에 하나의 활성적(活性的) 영향을 준 문제다.

그러나 둘째 태도인 "하느님의 보호를 받을 권리가 있다"는 생각은 첫째 태도와 정반대이다. 이것은 한 인간이 성숙한 방향으로 나아가는 데 있어서나 정신치료를 함에 있어서 가장 큰 장애 요인이다. 이와 같이 자신은 보호를 받아야 할 권리가 있다고 믿고 있는 사람들은 치료를 받거나 더욱이 분석을 받는 일에는 적개심마저 나타내면서 강력히 반대한다. 물론 이들은 어릴 때부터 주일학교의 찬송가와 함께 자랐으며, 여러 영화를 보며 "하느님이 인간을 보호하신다"는 말을 귀에 못이 박히도록 들어왔다. 그러나 이것은 심층심리에서 보면 보호받아야 한다고 생각하는 사람이 좌절될 때 느끼는 갈등이어서 더욱 심각한 것으로 나타난다. 이들은 하느님이 보호를 못해준다고 느낄 때마다 부모나 어떤 권위에 의존하여 모든 것을 전적으로 의존하기를 기대하는데, 그것은 마치 노예가 주인의 보호를 기대하면서 사는 것과 다를 바 없다. 그리하여 부모나 치료자(하느님의 대리)가 그런 보호를 베풀지 않을 적에는 몹시 실망하고 어쩔 줄 모르는 상태에 빠진다.

이들은 어릴 적부터 '착한 사람'이 되어야만 행복과 성공을 얻을 수 있다고 가르침을 받아왔는데, 여기서 착한 사람이란 복종을 잘하는 사람을 의미한다. 그러나 우리가 이미 본 바와 같이 단순히 복종적이라는 것은 인간으로 하여금 윤리적 통찰과 내적인 힘을 차단하는 결과를 낳는다. 오랜 기간을 어떤 외적인 요구에 복종만 해온 사람은 진정한 윤리적인 힘과 책임 있는 선택의 능력을 상실하고 만다. 이상하게 들릴지는 모르지만, 착하기만 하고 복종하기만 함으로써 복을 구하려는 사람은 결과적으로는 착하지도 못하다는 결론이 나온다. 스피노자도 지적한 바 있지만, 행복이란 어떤 선덕(善德)의 보상이 아니라 선덕 그 자체로, 윤리적인 자율성을 잃어버린 사람은 그에 비례해서 선덕과 행복을 얻는 힘도 상실하고 만다. 이런 사람은 언제나 분노에 차 있는 것이 사실이다.

이들 "순종의 도덕"에 사는 사람들이 무슨 일에나 복종함으로써 착한 체하기 때문에 이것이 현대 문화에서 어떻게 된다는 것을 더욱더 구체적으로 볼 수 있다. 즉 지난 4세기 동안 이런 생각들의 형태가 산업주의와 자본주의의 발전을 가져온 것은 사실이다. 그리고 인간이 기계적인 획일성의 노예가 되고, 삶의 방향마저 이 산업이나 절약 정신에 맞추지 않을 수 없었기에 결과적으로는 경제적·사회적 성공을 가져올 수 있었던 것도 사실이다. 사람들은 흔히들 이 복종의 철학을 내세우게 되는데, 산업사회에서는 일의 법칙과 요구에 복종함으로써 돈을 벌 수 있기 때문이다. 초기 퀘이커교도나 청교도들의 경우를 보면 이런 태도를 그대로 지켰던 것을 알 수 있다. 소위 퀘이커 달러는, 이들 교도들의 중산층이 돈은 벌었지만 오직 순종만 하는 데서 누적된 감정적 허탈감을 메우려 한다는 것을 잘 보여주는 증거라고 할 수 있다.

그러나 시대는 변해서 앞 장에서 본 바와 같이 현대에 와서는 조침조기(早寢早起)의 법칙은 인간을 건강하게는 만들지 모르지만 그것이 인간을 더 부유하게 하고 현명하게 만든다는 보장은 없게 되었다. B. 프랭클린이 말한 일상생활의 일에 충실하라는 교훈만 가지고서는 반드시 성공이 보장되는 것은 아니다.

더욱이 종교인들은 돈을 멀리해야 하는데, 특히 목사라든가 그 밖의 종교직에 종사하는 사람들에게는 더욱 필요한 일이다. 이들은 심지어는 봉급을 받는 것조차 부끄럽게 여겨야 한다. 더욱이 종교 집회에서 돈 이야기를 하는 것은 마치 죄를 짓는 것과 같다. 노동계층의 사람들은 가만히 있으면 아무도 빵을 주지 않으며, 시끄럽게 굴어야만 임금도 올릴 수 있다는 사실을 알게 되었다. 그러나 종교인들만은 이러한 봉급 인상 투쟁을 할 수가 없다. 그 대신 교회는 경제적으로나 그 밖의 방법으로 목사들 생계를 돕게 된다. 즉 철도 요금을 할인해줄 수 있고 물건을 살 적에도 싸게 사게 해줄 수 있다. 신학교는 수업료도 다른 대학보다는 싼 것이 사실이다. 그러나 이 같은 모든 배려는 이 특이한 사회에 사는 목사들의 자존심을 해치지 않는 동시에 남들을 존중하게끔 짜여진 것은 아닌 것이다. 종교인들이 물질적 추구를 하지 못하도록 한 이러한 조치는 은연중 현대사회에서 '착하게'만 있으면 하느님이 먹여살려주리라는 사실을 보여주기 위한 조치라고 할 수 있다.

그래서 현대사회에서 복종하는 일이 선(善)이라고 교육받고 자란 사람들은 아무리 복종을 잘하고 착하게 살아도 경제적인 보수나 행복을 받지 못함을 깨닫고 마침내 노여움과 분노에 휩싸인다. 정신역동학(精神力動學) 측면에서 볼 때 보호를 받아야 한다고 생각하는 사람들은 그것이 좌절될 때 분노가 일어난다. 이들은 내심 "내가 그렇게 잘 복종했는데 어째서 하느님 보호를 받지 못한단 말인가" 하고 반문한다.

자신이 "하느님의 보호를 받을 권리가 있다"고 믿는 사람들은 흔히 다른 사람들을 위해서 힘을 기르는 경우가 많다. 다시 말해 만약 그가 힘을 많이 가진 사람 밑에서 일하게 되면 그는 윗사람을 위해서 자신의 힘을 복종적으로 사용할 뿐 아니라, 자기보다 힘이 없는 아랫사람들은 자신의 힘을 총동원해서 돌봐야 한다고 믿는다. 이런 형태의 사고는 마침내 가학증(加虐症, sadism)에 빠지게 된다. 그렇게 되면 아랫사람의 월급봉투를 일일이 뒤지고 "나는 나의 형제들의 보호자가 아닌가?" 하고서는 아랫사람을 돌보아준다는 명목으로 괴롭히는 경우도 발생한다.

이처럼 지배욕과 복종심 사이에는 밀접한 관계가 있으며, 가학증의 언저리에는 항상 피학증(被虐症, masochism)이 있는데, 이들이 손등과 손바닥 같다는 것은 새삼 설명할 필요조차 없는 일이다. 에리히 프롬은 《자유로부터의 도피》에서 이 문제를 잘 다루고 있다. 그 중에서 하나만 지적한다면, 하느님의 돌봄을 받기를 원하는 사람은 언제나 다른 사람을 지배할 힘을 기르게 된다는 사실을 들 수 있다. 시성(詩聖) 괴테는 심리적인 진리를 가지고 다음과 같이 노래한다.

 …… 자신의 내적인 마음을
 다스리지 못하는 사람은
 이웃사람들을 제 마음대로
 다스리려고 하도다.

 종교적인 의존욕 속에서 자란 사람들이 가지는 또다른 특징은 어떤 제3자와 동일시함으로써만이 자신이 위신과 힘을 얻는다고 생각한다는 점이다. 이들은 자기보다 낫다고 생각되는 사람이면 그가 목사든 스님이든 대승정이든 혹은 독재적 권력자든 간에 어떤 이상적(理想的)인 존재로 세워두고 그것과 동일시하려는 경향을 나타낸다. 다시금 말하지만, 이런 경향은 종교에만 국한된 것은 아니다. 그것은 사업이든 정치든 어떤 공동생활의 다른 측면이든 간에 다 존재한다. 이와 같은 현상은 정신치료에서 볼 수 있는, 전이현상(轉移現象, transference phenomena)에서 잘 나타나는데, 환자는 기술이나 실력, 명성이 자기보다 높은 정신과 의사를 부지불식간에 닮으려 하는 현상이 일어나게 된다. 그러나 정신치료자는 이 현상을 극복해야만 되는 것으로 본다. 정신분석에서는 환자가 의사보다는 자신의 중요성과 가치를 알도록 하며 자기 존재의 위대함을 깨닫도록 해주어야 한다고 본다. 종교에 있어서의 이와 같은 경향은 사회생활의 다른 측면보다는 훨씬 더 인간의 심층심리에 박혀 있다. 물론 이 종교성은 인간의 고뇌나 공허감의 해석에 더욱 힘을 얻기도 한다. 즉 모든 사람들은 자기가 어디에 있는지조차 알 수 없을 정도로 남의 문제를 생각하고 남 속에 들어가서 사는 것과 같다. 그래서 놀랍게도 기독교도들은 "만일 당신이 나의 문제를 책임진다면, 나는 서슴지 않고 당신을 사랑하리다"라는 결론에 이르고 만다.

종교를 신경증적으로 사용할 경우 다음과 같은 공통점이 있다. 즉 내면적 고독과 불안을 외면하기 위한 목적으로 사용하는 경우다. 오든의 말처럼 신은 "우주적인 아버지"가 되는 셈이다. 이 경우 종교는 현실을 덮어두는 합리화를 위한 방편이 된다. 인간은 궁극에 가서는 고독한 존재이며, 우리는 이러한 사실을 받아들이기가 힘들다.

이와 같이 종교가 공포나 고독감에서 벗어나기 위한 동기에서 사용된다면 이 종교는 인간의 성숙을 이루는 데 도움을 주지 못할 것이다. 결국에 가서는 평온함도 주지 못할 것이다. 폴 틸리히는 신학적인 견해를 피력하면서 절망과 불안은 그것을 충분히 현실 속에서 그것과 당면하지 않고서는 결코 정리할 수 없을 것이라고 지적한다. 이 말은 심리학적으로 보아도 진리라고 하겠다. 성숙성과 그 결과에서 오는 고독의 극복은 애당초 이 고독을 용감하게 수용할 수 있는 데서 시작된다.

나는 어떻게 프로이트가 처음의 외로웠던 10년을 극복하고 생애의 40년간을 그토록 용감하게 일할 수 있었던가 반문한 적이 있는데, 이에 대한 답은 그가 브로이어(Breuer)와 떨어져서 아무 동조자도 없는 가운데 혼자 고독을 씹으면서 정신분석학 탐구에 열중할 수 있는 용기가 있었던 덕분이라고 본다. 이것은 예수와 같은 창조적이고 윤리적인 존재들에게서 으레 볼 수 있지만, 예수의 싸움에도 여러 가지 유혹이 있었다. 그것은 빵이나 권력에 대한 유혹이 아니라, 마귀가 예수에게 하느님에게 보호받음을 증명하기 위해 높은 산에서 뛰어내려보라고 하는 것이었다.

주(主)께서는 천사들을 보내어
그들의 손으로 당신을 받아서
당신의 발이 다치지 않도록 하리다.

인간이 다른 사람의 돌봄을 받지 않고 혼자 용감하게 설 수 있다면, 그는 비로소 어떤 권위를 가지고 자신 있게 자기 이야기를 할 수 있다. 스피노자는 교회에서 파문당하고 이웃에서 추방당하는 것조차 마다하지 않고 고독을 견디는 싸움에서 승리했는데, 만약 그런 용기가 없었더라면 저 유명한 작품인 《윤리학》은 세상에서 빛을 보지 못했을 것이 아닌가?

스피노자는 종교에만 매달리려는 어둡고 안개 낀 늪에서 신선하고 깨끗한 바람을 불러일으켰는데, 그는 "누구나 하느님을 사랑하는 사람은 그 대가로 하느님의 사랑을 받으려고 해서는 아니 된다"고 외쳤다. 이런 멋있는 표현을 통해서 이 용감한 사람은, 미덕은 그 자체가 행복이지 청구권은 아니며, 하느님의 사랑은 그 자체로 복받은 것이고, 아름다움과 진리는 그 자체가 선(善)하기 때문에 사랑을 받은 것과 같다고 주장한다.

스피노자의 문장은 흔히 오해 받기도 하지만, 그는 결코 순교자가 되라든가 희생이나 피학증을 따르도록 권유하지 않는다. 오히려 그는 근본적인 자세로서 객관적이고 성숙되고 창조적인 인간이 되기를 권유하는데, 가령 인간이 사랑할 수 있는 능력을 가지라고 한 것은 그래야만 위신이 서기 때문이 아니라 사랑하는 그 자체가 아름다운 일이기 때문이라고 주장한다.

고독과 불안은 분명 건설적으로 수용할 수 있다. 그것은 "우주적인 아버지"를 찾는 데서가 아니고, 인간이 발달기에 여러 가지 위기에 당면하는 것 그리고 남에게 의존하는 대신 자신의 능력을 개발하여 더 큰 자유와 더 높은 통일성을 향해 가는 것, 그리고 창조적인 일과 사랑 속에서 동료들과 관계 맺기 등을 통해서 이루어질 수 있다.

내가 이렇게 말하는 것은 종교나 그 밖의 모든 영역에서 권위라는 것은 있을 수 없다는 뜻은 아니다. 권위의 문제는 책임의 문제 못지않게 중요시되어야 한다. 왜냐하면 병적인 의미의 권위주의는 인간이 자기에게 부딪히는 문제를 회피하고 책임을 지지 않으려고 할 때 자라나기 때문이다. 예컨대 정신치료에서 보면 환자들은 어떤 특이하고 견딜 수 없는 불안이 떠오르면 곧 치료자를 우상시하고 권위 있게 보려는 경향이 커진다. 이럴 때 환자들은 의사를 신처럼 보려고 하고 부모처럼 대하려고 하는데, 이는 권위주의와 불안 사이에 밀접한 관계가 있다는 증거다. 즉 이들은 자신을 완전히 돌보아줄 수 있는 어떤 사람을 찾는다. 다행히 정신과 의사가 신이 아니라는 것은 곧 알게 된다. 그리고 환자가 이 사실을 알게 되면 치료에 큰 의미를 주게 된다. 우리는 누가 권위가 있다 없다는 것을 논하기에 앞서 환자로 하여금 자신의 자아와 당면하도록 해야 한다. "어떤 불안 때문에 나는 권위 속으로 도피하려고 하는가? 나는 무슨 문제가 있기에 도피를 서두르는가?" 하고 자문자답하는 것이 요구된다.

여태까지 이야기한 것의 논점을 정리해본다면 종교가 인간의 진정한 권위와 가치를 개발해줌으로써 힘을 부여하거나, 인간이 자신의 삶에서 긍정적인 가치를 깨닫게 하여 자신의 윤리적 통찰의 자유 및 책임 따위를 확신할 수 있도록 도와준다면 그것은 참다운 건설적인 종교라고 할 수 있다. 따라서 종교적인 신앙이나 그 실천적 기도 따위는 그 자체가 '선하다'거나 '악하다'고는 볼 수 없다. 문제는 그 믿음이나 기도가 인간으로 하여금 자신의 자유에서 도피하여 인간이 되지 못하게 하느냐, 아니면 자신의 책임과 윤리적 능력을 강화할 수 있게 하느냐에 따라 다르다. 예수가 〈마태복음〉에서 칭찬했던 사람들은 자신의 능력을 숨긴 사람이 아니라 자신의 능력을 용감하게 사용한 사람들이다. 예수는 '착하고 신념 있는 사람들'에게 더 많은 힘을 주었다.

**과거를 창조적으로 이용하기**

프로이트는 그의 마지막 책의 마지막 문장에서 괴테의 시를 인용했다.

너의 부모가 물려준 것에서
너는 너의 것을 만들도다.

이제 우리는 한 인간이 그의 윤리적·종교적 전통에서 어떻게 아버지의 유전(遺傳)을 물려받는가를 살펴볼 때가 되었다. 이 문제를 여기서 취급하게 된 이유는 미리 의존의 문제를 명료하게 만들어놓지 않으면, 전통에 대해서 이야기해도 별 소용이 없기 때문이다. 어른이 자신으로서의 동일성과 자유를 성취할수록 과거의 전통이 갖는 지혜를 얻을 수 있고 또한 이 지혜를 이용할 수도 있다. 그러나 만일 이런 자유가 없다면 전통은 인간을 풍요하게 만들기보다는 오히려 차단 작용을 한다. 즉 전통들은 내재화된 교통 규칙의 집합이 될 수 있긴 하지만 인간이 하나의 개체로서 내면적으로 발전하는 데는 별 좋은 영향을 끼치지 못한다.

이미 2장에서 본 바와 같이 현대인의 불행의 조건은 과거지사와 창조적인 관계를 맺지 못한다는 데 있다. 1920년대 헨리 포드의 말을 빌리면 "역사는 속임수와 같다." 당시 그 말은 널리 유행되었고 많은 논란의 대상이 되었다. 이러한 말이 논쟁의 대상이 되었다는 사실 자체가 당시의 전통에 반항한다는 것을 나타낸다. 그러므로 역사는 우리의 사회적·공동체적 골격체라고 할 수 있는데, 그 속에서 우리가 살고 움직이며 존재하는 것으로, 그 골격체(역사)에서 줄을 끊으면 "나의 신체가 허구(虛構)"라는 결론이 나오고 말 것이다.

주어진 사회에서 사람들이 종교적 전통에 대한 관심이 없다는 것을 자랑으로 여긴다면 그 사회도 같은 범주로 전락하고 말 것이다. 1920년이나 그 이후에도, 식자들 사이에는 종교적 전통에 관심이 없다는 태도를 취하는 사람이 많았는데 그들은 실은 허탈감에 빠져 있었다. 그야말로 교육을 받은 사람들이 경제학이나 문학에 대해서 알지 못한다면 매우 부끄럽게 여기지만, 종교에 대해서만은 다른 태도를 취했는데, 종교에 그들이 무식하다는 사실을 오히려 자랑스럽게 여겼다. 앞 장에서 논의한 의존적 태도는 물론이지만 방금 말한 지식인들의 태도도 결국은 마찬가지다. 이렇게 되면 "너희의 아버지의 지혜"에 대해서 창조적 관계를 맺지 못하고 마음의 문을 닫는 결과가 되기 때문이다. 이런 상황은 사회를 위해서뿐 아니라 인간 자신을 위해서도 불행한 일이다. 왜냐하면 이것은 역사적인 흐름의 주체에서 이탈되는 것이고, 그렇게 되면 현대인이 갖는 전반적인 허탈감과 밑빠진 느낌을 가지게 되기 때문이다.

그러므로 우리는 지식인이든 이론가이든 아니면 단지 민감하게 관찰하는 사람이든 간에, 어떻게 하면 조상의 전통과 관계를 맺으며 자유와 개인적인 책임을 희생함이 없이 그 일을 진행할 수 있는가를 물어보는 것이 중요한 일이 아닐 수 없다.

첫째로 하나의 원칙이 뚜렷하게 서게 되는데, 그것은 "인간이 자신에 대한 통찰이 크면 클수록 조상들의 지혜를 나의 것으로 만드는 능력이 크다고 할 수 있다." 때문에 자신의 동일성을 잘 알지 못하는 사람은 전통이 주는 압력에 억눌리고, 전통 앞에 설 수가 없으며, 따라서 그 전통에서 떨어져 나오거나 반항하는 결과를 낳고 만다. 이런 사실을 현대 미술에서 볼 수 있다. 화가들은 혹시라도 영향을 받을까 봐 두려워서 르네상스 시대의 그림을 감상하는 것을 두려워했다. 그러나 자기 자신의 힘에 대한 뚜렷한 표시는, 자신을 전통 속에 용해시키면서 동시에 자신의 유일한 모습을 지키는 데 있다.

우리는 문학이나 윤리학의 고전 속에서 이러한 현상을 볼 수 있다. 즉 이사야나 오이디푸스나 노자의 삶에 대한 고전 작품 등은 인간 경험의 심층에서 나오는 진리를 말해준다. 이들은 몇 세기 후의 사람들이나 다른 문화에 사는 사람에게도 심금을 울려주고, 우리 자신을 이해하는 데 도움을 주며, 우리가 평소 어디에 있는지 또는 우리 속에 있는 진리가 무엇인지를 깨닫게 해준다. 성서에서도 말하는 바와 같이 "깊은 것은 더욱 깊은 생각"을 불러일으킨다. 인간이 가령 죽음의 문제에 당면한다든가 사랑을 경험하거나 가족과의 근본적인 관계를 맺는 따위와 같은 경험에 대해서 깊게 들어가면 갈수록 다른 시대와 다른 문화에 살던 사람과 공통적인 경험을 가지게 된다는 사실을 알 수 있다. 이것은 C. 융(Jung)의 원형(原型, archetype)이나 집단 무의식을 예로 들지 않아도 명확한 일이다. 소포클레스의 희극이나 플라톤의 대화편이나 2만여 년 전에 남부 프랑스에서 크로마뇽인이 그린 벽화 등이 5,6년 전에 그린 그림보다 더욱 감명 깊게 여겨지는 것은 바로 이러한 이유 때문이다.

사람이 자신의 경험을 심각하게 파고들면 들수록 그의 행동이 인류 공통의 근원과 통하게 된다. 누구나 자신의 경험을 통해서 진실한 것으로 알지만, 얼핏 보면 모순되는 듯한 현상이 있다. 그것은 인간이 자신의 내적 경험을 심각하게 생각하면 할수록, 역사적 전통 속에 쌓인 부(富)와 심각하게 당면하고, 경험하면 할수록 자기 자신에 대해서 더욱더 잘 알 수 있으며 존재성을 확인할 수도 있다는 사실이다.

그러므로 투쟁은 개인의 자유와 전통 사이에 벌어지는 것이 아니라는 말이 된다. 다시 말하면 문제는 전통을 어떻게 이용하느냐 하는 데 있다. 그것이 십계명(十誡命)이든 산상수훈(山上垂訓)이든 인상파의 그림이든, 만일 그 전통이 인간에게 무엇을 요구하는가 하고 묻는다면, 그것을 묻는 자는 전통을 권위주의적으로 이용하려 한다고 할 수 있다. 이런 경우의 전통은 인간의 생명력과 창조적 통찰을 말살시킬 뿐 아니라, 인간으로 하여금 자신의 의지에 의한 선택을 해야 한다는 책임성을 회피하도록 하는 결과를 낳고 만

2. 창조적 양심 **229**

다. 그러나 만약 전통이 인간 생활, 특히 나만의 시간이나 나의 문제들에 대해 어떤 점을 나에게 가르쳐주었는가 하고 묻는다면, 이 사람은 역사적 전통에 의해 쌓인 부(富)를 자신의 풍요성을 드높이고 자유인이 되는 방향으로 이용한다는 결론이 나온다.

종교적 전통에서 쌓인 지혜들과 창조적인 관계를 맺기 위해서는, 무엇보다도 먼저 "신이 있느냐 없느냐 하는 식"의 케케묵은 논쟁을 삼가는 것이 요청된다. 우리가 신을 다른 물체와 마찬가지로 하나의 대상으로 보고, 마치 수학의 전제 가운데 하나로 취급하거나 과학의 법칙성에 맞도록 증명하려고만 한다면, 우리의 현실이 분열되는 현대적인 경향을 초래하고 만다. 데카르트가 제시한 바와 같은 이원론 때문에 우리는 매사에 기계학과 물리학에 알맞은 방법으로 증명해야만 속이 시원하게 되었다.

신을 마치 하늘이나 공간 속에 자리잡고 있는 존재로만 생각하려 든다면 그것은 가장 원시적인 견해로서, 이렇게 보면 신은 모순투성이요, 아무것도 아닌 것이다. 모든 학자들이 20세기에 폴 틸리히의 작품을 가장 훌륭한 신학 작품이라고 정평한 바 있지만, 폴 틸리히는 최근 저서에서 신이 존재하느냐 않느냐 하는 논조(論調)는 무신론자의 주장에 못지않은 신의 부정이라고 말한다. 그는 계속해서, 신은 확실히 존재한다라고 말하는 것은 신을 부정하는 것 이상으로 무신론적인 태도라고 주장한다. "신은 하나의 존재(a being)가 아니고 존재함 그 자체(being itself)다"(폴 틸리히의 《조직신학》, 시카고 대학 판)라고 그는 말한다.

우리의 삶 자체에 의미가 있다고 확신할 적에 우리는 그것을 종교라고 정의한 것이다. 그러므로 종교가 있다 없다 하는 것은 어떤 이지(理知)나 언어상의 구상에서 이룩되는 것이 아니고 한 인간이 삶에 어떤 자세(orientation)를 취하느냐에 따라 달라진다. 종교는 한 인간이 하나의 궁극적 관심을 가지고 있는 경우에 나타난다. 한 인간이 자신의 존재에 대해서 분명히 살 가치가 있고 또 그것을 위해서 목숨을 걸 수도 있다는 어떤 가치의식을 믿는 신념을 가지게 되면, 그것이 바로 종교적 태도다.

이렇게 말한다고 해서 모든 종교적 전통이나 태도가 다 건설적이라고 하는 것은 아니다. 이미 예시한 바와 같이, 나치즘이나 종교재판 따위에 열을 올린다면 그것은 파괴적일 수 있다. 따라서 신학, 철학, 윤리학 등은 과학과 역사학의 도움을 받아서 어떤 믿음이 건설적이며 또한 삶의 다른 진리와도 부합되는가를 결정해야 한다. 여기서 강조하고자 하는 점은, 심리학적으로 볼 때 종교는 자신의 존재와 관련 짓는 방법으로서 이해되어야 한다는 것이다. "그들이 이룩한 열매를 보면 너희는 그들을 알 수 있으리라." 에리히 프롬은 한때 "신비주의자가 신을 믿는 것이나 무신론자가 인간에 대한 합리적인 신심(信心)을 가지는 것이나 별 차이가 없고, 더욱이 칼뱅주의자가 자신을 무력하게 보고 신의 능력을 두려워하기 때문에 신을 믿는 것 등도 모두 그게 그것이다"라고 말한 적이 있는데 그것은 전적으로 옳은 말이라 할 수 있다.

한 인간이 윤리적·종교적 전통 속에서 그의 조상들이 이룩한 지혜와 창조적인 관계를 맺을 수 있다면, 그는 자기 안에 물음을 던지는 능력이 있다는 것을 새롭게 발견하게 될 것이다. 현대사회가 점차 적극적이고 대응적인 의문을 던지는 능력을 상실해가고 있음은 두말할 필요조차 없다. 이것이 바로 현대를 사는 사람들이 모두 느끼는 공허감이나 공백감의 한 측면이다.

물음(Wonder)은 여러모로 서술된다. 칸트는 "두 가지 일들이 우리 마음속에 의문을 던져준다. 하나는 하늘에 반짝이는 별들이고, 하나는 가슴속에 있는 도덕률이다"라고 했는데 후자는 프로이트도 동의한 바다. 아리스토텔레스는 인간이 극적인 비극을 당할 적에 영혼 속에 깃드는 공포감이 연민의 정으로 표현된다고 말했다. 반드시 종교에서만 그런 것은 아니지만 적어도 여기서는 전통적으로 '의문'과 관계를 맺는다. 물론 과학자나 미술가도 의문을 던지기는 하지만 이것도 결국에는 종교적인 것과 결부가 된다. 종교적이든 과학적 진리든 너무 지나치게 고지식하게 얽매이는 사람은 독단적으로 되기 쉽고 의문을 던질 능력을 상실하고 만다. "자기 조상들의 지혜를 받아들이면서도" 자신의 자유를 포기하지 않는 사람은, 열정과 확신을 가지고 삶의 의미를 물어보는 능력을 잃지 않을 것이다.

물음을 던지는 것이 중요하다는 사실은 예수가 어린이들의 태도에 많은 관심을 보인 데서도 잘 나타난다. "너희가 어린아이가 되지 못한다면 결코 하늘나라에 들어가지 못하리라" 하고 예수는 갈파한다. 이 말은 물론 어린애처럼 유치하게 행동하라는 말은 아니다. 그 말은 물음을 던지는 어린이의 능력을 말한 것으로, 이것은 가장 성숙하고 창조적인 성인들에게서 볼 수 있다. 아인슈타인과 같은 과학자나 마티스 같은 화가들에게는 이러한 물음이 있지 않았는가. 여기서 말하는 물음은 해학이나 권태와는 정반대 개념이다. 물음이 있다면 그 인간의 생이 약동한다는 증거고, 여러 가지에 관심을 지니고 있으며, 따라서 무엇인가를 기대하고, 어떤 일에 반응적이라는 증거다. 그것은 또한 본질적으로 '개방적'인 태도로서, 인생은 그렇고 그런 것이 아니고 찾아야 할 많은 내용이 있다는 탐구적 태도다.

물음은 마침내 삶에 대한 궁극적인 의미와 가치도 파고들 것이다. 때로는 삶의 비극적 측면을 바라본다고 하더라도 결코 그것이 부정적인 경험은 아닐 것이다. 물음은 인생을 넓혀주기 때문에 이 물음 뒤에 오는 느낌은 필경 환희라고 하겠다. 괴테는 "사람이 간직한 가장 고귀한 재산은 물음이다…… 그리고 가장 기초적인 현상에 물음을 던지고 그것에 만족하는 사람은 더 높은 것을 얻지는 못하리라……"라고 말한다.

물음은 또한 겸허한 마음을 동반한다. 이 겸허란 교만의 반대인 굴종을 의미하는 게 아니다. 자신의 창조적인 노력을 통해서 주어진 삶을 그대로 받아들이는 그런 관용의 사람에게서 볼 수 있는 겸허인 것이다. '은총'이라는 역사적 용어는 이 점에 있어 여러 가지 풍요한 의미를 지닌다. 물론 이 은총(고마움)이란 말은 흔히 잘못 이해하면 '신의 은총'이라는 말과 같은 뜻으로 해석하게 된다. 우리는 흔히 참새가 날고 있어서 고맙다거나 어린이가 놀고 있어서 고맙고 어떤 마음 좋은 사람이 고맙다는 말들을 하게 된다. 여기서 말하는 은총이란 새로 싹트는 새로운 조화라고 할 수 있는데, 그것은 언제나 물음을 던질 수 있는 마음과 통한다.

　방금 말한 물음, 겸허, 또는 은총이란 용어들은 어떤 전통적인 종교적 태도에서 볼 수 있는 바와 같이 수동적이거나 남이 해주기를 바라는 의미로 쓰이는 것은 아니다. 우리 사회에서는 흔히 어떤 사람이 창조적인 기쁨을 던져주거나 하느님이 애인을 구해주며 때로는 종교적 신념 자체도 가지도록 해준다는 오해가 통용된다. 그것은 자신은 손 하나 까딱하지 않아도 하느님이 알아서 모든 것을 처리해주시며, 사랑도 구해주고 음악이나 그림도 잘 그리도록 인도해주신다고 믿는 것과 같다. 이와 같은 수동적인 사고방식이 우리 문화 속에 얼마나 깊이 박혀 있으며, 또한 그것이 얼마나 거짓된 것인가 하는 사실을 알게 되면 놀랄 것이다. 어떤 창조적인 활동에 종사하는 화가나 작가, 음악가들은 대개 자신도 알 수 없는 것에 끌려간다고 하며 매우 고조된 의식의 작용으로 창작이 진행된다고 주장한다. 성적 관계를 하나의 미소로 표현하자면 그것은 마치 흥분하거나 동작하거나 상호 관련을 맺는 작업도 없이 자신을 상대방에 넘겨주는 것으로 생각될 수 있다. 이와 같은 수동적 태도는 성적 관계뿐 아니라 창작 활동에서도 별로 효과를 나타내지 못한다.

　우리가 반응을 보이는 것은 생동성을 나타내는 것이 된다. 그런

데 크라이슬러의 음악은 술에 만취되어 자존심만 내세우는 자나 혹은 다른 방식으로 쇠퇴한 인간에게나 아무런 구별을 하지 않는다. 그래서 은총이나 어떤 종류의 경험들의 성질은 우리가 얼마나 그 속에 직접적으로 참여하는가에 달려 있다. 어떤 환자가 이 문제를 아주 단순하지만 멋있게 표현했는데, 그는 "신의 은총은 변화를 이루는 능력"이라고 말했다.

우리는 여태까지 전통을 창조적으로 이용하도록 권해왔는데, 그것은 양심에 대하여 새로운 자세로 대할 수 있어야 한다는 말이다. 누구나 아는 바와 마찬가지로, 양심이라면 보통 마음속에서 무엇을 하지 마라는 것, 즉 부정적인 형태를 취한다고 되어 있다. 그것은 시나이 산의 모세의 외침과 같은 금지의 소리로서, 사회가 몇 세기 동안 인간에게 가르쳐온 바와 같다. 이렇게 보면 양심은 인간 행동을 제한하는 것이 된다.

이와 같이 양심이 인간의 행동을 억압하는 것으로만 생각하는 경향이 매우 크기 때문에 우리는 거의 자동적으로 그에 따른다. 내가 이 문제를 가지고 대학에서 강의할 때 한 학생이 일어나서 이 양심을 정말 긍정적인 것으로 쓸 수 있다는 사실을 말하려 했다. 내가 그런 예를 들어보라고 하자 "학교에 오기 싫을 적에 나의 양심은 학교에 가도록 재촉해주었습니다" 하고 그는 말했다. 내가 이 예야말로 부정적인 기능이라고 지적하자, 그는 한참 생각하더니 다른 예를 들었다. "내가 공부하기 싫을 적에 나의 양심은 공부하도록 만들었습니다." 물론 이 예도 부정적인 측면인 것을 이 학생은 몰랐다. 이 두 가지 예에서 양심은 자신이 원하는 것을 하지 못하게 만든 게 사실이다. 그때의 양심은 회초리 역할을 한다. 이 학생이 예시한 양심은 다른 급우들에게 어떤 가치를 보여준 것도 아니고, 공부나 연구에 도움이 되는, 심층에 있는 목적이나 목표를 제시해준 것도 아니다.

양심이란 자신을 위축시키고 생명성과 본능적 충동을 얽어매기만 하는 것은 아니다. 그렇다고 모든 행동을 마음 내키는 대로 하라는 식으로, 전통에서 분리된 것으로 생각해서도 안 된다. 양심이란 인간 심층에 있는 통찰과 윤리적 감각과 깨달음을 위로 뽑아올리는 능력을 말하는데, 이 경우에는 전통과 본능적 충동이 서로 대립되는 것이 아니고 서로 연관성을 가진다. 양심의 원어(原語)는 '알다(scire)'란 말과 '더불어(cum)'란 말이 합쳐서 된 것이다. 그리고 이 양심이란 단어 'conscience'는 의식한다는 말인 'consciousness'와 매우 밀접한 관계가 있다. 사실상 브라질에서는 한 가지 단어인 'consciencia'란 말이 양심이란 뜻도 되고 의식이란 뜻도 된다. 프롬은 양심을 "자신에 대한 인간의 회상"이라고 정의할 적에 이 회상(recall)은 역사적 전통과 반대되지 않을뿐더러 전통에 대해서 권위적으로 사용한 것이라 했다. 인간이 전통에 참여하는 심도(深度)는 다른데, 이 수준에 따라서 인간은 자신의 가장 뜻있는 경험을 발견할 수 있다.

우리는 모쪼록 이 양심의 긍정적인 측면을 강조하고자 한다. 즉 양심이라면 자신 속에 있는 지혜와 통찰을 뽑아내며 '개방적'이며,

더 넓은 경험을 위해서 길을 열어주는 것이다. 이것이 바로 니체가 말하는 "선과 악을 넘어서"라는 주요 논제가 되며, 틸리히가 말하는 상위윤리(上位倫理, transmoral)적인 양심에 해당된다. 이렇게 놓고 보면 양심이 인간을 겁쟁이로 만드는 것은 물론 아니다. 오히려 양심은 용기를 뽑아내는 분출구라고 할 수 있다.

### 개인의 가치 판단 능력

현대사회에서 가치의 중심을 상실했다는 논의를 할 적에 어떤 독자는 빨리 새로운 가치 체계를 만들면 되지 않느냐 하고 생각할 것이다. 여태까지 가졌던 가치 체계에서 사랑이라든가 평등, 박애 등과 같이 무엇이 잘못된 게 없지 않은가 생각하는 독자도 있을 것이다. 그는 "우리가 이들 좋은 가치를 다시 회복시키면 될 것이 아닌가" 하고 말할 것이다.

그러나 이들은 모두 중심 과제에서 빗나갔다고 할 수 있다. 그 중심 과제란 현대인이 어떤 가치도 확인하거나 믿는 능력을 상실했다는 점이다. 가치의 내용이 얼마나 중요하든 그렇지 않든, 또는 어떤 가치가 현실에 적용될 수 있든 없든 상관할 게 못 된다. 현대인에게 가장 요청되는 것은 가치 판단을 할 수 있는 능력이다. 즉 히틀러의 파시즘과 같은 것이 당시 승리하게 된 것은 독일 사람들이 어떤 윤리적 전통을 망각했기 때문이 아니다. 자유에 대한 인도적 가치나 최대 다수를 위한 최대 행복이, 낯선 자에 대한 사랑을 강조하는 헤브라이 기독교적 가치관이 없어서가 아니다. 이미 2장에서 살펴본 바와 같이 사람들이 그들 스스로의 능력으로 삶의 가치나 목표 등에 대한 확신이나 믿음을 가지는 힘을 잃어버렸다는 사실이 문제인 것이다.

나아가서 가치 체계를 확립한다는 것은 인위적인 일이 된다. 그래서 현대인이 발견한 편리한 가치 체계와 자기의 판단은 쏙 빼버리고 여러 무리의 사람들은 어떻게 생각하는가, 최근의 유행은 무엇인가 하는 식으로 생각하기 때문에 점차 현대사회는 텅 빈 것을 향해서 달음박질한다.

또한 가치에 대해서 논의한다는 것 자체도 무엇인가 잘못된 일이다. 왜냐하면 한 인간의 가치에 대한 확신은 결코 이지적(理知的)인 논쟁을 통해서 얻어지는 것은 아니기 때문이다. 아이들을 사랑하고 음악을 즐기고 골프를 치고 어떤 일에 자존심을 느끼고 하는 일들은 살아 있는 현실에서 받아들여지는 일들이지 그것이 무슨 논의를 통해서 얻어지는 것은 아니다. 이 경우 아이를 사랑한다든가 음악을 즐기는 일을 이론적으로 따지고 가치 판단을 논의해보자고 하면 좀 이상한 일로 받아들일 것이다. 당신이 꼭 그 가치 판단을 강요한다면 그는 "나는 아이들이 귀엽기 때문에 사랑하는 것이고 따라서 사랑에 가치를 둔다"라고 답할 것이다. 그리고 더욱 그에게 졸라대면 그는 "너는 애들이 귀엽다는 마음을 가져본 일이 없는가? 없다면 나도 설명할 수 없다"라고 내뱉을 것이다. 실제 일상생활에서 진정한 가치라고 하면 우리가 부지불식간에 마음속으로 느끼는 생각이나 행동이지, 그것을 말로써 논의한다는 것은 이차적인 일이 아닐 수 없다.

우리는 가치를 심리화(心理化)시킬 수도 없고, 어떤 것이 '좋은 일'이며 무엇이 '잘된 일'이라는 식으로 생각하게 하려는 것이 아니다. 또한 이 가치를 설명함에 있어 인간과학이나 철학 및 종교 등이 아무 소용이 없다는 뜻도 아니다. 현대인이 과연 어떤 가치에 의해서 살아가야 하는가의 문제를 해결하려면 물론 이들 모든 영역의 학문이 다 동원되어야 할 것이다.

강조하고 싶은 바는 한 인간이 스스로 가치에 대한 확신을 가지지 않거나 그의 마음속 생각이 윤리적인 깨달음에서 출발하지 않은 채 이 문제를 다루려고 한다면 별로 도움이 되지 못할 것이라는 점이다. 윤리적 판단이나 결단은 한 사람의 평가 능력 자체에 바탕을 둔 것이어야만 한다. 스스로가 확신하며 자기 나름대로 행동하고 자기 나름대로 세상과 연관지으며 마음속에서부터 바라는 것을 선택할 때, 비로소 그 가치 체계가 유효한 것이 되고 자신의 삶에 의미를 주는 일이 된다. 이렇게 되어야만 그는 자신이 한 행동에 책임을 질 수 있다. 그런 식으로 행동을 할 경우에 한해서 무엇이 잘못된 것일까 느낄 수도 있으며 앞으로 무엇을 고쳐야 하는지를 알 수도 있다. 더욱이 사람이 자신의 행동을 스스로 선택하고 자기 삶의 목표를 스스로 확인할 적에 그는 자신의 행동을 진심으로 믿을 수 있다.

그리스 신화 속의 차라투스트라(Zarathustra)는 인간은 정말 하나의 가치 판단자라 할 수 있다고 말한다. "첫째로 평가하는 능력 없이는 살 수 없느니라…… 가치를 평가한다는 것은 하나의 창조이니라. 그러므로 창조하려는 여러분이여, 듣거라. 평가는 보물 중의 보물이다. 가치도 평가를 하는 것을 통해서 비로소 존재할 수 있다. 이 평가 없이는 존재는 텅 빈 것이 되고 만다……."

그러면 인간이 어떻게 윤리적 선택을 하는가를 구체적으로 살펴보자. 사람이 행동을 취할 적에는 이것을 결정해주는 수없이 많은 요소가 작용한다. 그러나 이 결정은 단순한 조건반사의 산물이 아니고 어떤 개인적인 결정의 산물이다.

예를 들어보자. 어떤 사람이 여행 중 뉴욕의 부두에 도착했을 때 때마침 노동자 파업이 있어 그곳을 통과할 수 없었다. 그는 물론 파업하는 이들의 사정을 모르는 바 아니다. 그렇다면 돌아가서 다른 교통편을 이용할 것인가 안 할 것인가 망설이게 된다. 그러나 마침내 그는 위험을 무릅쓰고 그 배를 타기로 결심한다. 즉 물 속에 다이빙하는 사람들이 결심을 한 후 뛰어내리듯이 이 사람은 하나의 길을 선택한 것이다. 많은 사람들은 어떤 규칙에 따라 행동하기도 한다. 즉 이 파업의 줄을 넘어가서는 안 된다고 생각할지도 모른다. 그러나 어떤 이는 "이 망할 놈의 파업자들……" 하면서 그 길을 뚫고 나가는 이유를 합리화할 수도 있다. 즉 성숙한 사람은 주어진 환경에서 어떤 비약이 아닌 적절한 행동을 취할 것을 결심하게 된다.

사람이 어떤 일을 결정할 것인가 하고 선택할 적에 그 자체가 새로운 요소를 던져줄 것이다. 즉 어떤 사람은 한 가지 측면을 중시하고 어떤 이는 다른 측면을 중시할 터인데 이것이 바로 결정에 따르는 창조적이고 역동적 요소다.

누구나 아는 바이지만 인간은 무의식 속에 있는 수많은 정신역동(精神力動)의 영향을 받는다. 그러나 만약 의식의 부분이 건전하게 작용하고 제대로 기능을 다한다면, 마음속의 무의식적 영향을 잘 다스리고 방향을 정하는 작용을 한다. 이것은 한 환자의 꿈에서 잘 나타났다. 그는 몇 개월간 치료 후 집을 떠나 직장을 가질 것인가를 결정해야 할 적에 꿈을 꾸었다. 그동안 여러 가지 꿈을 꾸었는데 이때 꿈도 떠나는 쪽으로 나타났다. 즉 모든 인간에게는 건강을 위한 잠재적 능력이 있기 마련인데 이 힘은 인간이 적극적인 결심을 내렸을 적에 따라오는 경우가 많다. 개인의 결단은 비유컨대, 이스라엘인들이 시스라(Sisera)와 결전을 하려고 결단할 적에 나타난다. 이스라엘인들이 싸우기로 결심하고 행군했을 때 하늘의 별들도 자기들 편에 섰다는 것이다.

어떤 일이든 행하는 사람이 선택하고 확신해서 하는 일이면 그것은 윤리적 행동이 될 수 있다. 이 경우 행동은 진실한 내적인 동기와 삶의 자세에 바탕을 둔 외적 표현이라 하겠다. 그래서 이런 경우 결정을 내리게 되면 꿈에서도 그것이 옳은 것으로 재확인되어 나타난다. 그러므로 윤리적 인간은 마음속으로는 증오하면서 겉으로는 사랑하거나 하는 일을 하지 않는다. 물론 통합성이 언제나 완벽한 것은 아니다. 왜냐하면 모든 인간의 행동에는 어느 정도

양가감정(兩價感情, ambivalence)이 있기 마련이며, 어떤 동기도 전적으로 순수하다고 할 수는 없기 때문이다. 우리가 말하는 윤리적 행동은 한 인간이 완전하게 통합된 인간으로서 행동해야만 한다는 것을 말하지는 않는다. 아마 누구도 그렇게 할 수는 없을 것이다. 우리는 행동할 때 언제나 갈등, 의문, 내적 투쟁을 갖기 마련이다. 여기서 말하고자 하는 바는 인간이 행동할 때 될 수 있는 대로 자신의 '중심'을 가지고 행동해야 하며, 또 언제나 행동할 적마다 그것이 완전히 정확한 것은 아니기 때문에 장차 그 일에 대한 책임을 질 것이라는 생각을 하면서 행동해야 한다는 것이다.

윤리적 행동을 위해서는 내적인 동기를 강조해야 하는데, 이것은 현대 정신치료에서나 예수의 가르침에서 다 같이 강조하는 것이다. 예수는 윤리의 측면에서 십계명이라는 외적인 규칙도 강조했지만 인간의 내적인 동기를 더욱 강조했다. "삶의 문제란 언제나 가슴속에서 나오느니라"라고 예수는 말했다. 즉 예수는 인간의 윤리적 행동을 말하면서 "너희는 살인하지 말지어다" 하는 것보다는 사람의 마음속에 있는 마귀들, 즉 분노, 노여움, 탐욕, 질투 등을 더욱 경계했던 것이 사실이다. 밖으로 나타난 행동이 마음속 생각과 일치해 있는 사람은 '순수한 마음'을 가졌으며 아름답기까지 하다. 그래서 키르케고르는 그가 지은 《마음의 순수성은 사물에 대해 의지를 가지는 것이다》라는 작은 책에서 다음과 같이 성서를 인용했다. "이중(二重)의 마음을 가진 자들이여! 너희 마음을 깨끗이 할지어다"라고.

사람은 누구나 자신이 결단할 행동에 책임질 것을 두려워할 것이다. 이들은 오히려 자유보다는 어떤 절대적인 '규율'을 따르기를 원할 것이고, 가령 종교재판의 판사가 내려주는 "꼼짝할 수 없는 고대(古代)의 법률"대로 살아감으로써 오히려 자유 선택에서 오는 무서운 책임을 면하기를 바랄 것이다. 그래서 또 다른 삶의 규율을 그리워하고 때로는 항의를 하게도 된다. "내적인 동기와 개인적인 결단을 중시하는 것이 윤리라고 하지만, 이것은 마침내 갈팡질팡 하는 결과를 낳게 될 것이고, 누구나 자기가 원하는 대로 제각기 행동하게 된다면 마침내는 지리멸렬해질 것이 아닌가?" 그러나 이런 논조들 때문에 자유를 회피해서는 안 된다. 왜냐하면 한 인간에게 '정직하고' '진실한' 일은 다른 사람들에게도 전적으로 공명하지 않는 것은 아니기 때문이다. 폴 틸리히는 "우주를 형성하는 원칙은 한 인간 속에서 찾지 않으면 안 된다"고 갈파한다. 그렇다면 그 역도 성립될 수 있다. 즉 인간의 경험 속에서 발견되는 원칙은 우주적 진리의 한 반영물에 불과한 것이라고.

이런 사실은 그림에서 명확하게 설명될 수 있다. 그림은 그것이 진실하지 않다면 결코 아름답지 못하다. 그리고 그 그림이 화가의 내적인 감각과 경험을 심오하고 원초적이며 반응적인 표현으로 그린 것이라면 우리는 적어도 미(美)의 조건을 구비했다고 할 수 있다. 바로 이러한 이유 때문에, 어린이들이 비록 단순하고 유치한 느낌을 표현한 것이라 해도 그 그림은 아름답다. 자유로운 느낌으로 쓴 시는 위대하고 생명의 음률을 지니는 법이다. 우주의 원리인

조화, 균형, 리듬은 별들의 움직임에서도 나타나지만 원자(原子)의 운동에서도 나타난다. 그리고 우리가 말하는 미(美)의 개념 속에는 인체의 조화, 균형 및 리듬이 있고, 인체뿐 아니라 자아의 다른 측면에서도 마찬가지다. 그러나 어린 시절부터 남을 닮기를 배우고 어른들의 칭찬을 기대하며 어떤 규칙대로 살기만을 배운다면 그의 삶은 딱딱하고 융통성이 없으며 따라서 우아한 것이 없어지고 말 것이다.

종교적 전통 속에도 '내적인 빛'을 중시하는 역사가 있다. 때문에 우리는 언제나 '내적인 빛'을 자기 자신 속에서 찾는 데 온갖 힘을 다하지 않으면 안 된다. "아무도 신을 알아내지는 못한다"라고 에크하르트는 말했다. 만약 그가 "가장 숭고한 자기 자신을 알아내지 못했다면……."

소크라테스의 말을 인용하면서 키르케고르는 말했다. "소크라테스의 견해에 따르면 인간은 누구나 자기 자신이 중심이다. 그리고 모든 세계의 중심은 자신 속에 있는데, 그 이유는 자신을 아는 것이 신을 아는 것이 되기 때문이다." 이 말은 모든 윤리나 삶의 착함을 말하는 것은 아니다. 그러나 여기에서 시작하지 않는다면 아무것도 이룩하지 못할 것은 분명하다.

## 3. 성숙의 효과로 나타나는 용기

어린이가 자라나서 성숙된 인격을 이루기까지의 험난한 인생 도정에서 용기는 언제 어디서건 하나의 미덕이 되어왔다. 그러나 군중 도덕이 판을 치고 개인이 고립되는 그런 불안의 시대에는 용기란 아무것도 못하는 무력한 것이 되었다. 사회 윤리가 그래도 또렷한 삶의 지침이 되어주던 시대에는 개인이 별로 큰 충격을 받지 않았던 것이다. 그러나 오늘날과 같은 과도기 사회에서의 개인은 갈팡질팡하며 길을 걷게 된다.

지난 몇십 년 전까지만 하더라도, 이 용기란 중세의 기사들, 스포츠를 하는 청소년들, 전쟁하는 군인들에게나 필요했던 것인데, 내가 이 장 첫머리에 용기를 다루게 되어 어떤 이는 좀 이상하게 생각할지도 모르겠다. 그러나 우리가 삶을 지나치게 단순하게 볼 때는 이 용기를 과소평가할 수 있다. 즉 죽음의 문제를 억압해놓고, 삶에는 행복과 자유가 저절로 따라오는 것이라고만 믿거나 고독, 불안, 공포 따위는 노이로제에 걸린 사람에게서나 찾아볼 수 있는 일이라고 생각한다면 용기란 애당초 문제시되지 않는다. 물론 신경증적으로 오는 불안과 고독은 극복할 수 없는 것이 사실이다. 그래서 이 문제를 다룰 적에는 전문의사의 치료를 받아야 한다는 결심을 할 정도의 용기를 발휘하면 된다. 그러나 우리가 알아야 할 것은, 불안은 정상인의 발달기에 언제나 경험되는 것이고 더욱이 새로운 앞날을 회피하지 않고 당면하면서 사는 사람에게는 불안이 불가피하게 오기 때문에 용기가 반드시 필요한 것이라는 점이다. 따라서 성장하고 전진하기를 지속하는 사람에게는 이 용기가 정말 필요한 미덕이고, 그야말로 E. 글래스고가 말한 것처럼 "유일하고 지속적인 미덕"이다.

용기란 가령 전쟁이나 수소폭탄 등의 외적인 위협에 대처하게끔 하는 용기만을 얘기하는 것은 아니다. 오히려 내적인 성질, 즉 자신 속에 자기다움과 가능성을 연결짓는 뜻에서 우리는 용기를 중시한다. 인간이 자기다움을 이룩하는 용기를 충분히 가지게 되면 삶에서 당면하는 외적인 상황이나 위협을 해결할 때 훨씬 여유 있게 처리할 수 있을 것이다.

### 자기실존 지향의 용기

용기란 인간이 자유를 찾으려고 할 때 일어나는 불안에 대처하는 능력을 말한다. 그것은 부모에 대한 의존 상태에서 벗어나 새로운 자유와 통합을 이룩하려는 능력을 말한다. 이 용기는 자기의식이 생기기 시작할 때부터 시작하여 사춘기, 사랑의 위기, 결혼, 그리고 최종적인 죽음 등과 같이 부모에 대한 의존에서 극적으로 빠져나올 때마다 절실하게 요청되는 것이다. 그러나 이 같은 극적인 경우가 아니더라도 일상적인 것이 아닌 일에 부닥칠 때마다, 각 단계에 이 용기가 필요한 것이 사실이다. 신경생리학자 쿠르트 골트슈타인(Kurt Goldstein)이 말한 바와 같이 "최종적으로 분석해보면 이 용기는 삶과 존재에 따르는 쇼크에 긍정적으로 답해주는 것 외에 아무것도 아니다." 그는 계속해서 "존재에의 쇼크는 인간이 자기 나름의 본성을 현실화(actualization)시키려고 할 적에 생기기 마련이다"라고 말한다.

용기의 반대말은 '비겁'이 아니고 '용기 없음'이라 해야 한다. 우리가 비겁하다는 말을 쓴다면, 그 사람이 게을렀다는 것을 뜻하게 된다. 즉 그것은 그 인간의 가장 귀중한 잠재력이 실현되지 못하고 있거나 차단되어 있는 상태다. 현대는 이와 같은 상태로 용기의 반대 현상이란 인간이 자동기계처럼 일치하려는 상태를 말한다.

자기 자신으로 존재하려는 용기는 오늘날에 와서는 가장 고귀한 미덕으로서 칭찬받아야 할 것이다. 한 가지 곤란한 현상은 많은 사람들이 용기를 잘못 이해하고 있어, 마치 19세기 후반의 제멋대로인 사람들의 태도에서 찾으려 하거나, 유아독존적 사고방식이 곧 용기인 것으로 착각하려는 경향이다.

용기 있는 행동을 하려면 일반 군중에서 빠져나와야 한다. 그러나 사람들은 공포나 고독감, 또는 '사회적으로 고립된다'는 두려움, 즉 남의 비웃음을 받거나 경멸당하거나 끼어들지 못하고 거절을 당하지 않을까 하는 생각 때문에 용기 있게 살아갈 수 없다. 그래서 군중 속으로 다시금 빠져들어가 지금 말한 위험성을 면하려는 것이다. 물론 고립당한다는 것은 작은 위협만은 아니긴 하다. 월터 케논의 연구에 의하면, 원시인들은 공동사회에서 고립시키는 일을 통해서 실제 죽게 만드는 이른바 '부두 죽음(voodoo death)'의 상태에 빠진다고 한다. 그의 연구는 원시부족에서 일단 고립당하고 추방이 되면 실제 죽지 않을 수 없는 몇 가지 실례를 보여준다. 나아가 윌리엄 제임스의 말을 빌리면 "죽음의 단절을 당한다"는 말은 하나의 시적 표현이 아니라 실제로 남에게 인정받지 못하는 자의 마지막 운명이라는 것이다. 그러므로 한 인간이 군중의 생각과 어긋나는 자기의 신념을 관철시킨다는 것은 기막히게 두려운 일이다.

오늘날 인류는 소크라테스나 스피노자가 주장한 우정 있고 따뜻하며 원초적이고 건설적인 용기에 대한 이해를 잃고 있다. 그래서 우리는 용기가 가진 적극적 측면, 즉 용기는 내재적인 성장이며 자기 자신이 되는 건설적인 방법이라는 사실을 다시 찾아내고 이해해야만 할 것이다. 여기서 자신의 신념대로 살 것을 강조한다고 해서 주위를 모두 무시하는 단절된 공백 속에 있는 것처럼 살라는 뜻은 아니다. 그러나 실제로 용기는 어떤 창조적 관계의 기초가 되는 것이 사실이다. 사랑이 가진 성적 측면을 가지고 예를 들어본다면, 요즘 성불능증 환자가 늘어나고 있는데, 그것은 처음 어머니를 두려워하는 데서 오게 된다. 이것이 나아가서 부인에 대한 공포증

이 되어 혹시 성기를 질 속에 넣었을 적에 그것이 절단당하지는 않을까 하는 생각으로 발전한다. 물론 이런 남자는 부인의 지배 속에 살고 자기도 모르는 사이에 부인에게 의존하는 상태가 되지는 않을까 두려워하게 된다. 이들을 치료함에 있어서는 이 같은 공포를 가지게 된 원천을 특수한 방법을 통해서 찾아내야만 한다. 그러나 이 증상이 파악되고 신경증적 불안이 극복되면 곧 용기를 불러일으켜야 하는데, 그것은 남들과 관계를 맺는 능력을 길러주어 이 용기로써 남성의 발기를 도와 여성과 적극적인 성적 관계를 맺도록 하는 것이다. 성적 관계는 인생의 다른 측면의 관계와도 여러 가지 유사성이 있다. 즉 용기가 있으면 자신을 주장(발기)할 수 있을 뿐 아니라 남에게 애정을 줄 수도 있는 상태(사정)가 될 수 있다.

고대 프로메테우스 시대에서 현대에 이르기까지 창조한다는 것은 용기가 필요한 일이다. 발작은 자신의 경험을 통해서 이 사실을 잘 알기에 이에 대해서 잘 서술한다.

발작은 그렇게 보지 않았지만, 현대 정신분석학을 통해서 우리가 알게 된 것은 창조적인 활동에는 용기가 꼭 필요하다는 것이다. 그 이유는 창조를 위해서는 과거와 유대를 끊고 자유로이 되는 것이 필요하며 낡은 질서를 청산하고 새로운 질서를 확립해야 하기 때문이다. 예술이나 사업과 같은 외부적인 일들의 창조는 물론이지만, 자기 자신의 존재성을 창조한다는 것, 즉 자신의 능력을 발전시키고 더욱 자유롭고 더욱 책임을 질 수 있는 상태를 향해서 내적인 창조를 한다는 것은 전자와 같은 과정을 밟게 되는 것이다.

천재적인 창조에 대한 모든 활동은 높은 자기 통찰과 개인적 자유 그리고 프로메테우스와 아담에게서 볼 수 있는 행동 등에서 알 수 있는데, 이를 위해서는 상당한 내적 갈등이 수반된다.

어떤 풍경화가가 있었다. 그는 오랫동안 그를 얽매어두려는 어머니에게서 해방되려고 고민했던 사람인데, 몇 년간 어머니의 초상화를 그리기를 희망했으나 감히 그릴 수가 없었다. 마침내 그는 용기를 내어 3일 만에 몇 개의 초상화를 그릴 수 있었는데, 그 그림은 실로 훌륭한 것으로 판명되었다. 그러나 이상하게도 기쁘기는커녕 그에게 강한 불안마저 떠올랐다. 3일째 되는 날 밤에 그는 꿈을 꾸었는데 그 내용인즉 그의 어머니가 나타나서 자기는 자살을 하지 않으면 안 된다고 주장하는 것이었다. 그는 친구들을 불러서 마지막 작별을 고하게 되었는데, 공포와 용솟음치는 고독감에 휩싸이고 말았다. 이 꿈의 의미를 살펴보면 "만일 당신이 창조를 한다면, 여태까지 살던 친밀한 곳에서 떠나야 하며, 따라서 고독해지고 죽게 된다"는 것이다. 즉 지금과 같은 친밀한 상태에 머물게 되면 창조를 할 수 없다는 뜻으로 해석된다. 다시 말하면 이 청년은 몇 개월 동안 그림을 그리기를 원했지만, 꿈에서 보여준 바와 같은 불안한 상태를 극복한 다음에야 비로소 작품을 낼 수 있었다. 이러한 사실은 매우 뜻 깊다.

발작의 작품은 "여러 사람의 공통된 마음에는 용기에 대한 개념이 없다"고 말하지만 우리는 여기에 동의할 수 없다. 발작은 용기를 오해하여 마치 군인들이 돌격할 적에 보여주는 용맹성으로 보는 듯하다. 현대 심층심리 연구에 의하면 병사들이 돌격에서 보여주는 용기는 누구나의 꿈속에서 볼 수 있는 일이지만, 한편 어려운 결심을 해야 하는 깊은 갈등 속에 있는 사람에게도 같은 꿈이 나타난다. 용기를 병사나 예술가에게만 기대하는 것으로 보아서는 안 되고, 내적인 발달을 꾀하는 사람 누구에게나 이러한 것이 요청된다. 용기는 개인 및 집단, 즉 상징적으로 어머니의 자궁에서 떨어져 나와서 자기 나름대로의 인간이 되려고 할 적에 모든 단계에서 필요한 것이 된다. 병사가 죽음을 위협받는 일이든 아이들이 학교에 가는 것이든 이때의 용기는 일상적인 것, 안전한 것 따위를 물리치는 힘을 의미한다. 이 용기는 자신의 자유를 얻기 위한 획기적인 결정을 내릴 때도 필요하지만, 일상생활에서 작은 일에서 큰 일에 이르기까지 자유와 책임을 향해서 나가는 여로(旅路)의 각 단계마다 요청된다.

그러므로 우리가 영웅에게서만 용기를 찾는 것은 아니다. 영웅주의가 용기에서 나오는 것은 아닐 경우가 많다. 2차대전 때 자폭하러 출전했던 공군 파일럿(가미가제 특공대 등) 같은 사람들은 얼핏 보면 용기 있는 사람들로 보이지만 실은 내적인 불안을 극복할 수 없던 사람들이고, 따라서 외적인 위협에 대해서 성난 사자처럼 행동함으로써 어떤 보상을 받으려 한 것이다. 용기는 내적인 상태를 표준으로 판단해야 한다. 그렇지 않고 외적인 행동을 기준으로 판단하면 잘못되는 수가 있다. 갈릴레오는 종교재판에서 재판관과 타협을 한 것으로 되어 있지만 실은 내적으로는 자유로웠는데, 그는 혼잣말로 "그래도 지구는 돈다"고 말했다. 밖에서 보는 사람은 어떤 결정이 자유를 포기하는 것이고 지키는 것인지를 말할 수 없다. 갈릴레오의 마음속에는 자유에서 도피하려는 유혹이 있었다고도 상상해볼 수 있다. "동의하는 것을 거부하라. 순교자의 죽음을 맞이하라…… 그러면 이 새로운 과학적 발전을 계속하는 데서 구제받는 것을 생각하게 될 것이다!"

사실상 외면적 자유를 위해서 도전적으로 버티는 것보다는 내면의 자유를 위해서 새로운 영역을 향하여 마음의 여행을 하는 것이 훨씬 더 큰 용기가 필요한 일이다. 전쟁터에서 돌격하는 순교자가 되는 것은 쉬운 일이다. 좀 이상하게 들릴지 모르지만, 착실히 끈기 있게 자유를 길러 나간다는 것은 무엇보다도 가장 큰 용기가 필요한 일이다. 그러므로 우리가 영웅이란 말을 사용할 수 있다면, 어떤 특출한 일을 한 사람의 행동을 말하는 것이 아니고 모든 사람들 속에 잠재되어 있는 영웅적 요소에 대해서 말하는 것이 타당할 것이다.

모든 용기는 근본적으로는 도덕적 용기가 아닌가? 흔히 말하는 육체적인 용기, 즉 육체적 고통에 당면한다는 것은 단지 육체적 감각의 상이(相異)를 말할 뿐이 아닌가? 아이들이나 소년들이 싸울 용기가 있는가 없는가 하는 것은 이들이 받는 고통에 달렸다고는 할 수 없다. 오히려 이들이 부모의 불인정(不認定, disapproval)에 어떻게 대처하는가, 또는 적(敵)을 가지게 되는 고립감을 어떻게 견딜 수 있는가 하는 데 달렸다. 내적인 갈등이 없고 총력을 기울여서 싸움을 할 수 있었던 사람들은 말하기를, 신체적 고통은 그리 어렵지 않게 극복할 수 있다고 했다. 그리고 목숨을 빼앗기지 않을까 하는 고민에 따르는 육체적 용기는 진정한 도덕적 용기는 아니다. 이때의 도덕적 용기란 자신의 신체적 존재보다는 자아(自我)란 것을 더욱 가치 있게 보는 것이고, 이 가치를 위해서는 목숨을 버릴 수도 있는 것이다.

나의 임상경험에 의하면, 한 인간이 용기를 계발하는 데 가장 큰 장애가 되는 것은, 자기 자신의 힘에 근거를 두지 않는 삶을 살아간다는 것이다. 이 사실을 한 동성애를 호소하는 청년에게서 볼 수 있었는데, 그는 엄청난 불안과 고독감과 반항적인 경향이 있어서 때로는 일을 할 수 없을 정도였다. 어릴 적에 그에겐 '계집애'라는 별명이 붙었고, 급우들이 공격해도 결코 싸우질 못했다. 그는 6남매 중 막내였고 형이 네 명, 바로 위에 누나가 있었다. 그의 누나가 죽자 부모들이 딸을 간절히 바라던 중 공교롭게 이 청년이 탄생했다. 부모들은 이 청년을 계집애처럼 기르기 시작했고, 따라서 어릴 적부터 다른 소년들처럼 운동도 시키지 않았고 형들에게 싸움을 하지도 못하게 했다. 즉 어릴 적부터 그는 어머니의 기대(계집애처럼 행동하기)를 저버려서는 안 되는 분위기에서 자랐다. 그는 계집애 역할을 해야만 칭찬을 받았기에 다섯째 아들의 역할은 할 수 없었다. 그가 혹시 사내처럼 행동하면 그의 어머니의 딸을 가지고 있다는 환상을 깨는 것이 되고, 다섯째 딸이 이미 죽었다는 상처를 다시 건드리는 결과가 되었다. 본성은 사내면서도 계집애처럼 행동해야 했기 때문에 그는 심한 분노감과 증오감 그리고 반항심을 가졌으나 감히 어머니에게 이런 감정을 나타낼 수는 없었다. 사내로서의 용기를 가질 근거를 어릴 적부터 박탈당했던 셈이다. 어른이 되자 그는 사회적으로 반항을 하는 행위를 통해서 커다란 용기를 보이긴 했다. 그러나 나이 많은 부인에게 용기를 발휘해야 할 적에는 언제나 수그러들었는데, 이때는 벌써 그의 어머니는 돌아가시고 계시지 않았다. 어머니가 인정하지 않는 일이라고 생각되면 그는 죽어도 할 수 없었다.

그래서 이 사람은 자신이 무엇을 믿는지를 알지 못했고, 자기 부모가 어떻게 볼 것인가 하는 생각만 하면 자신의 능력과 역할에 대해서 자신을 잃었다. 그러므로 그가 보인 용기는 근거 없는 텅 빈 용기라고 할 수밖에 없다.

정상적인 아이는 그의 부모에게서 분리되는 과정을 밟게 되고, 견딜 수 없는 불안을 동반하지 않고서도 단계마다 자기 자신을 정립하게 된다. 몇 번이나 떨어지고 넘어진다고 해도 마침내 산 위로 올라가는 기쁨을 맛보듯이 그는 심리적 독립을 향해서 한 발자국씩 전진한다. 부모의 사랑과 안전한 보호에만 머무는 것은 미숙한 것이며 용기를 가지는 일은 해낼 수가 없다. 지금 예를 든 청년의 경우처럼 어머니가 아이의 역할을 강요하고 지나친 간섭을 하게 되면 그가 살아나가는 일은 매우 힘들어지고 말 것이다.

마음속으로 흔히 자신의 힘을 믿지 못하는 부모들은 자식들이 용기를 갖기를 지나치게 원하며 독립적이고 공격적인 사람이 되도록 강요하는 경향이 있다. 권투용 장갑을 사다 주기도 하고 일찍부터 경쟁에 뛰어들도록 하여 자신이 갖지 못한 '배짱'을 길러보라고 강요하기도 한다. 지나치게 간섭하는 부모나 아들을 독촉하는 부모는 부지불식간에 자기네는 용기가 없는 사람이라는 사실을 아들에게 보이는 결과가 된다. 그러나 지나치게 간섭하면 아이들이 성장하지 못하고 아이들에게 지나치게 '배짱'을 강요하면 이상 형태로 발달할 수 있다. 그는 남을 골려주는 자는 될지언정 용기를 가지지는 못한다. 용기는 어김없이 인간으로서의 자신감이 자신 안에 있을 적에 생겨난다. 이런 자신감은 부모들의 따뜻한 사랑과 평소 자기의 능력을 믿어주는 신뢰 가운데서 생길 수 있다. 즉 어린이에게 필요한 것은 지나친 보호도 아니요, 방심도 아니다. 자신의 힘을 기르도록 하여 그 힘을 이용할 수 있도록 도와주어야 하고, 어디까지나 당사자인 자식을 위주로 그 능력과 가치를 인정해주어야 한다.

물론 부모가 자녀들에게 성(性)과 반대되는 역할을 기대하는 일은 흔한 일이 아니다. 대부분의 부모가 기대하는 것은 아이들이 부모의 위신을 살려주고 일류대학에 들어가고 결혼을 잘하며 결국은 아버지의 사업을 관리하는 것이다. 이들은 부모의 원조를 받기 위해서는 어쩔 수 없이 그렇게 한다고 생각할지 모르지만, 실은 부모의 마음에 드는 아들이 되어 부모의 칭찬을 받고자 하는 욕심이 생긴다. 그러므로 허영과 나르시시즘(자기애)은 용기의 가장 큰 적이 된다.

허영과 자기애란 무엇인가? 그것은 남에게 칭찬을 받고 남의 호감을 사려고 하는 강박적 욕구라고 할 수 있다. 이것을 위해서 사람들은 흔히 용기를 포기하는 수가 있다. 허용과 자기애의 인간은 겉으로 보면 자신을 지나치게 아끼는 것처럼 보이고, 자신을 지나치게 존중하기 때문에 어떤 위험한 일도 하지 않으려는 것처럼 보인다. 그러나 실제로는 이와 정반대다. 그는 부모들이 바라는 짓만 해서 칭찬이나 받겠다고 결심하며, 자신을 마치 칭찬과 호감을 받는 상품처럼 취급한다. 용기는 자신의 존엄성과 자존심이 있는 곳에서 싹튼다. 따라서 자신을 너무 낮추는 사람은 용기가 없다는 결론에 이른다. "그는 참 좋은 사람이야!", "머리가 좋아", "아름다운 여자야" 하는 소리를 계속 듣기를 원하는 사람은 스스로를 사랑하는 사람이 아니고 남들의 호감을 사기 위해 "좋은 머리", "아름다움"을 간직하려고 애쓰는 사람일 것이다. 이렇게 되면 자기를 경멸하는 결과가 된다.

허영과 자기애는 칭찬과 호감받기에 대한 강박적 욕구 때문에 생긴다는 걸 이미 지적했지만, 이런 사람은 흔히 자기 자신의 주체성을 상실하고 남의 확신에 의해서 투쟁을 벌이기도 한다. 일본 영화 〈라쇼몽(羅生門)〉에서 보면 남편과 도적은 서로 싸우기로 결심하고 전혀 자신을 돌보지 않고 싸우게 된다. 그러나 아내가 고함을 치자 아내를 위해서 싸워야 한다는 생각이 들어 힘을 반밖에 쓸 수 없었다. 주먹으로 칠 때도 마치 뒤에서 줄로 잡아당기는 것같이 힘이 없었음을 볼 수 있다.

사람이 남의 칭찬을 받기 위해서 행동하면 이 행동은 힘을 잃고 보람을 느끼지 못하게 된다. 즉 남을 즐겁게만 하려는 매춘부의 경우와 같아진다. 이렇게 되면 쓰디쓴 곤욕을 당하는 결과가 되는데, 그것은 남의 목적을 위해서 자신을 이용하는 것을 감수하는 일이 된다. 적이 너무 강했거나, 애당초 싸움에 응하지 않았기 때문에 지게 된 경우라면 그렇게 나쁠 것이 없다. 그러나 자신의 의사에 반해서 승자의 요구대로 맡긴다면 비겁한 일이 되고, 이와 같이 자기 자신을 배반하는 행위는 가장 나쁜 결과를 불러온다.

남을 즐겁게 하기 위해서 행동하는 일은 용기를 저해하는데, 이런 특수한 이유가 우리 문화 속에 있다. 왜냐하면 이런 사람, 특히 남성은 자기주장이 없고 유순하기만 하며 "신사답기"만 하기 때문에 아무런 힘도 기를 수 없을 뿐 아니라, 심지어는 성적 능력마저도 사라지고 만다. 이런 사람 중 특히 여성의 경우를 보면, 마찬가지로 칭찬받기만을 바라고, 그렇게 되면 자신의 고유한 잠재력을 기를 수 없다.

오늘날과 같이 획일성만이 요구되는 시대를 극복하기 위해서는 더 큰 용기가 필요하다. 용기는 자기 자신의 확신을 굽히지 않고 독야청청할 적에 나타난다. 즉 어떤 고집이나 반발심에서가 아니라, 진실로 마음속에서부터 그렇게 믿기 때문에 그렇게 행동할 수밖에 없다는 것을 알고 있다면 그는 위대한 용기의 표현을 가진 사람이다. 이런 사람은 자신의 행동을 통해서 말하는 것처럼 보인다. "이것이 나 자신이야! 나의 존재란 말이야!" 용기란 별수 없기 때문이 아니라 확신을 가지고 선택하는 것을 말한다. 이 같은 사람을 우리는 종종 환자에게서 볼 수 있는데 이들은 친구나 부모가 반대하더라도 자기의 확신대로 꿋꿋이 밀고 나가는 새로운 성장력을 보여준다. 물론 자기 방어를 위해서 고집을 피우는 경우도 흔하지만, 우리가 방어해야 하는 무엇을 정복했다면 우리는 부정적으로 방어하는 것이 아니고 기꺼이 방어하는 것이 된다.

성장 과정에서 용기가 생기기 시작한 후 남의 칭찬이나 받기 위해 행동하는 일을 청산하게 된다면 일반적으로 중간 단계가 닥쳐온다. 이때는 분명히 독립적인 자세를 취하게 되지만, 이것은 기존의 권위에 대해서 자신을 지키기 위한 방어적인 행동이다. 그것은 마치 독립전쟁 전의 미국의 식민지 상태와 같이 자유를 얻기를 주장하지만 자신의 권리를 요구하기 위한 성문법(成文法)을 기록하지 못한 상태와 같다. 이 단계의 환자는 흔히 치료 중 꿈을 꾸는데, 그 내용은 자기들이 부모에게 자신의 권리를 존중할 것을 요구하거나 설득하는 형태다. 이 시기는 인간이 자유와 책임을 향해서 가장 멀리까지 성장한 시기라 할 수 있다.

그러나 최종적인 분석에서 보면 이와 같은 중간역은 마침내 실망을 안겨주고 만다. 즉 부모들로 하여금 자신의 권리를 존중해줄 것을 간청했기 때문에, 부모가 허락했다 하더라도 이미 부모의 통치를 받아들인 결과가 되기 때문이다. 따라서 자유도 없으며, 자유를 쟁취하려고 주장한 데 대한 죄악감도 결여되어 있는 상태다. 우리는 이런 비극을 카프카의 《심판》에서 볼 수 있다. 주인공은 고발자의 권위를 언제나 완전히 믿었고 따라서 그 앞에서 재판받기를 원했기 때문에 도망을 가지 못하고 언제나 체포되기 마련이었다. 그는 필경 절망적인 상태에 빠지는 것이고 논리적으로 극히 타당하게도 언제나 용서만 비는 불쌍한 존재로 전락하고 말았다. 만일 소크라테스가 그의 고발자인 아테네인들의 권위를 믿고 있었고 그 권위와 논쟁하기를 바랐다면 어떤 일이 일어났을 것인가? "아테네인들이여, 나는 당신들보다는 신에게 복종하리다"라는 말을 하지 못했을 것이고, 이 말을 할 수 있는 자신이 진심으로 생각하는 믿음과 용기는 찾아볼 수 없었을 것이다.

가장 큰 용기를 요청함에 있어 가장 어려운 단계는, 법을 만들고 자신도 그 테두리에서 살아온 바로 그 대상을 거부하는 경우다. 이 단계야말로 가장 놀라운 시기다. 이 시기는 비록 제한되고 불완전하다는 걸 알면서도 자기 자신이 만든 표준과 판단에 의거해서 책임을 지려고 하는 시기다. 이것은 바로 폴 틸리히가 말하는 "자신의 유한성(finiteness)을 받아들이는 용기"로, 그는 이것을 모든 인간에게 가장 근본이 되는 용기라고 갈파했다. 그것은 자신의 한계와 못남을 알지라도 "존재를 하며 자신을 믿는 용기"이다. 즉 그가 최종적인 해답을 가지고 있지 아니하되, 경우에 따라서 틀린 일을 하는 한이 있더라도, 행동하고 사랑하고 사유하고 창조하려는 용기다. 그와 같이 "비록 절대적인 것은 아니지만, 자신의 힘을 기르기 위해서 인간은 자신의 유한성"을 받아들이는 용기가 있을 때에 비로소 가능해진다. 이렇게 하기 위해서는 자기 원칙, 가치 판단 능력, 창조적 양심, 과거의 지혜와 창조적인 관계 맺기 따위와 같은 자기의식이 발달되지 않으면 안 된다. 이런 단계는 상당한 정도의 통합이 요청되며, 이 통합을 위한 용기는 그야말로 성숙의 용기이다.

### 사랑의 전제

사랑의 개념에 대해서는 이미 지적한 바 있고, 또한 현대인의 진정한 문제는 사랑을 할 수 있는 능력을 준비하는 일이기 때문에 이 사랑 자체에 대해서는 깊이 다루지 않기로 하겠다. 성숙한 사랑을 주고받을 수 있다는 것은 완성된 인격의 건전한 범주가 되는 것이다. 그러려면 한 인간이 자기 자신을 위한 사람이 되었느냐 하는 문제가 선행한다. 그러므로 이 장뿐 아니라 이 책의 모든 내용이 '사랑을 위한 준비'라고 할 수 있다.

첫째로 우리가 알아야 할 것은 현대사회에서 사랑은 심히 드문 현상이라는 것이다. 몇백만 명이 사랑이란 이름 아래 관계를 맺고 있기는 하다. 낭만적인 노래나 영화에서 으레 볼 수 있는 바와 같이 이들은 사랑을 감상적 충동이나 어머니의 품에 되돌아가는 근친상간적인 것으로 혼돈한다. 이 사랑이란 용어처럼 흔히 쓰이는 말도 없지만 실제로는 인간관계에서 숨어 있는 동기를 감추기 위한 위장술로서 쓰이는 경우가 많다. 그러나 부모 자식 사이의 사랑이나 성적인 정념 또는 고독을 나누기 같은 진정한 사랑의 관계도 없지 않다. 그러나 이 경우에도 자세히 보면 상호 관계에서 사랑의 개념이 극히 적다는 사실을 알게 되어 매우 놀라게 된다.

물론 모든 인간관계가 여러 가지 다른 동기들이 혼합된 복잡한 관계임은 사실이다. 남녀 간의 성숙한 사랑도 두 가지 감정이 갈려 나온 것이다. 하나는 '에로스(eros)', 즉 개체가 자신을 완성하기 위한 노력으로서의 사랑이다. 약 2,500년 전 플라톤은, '에로스'는 원래 같은 몸으로 붙어 있었던 남녀가 자기의 잃어버린 반신(半身)을 찾으려 하는 데 있다고 했다. 남녀 간의 성숙된 사랑의 둘째 요소는 다른 사람에 대한 가치와 보람을 확인하는 데 있다. 이것은 다음에 정의할 사랑의 개념에 포함된다.

그러나 사랑에는 두 갈래 동기가 얽혀 있어서 이것이 간단한 논제가 아니란 것이 사실이라 하더라도, 가장 중요한 것은 이 사랑의 이름 아래 일어나는 인간의 감정을 살펴볼 필요가 있다는 점이다. 요컨대 사랑하는 방법을 배우는 가장 건설적인 충고는 우리가 어떻게 사랑에 빠지는가를 살펴보라는 것이다.

현대사회는 이미 언급한 바와 같이 지난 4세기 동안의 경쟁적 개인주의를 물려받고 있어서, 남을 지배하려는 힘을 가장 중요한 동기로 삼는다. 그리고 특히 우리가 사는 시대는 불안, 고독, 공허가 충만해 있다. 이러한 전통은 사랑을 하는 데 결코 좋은 환경이라고 할 수 없다.

국가 간의 관계를 볼 적에도 우리는 유사한 결론에 도달하고 만다. "사랑은 모든 것을 해결한다"는 말을 하기는 아주 쉽다. 오늘날의 세계 정세를 보면 말할 나위도 없이 도처에서 이웃과 이방인에 대한 공감과 상상력을 동원해야 한다고 외친다. 필자도 도처에서 지적했지만, 우리 사회에는 사랑과 사회적으로 가치 있는 일을 할 공동사회에 대한 경험이 결여되어 있다. 이 공동사회의 개념이 없기 때문에 신경증적으로 되어 집단주의(collectivism)라는 노이로제에 빠진다. 그러나 사랑을 해야 한다고 떠들기만 해도 별 소용은 없다. 그것이 이 세상에 가득 차 있는 바와 같은 위선(僞善)을 낳고 만다. 이 위선은 적의(敵意)보다 더욱 사랑의 장애가 되는데, 적의는 차라리 정직하며 따라서 치료를 할 수 있기 때문이다. 사랑을 하기만 하면 적의도 극복될 수 있다고 하는 사람도 있는데 그것은 더욱 큰 위선이다. 그리고 우리가 소련과의 협상에서 알게 된 가장 중요한 점은 우리가 힘을 가지고 대처해야 하며, 이 체제가 가진 권위주의적 사디즘을 직접적이고 현실적으로 다루어야 한다는 점이다. 마샬 계획에서 분명히 보여준 바와 같이, 다른 나라의 주권과 가치를 존중하는 새로운 조치는 정말 환영할 만한 일이고 통쾌한 일이다. 우리는 마침내 우리의 존립을 위해서는 다른 나라의 존재와 가치를 인정해야 하게 되었다. 그렇다고 해서 이것이 곧 우리가 사랑의 원리를 정치적으로 실현하는 것이라고 믿는다면 그것은 속단이다. 마치 하나의 개인과 같이 국가도 이웃을 사랑할 수만 있다면 이 자체가 세계에 대한 위대한 공헌이 될 수 있다. 루이스 멈포드는 한때 말했다. "평화도 그렇지만 사랑도, 그것이 가장 필요한 사람은 가장 나지막한 소리로 말한다. 우리가 사랑을 주고받을 수 있는 준비가 되어 있다면, 그것은 통합을 위한 가장 중요한 문제가 된다. 정말이지 이것은 곧 구원의 열쇠인 것이다……."

현대는 이 사랑의 개념이 매우 혼돈되어 있기 때문에 무엇이 사랑인가 하는 합의된 정의가 필요하게 되었다. "사랑이란 다른 사람과 같이 있을 때 기쁨을 느끼고 그의 가치와 발전을 자기 자신의 경우 못지않게 인정해주며 기원하는 것을 말한다." 그래서 사랑에는 언제나 두 가지 요인이 있다. 즉 첫째 요소는 타인의 가치와 선(善)을 받아들이고, 둘째로 그와 관계를 맺는 과정에서 기쁨과 행복을 느끼는 일이다.

사랑을 하려면 타인에 공감의식을 느끼고, 그의 잠재적 능력을 평가하고 인정해주어야 하기 때문에, 무엇보다도 자기 통찰이 전제된다. 사랑을 위해서는 또한 자유가 전제된다. 실로 자유로이 주어지지 않은 사랑은 사랑이 아니다. 다른 사람을 사랑할 자유가 없기 때문에 어떤 이를 사랑한다고 하거나, 마침 서로 친분 있는 가계(家系)에서 태어났기 때문에 사랑한다고 하면 그것은 참사랑이 아니다. 더욱이 만일 어떤 사람이 다른 사람이 없어서는 안 되기 때문에 사랑한다고 하면 그 사랑은 선택한 사랑이 아니다. 왜냐하면 이 경우는 사랑하지 않는 것을 선택할 수는 없기 때문이다. 이런 부자유한 사랑의 표적은 그것이 아무 분별을 하지 않는다는 데 있다. 즉 사랑하는 사람의 성질을 분별하여 다른 사랑하지 않는 사람과 구분할 수 없다. 그런 관계에서는 꼭 그 사람 아니면 안 된다는 것은 없고 아무나 사랑할 수 있다는 결론이 나온다. 이런 관계에서는 아무도 사람으로서 사랑을 주지도 받지도 않는 것이다. 전자의 경우에는 자유로이 선택하지를 못했고, 후자의 경우에는 사랑이라기보다는 어떤 달라붙는 대상을 찾는 것뿐이다.

우리 사회에서는 불안, 고독, 공허감이 판을 치기 때문에 모든 의존 욕구가 사랑으로 오인되는 것이 사실이다. 사랑은 아니고, 단지 상호 간에 돕고 있거나, 욕망을 서로 채우고 있거나 그 외 수많은 기생적인 마조히즘에 빠져 있는 경우가 많다. 커다란 공허감에 싸인 사람들이 서로 관계를 맺고 다소 공허감을 잊어보고자 노력하는 경우도 있다. 그러나 이와 같이 공허감을 멀리하려고 '사랑'을 맺는다면 더욱 공허감이 가중될 것이 틀림없다.

이미 말한 바와 같이 사랑은 의존감과 혼돈되어 있다. 그러나 독립의 능력이 없으면 사랑은 결코 이루어지지 않는다. H. S. 설리번은, 어린이는 사춘기 전단계에 가기 전까지는 사랑을 할 수 없다고 했다. 이 말은 자기의식과 타인을 인정하는 능력이 충분히 성숙한 후에야 사랑이 가능하다는 것이다. 유아기나 아동기에는 부모에게 의존하고 실상 그 의존 상태를 즐기는 것도 사실이다. 부모와 자녀들이 솔직하게 즐거움을 나눈다면 그런 관계가 가능할 수도 있다. 그러나 아이들이 장난감 곰이나 인형, 그리고 살아 있는 개를 대할 적에 얼마나 자연스런 '돌봄(care)'을 주는가를 자세히 보면 부모들은 정말 흐뭇한 마음이 든다. 장난감 곰이나 인형은 그들에게 아무 요청도 하지 않는다. 아이들은 그저 모든 좋아하는 감정을 그들에게 투사한다. 그들은 바라는 만큼의 공감 의식을 보일 정도로, 그들 나름대로 성숙되어 있고 이 성숙의 정도 안에서 자연스레 관계를 맺는다. 살아 있는 개는 장난감 곰과 인간의 중간적 존재다. 이들 각 단계에 아이들이 어떤 관계를 맺는가를 보면 그들의 사랑이 성숙되는 능력을 알 수 있다.

에리히 프롬과 기타 정신분석학자들이 지적한 바 있지만, 우리 사회에서 사랑에 대해서 배우지 못하는 것은 현대인이 대부분 '시장적(市場的) 성격'을 가지고 있기 때문이다. 우리는 사랑마저도 사고파는 대상으로 취급한다. 한 가지 예를 들어보면, 오늘날 부모들은 자식들을 돌보아주는 대가로 그들에게 사랑을 받기를 기대한다. 그렇게 되면 자녀들은 하는 수 없이 부모를 사랑하는 것처럼 행동한다. 그러나 조만간 이와 같이 강요하는 사랑은 사랑이 아니란 것을 깨닫게 된다. 이런 사랑은 모래 위에 집짓기와 같고, 아이들이 자라나서 청년기에 이르면 없어지고 만다. 이런 식으로 생각하면 아이들이 자라서 대학에 가고 군에 들어가면 누구를 사랑할 것인가? 학교 가는 길목에서는 교통 순경을 사랑해야 하고 군에서는 그를 보호해주는 대장을 사랑해야 한다는 결론이 나온다.

이런 사고가 조금 더 깊어지면 부모는 자식을 위해서 희생했기 때문에 자식은 부모들을 위해주어야 한다는 결론이 나온다. 그러나 희생이란 하나의 제약은 될지 모르나 상대편의 가치와 인격 발달을 보고 기뻐하는 동기가 되는 것은 아니다.

우리는 자식들이나 타인들에게 사랑을 받는데, 그것은 우리가 강요하거나 희생하거나 요청한다고 되는 게 아니다. 우리 자신이 사랑할 수 있는 능력을 얼마나 가졌는가에 따라 사랑을 받게 된다. 그리고 우리가 사랑할 수 있는 능력을 가지려면 먼저 자신이 자기를 위하는 사람으로서의 능력을 가져야 한다. 사랑한다는 것은 애당초 주는 것을 말한다. 그리고 주기 위해서는 자기 감정의 성숙이 전제되어야 한다. 이미 지적한 바 있지만, 스피노자는 신에 대한 진정한 사랑은 그 대가를 기대하지 않는 데 있다고 말했다. 그것은 화가 조셉 빈더가 말한 태도와 같다. 즉 그는 그림을 그린다는 것은 화가가 사랑을 할 수 있는 것이라고 했다. 즉 아무런 대가를 기대하지 않고 주는 것이다.

우리가 말하는 사랑은 결코 '포기한다'는 것도 아니고 자기를 극복한다는 뜻만도 아니다. 만일 줄 것이 있다면 주는 것이고, 자신이 줄 수 있는 힘을 가지고 있을 적에 한해서 줄 수가 있다. 오늘날 우리 사회에서 사랑은 어떤 약한 것으로 취급되는 경향이 있어, 침략이나 경쟁적 승리와는 구분되는 순수한 것이라고 생각하는데, 이것은 매우 불행한 일이다. 그래서 일반적으로 약한 자는 사랑을 하지만 강한 자는 사랑할 필요가 없고, 또한 사랑이 필요하지도 않다는 편견이 지배한다. 물론 사랑에는 부드러움이 있어야 하고 그것이 없으면 사랑은 잘못 구운 빵처럼 별로 재미가 없다. 그렇다고 이 부드러움이 곧 사랑은 아니다.

우리가 잊고 있는 것은 부드러움은 힘과 더불어 존재한다는 것이다. 즉 사람은 강하면서 부드러울 수 있다. 그렇지 않고서 부드러움만 있다면 그것은 아무것도 아니다. 라틴어로 부드럽다는 말은 진리 또는 미덕이라는 뜻인데, 사랑도 미덕의 하나지만 이 말은 'Virture'로 'Vir'는 인간이란 말이다.

어떤 독자는 질문할지 모른다. 즉 "사랑을 할 적에는 자기 자신을 잃는 것은 아니냐?"고. 물론 사랑은 창조적 의식과 마찬가지로 서로가 상호 연관을 맺고 일어나는 것이다. 그러나 이것을 가지고 '자기 자신을 잃는다'고는 할 수 없다. 창조적 의식과 같이 사랑은 한 개인이 할 수 있는 최고의 완성이다. 예컨대 성(性)이 사랑의 표현이라고 할 때 오르가슴의 순간에 느껴지는 감정은 적의(敵意)나 승리감이 아니라 상대편과 합일(union)하려는 느낌이다. 시인이 사랑의 황홀감을 노래할 때도 마찬가지다. 창조적인 황홀감에서와 마찬가지로, 인간이 쾌감의 절정에서 잠시나마 자신의 동일성의 경계선을 넘어서 상대편의 세계로 들어갈 때 자기 실현의 순간이 번쩍인다. 그것은 자기를 송두리째 주는 것이고 동시에 자아를 발견하는 순간이다. 그와 같은 성적인 황홀감은 인간관계에 있어, 가장 완전한 상호 의존성을 나타낸다. 이와 같은 역설은 창조적인 의식에도 적용된다. 즉 인간은 혼자 설 수 있는 능력을 얻고, 자기 나름의 사람이 되는 경우에 한해서 자신이 황홀감 속으로 들어갈 수 있다.

이렇게 말한다고 해서 어떤 완전성(perfection)을 강조하려는 뜻은 없다. 또한 나는 우정이나 부자 간의 친분, 깊든 얕든 사람 사이에 나누어지는 인간적인 온정이나 이해, 그리고 성적인 기쁨과 정열 따위와 같이 모든 종류의 긍정적인 관계들을 모조리 과소평가

하거나 쓸데없는 일이라고 몰아세울 뜻은 없다. 오늘날 우리 사회에서 흔히 볼 수 있는 일이지만 사랑을 지나치게 이상화해서는 안 된다. 그렇게 되면 사람들은 결코 "위대한 사랑의 가치인 진주"를 발견할 수 없거나, 항상 사랑에 충만한 생활을 하고 있다고 믿으려는 위선에 빠지고 만다. 거듭 말하고자 하는 바이지만, 우리의 감정을 정확하게 구분해서 불러야 한다. 만일 사랑이란 누구나 할 수 있는 쉬운 것이라고 보거나, 세상에서 흔히 달콤하게 말들은 하지만 실은 조금도 사랑이라고는 할 수 없다는 환상에서 깨어나지 못한다면, 우리는 사랑을 배우는 과정을 진행시키지 못할 것이다.

### 진리를 통찰하는 용기

니체는 번갯불처럼 모든 새로운 풍경을 환하게 밝혀주는 빛나는 격언을 남겼는데, "과오는 비겁하다!"는 것이다. 이것은, 우리가 진리를 보지 못하는 것은 책을 읽지 못했거나 충분한 학위를 얻지 못했기 때문이 아니라, 충분한 용기를 가지고 있지 못하기 때문이라는 것이다.

'진리'라고 하면 무슨 과학적인 사실만을 말하는 것이 아니고 또한 그것을 주로 지칭하는 것도 아니다. 사실들의 문제에 관한 한 정확하면 된다. 몇만 가지 일들에 대해 과연 과학적으로 증명이 되었기에 우리가 그렇게 믿는 것은 물론 아니다. 어떤 직업을 가질 것인가, 사랑을 하고 있는가 아닌가, 학교에서 어린이를 어떻게 교육하는가, 이런 일 저런 일에 사람들이 어떻게 생각할 것인가 따위의 의문들은 우리가 밤낮 겪는 것이다. 이런 질문들에 대해서 기술적인 증거를 가지고는 아무런 도움이 안 된다. 여기에 대해 옳은 해답을 믿는가 아닌가 하는 것은 그의 성숙도와 용기에 달렸다. 가령 콜럼버스가 시도한 지구가 둥글다는 사실의 증명이나 프로이트의 초기 탐구와 같이, 어떤 기존의 법칙성에 맞추기 위해서 과학적인 진리를 발견하려 한다 해도 오히려 탐구자의 마음속에 있는 용기와 내적인 판단이 중요하다.

진리를 바라보는 데 내적인 투쟁이 얼마나 필요한 것인가는 쇼펜하우어가 괴테에게 보낸 편지 속에 역력히 나타난다. 쇼펜하우어는 자신의 사유를 정리하여 개념을 형성하는 일에서 겪는 산고(産苦)가 어떠했는가 말하면서, "이윽고 나는 나의 영혼 앞에 섰습니다. 마치 죄수에게 최종 심문을 하는 냉혹한 판사처럼…… 독단적 교리나 철학 속에 가득 찬 과오와, 말로 표현할 수 없이 많은 어리석음은 저의 생각에는 인간의 정직성이 결여된 때문에 오는 것으로 봅니다. 진리가 발견되지 않는 이유는 우리가 그것을 구하지 않기 때문이 아니라, 진리를 찾는 동기가 순수하지 못하고 사고자(思考者) 자신이나 남들에게 변명할 어떤 핑계만을 구하는 데 열중하기 때문이 아닐까요? 철학자들이 당면하는 모든 질문들에 대한 명확한 해답을 얻는 데는 용기가 필요한 줄 압니다. 철학자의 물음은 마치 소포클레스의 작품에 나오는 오이디푸스가 자신의 무서운 운명에 관한 해답을 얻고자 한 물음과 같아야 하지 않을까

요. 오이디푸스는 그의 답이 감당하기 어려운 무서운 것임을 짐작하면서도 그 물음을 위해 백절불굴의 노력을 했던 것이지요. 그러나 오이디푸스의 어머니이자 아내가 될 운명에 놓인 이오카스테는 제발 묻지 말라고 애원했던 것인데, 그것이 바로 철학자들의 태도라고 봅니다. …… 철학은 인정사정 볼 것 없이 자신의 내적인 물음을 던져야 하지요. 그러나 이와 같은 철학적 용기는 반사적으로 생기는 것이 아니고, 결심을 해서 짜낸다고 되는 것도 아니며, 타고난 마음이 있어야 하리라 봅니다……"라고 했다.

한때 정신분석학자 훼렌치도 이 편지를 인용한 바 있지만, 쇼펜하우어의 말처럼 진리를 찾는 데는 정직성이 필요하고, 그것은 그나마 지식에서가 아니라 자기 통찰에 대한 타고난 능력이 있어야 가능하다는 것인데 이는 정말 옳은 말이다. 그러나 우리가 한 가지 동의하지 않는 것은, 그것이 반드시 '타고난 능력'이라는 점이다. 이와 같은 정직성은 사람이 자신과 관계를 맺는 데 있어 어떤 태도로 임하는지, 또한 용기가 있는지 등의 윤리적 태도에 달려 있다. 즉 이러한 능력은 후천적으로 길러질 수 있는 것이며, 또한 한 인간이 자신을 완성하려면 꼭 길러야만 하는 것이다.

진리를 보는 데 필요한 엄청난 용기에 대해서 설명하면서 쇼펜하우어가 오이디푸스 왕을 예로 든 것은 정말 적절했는데, 특히 그의 어머니이며 아내가 된 이오카스테가 진실을 보지 못하게 한 것은 매우 상징적인 일이다. 오이디푸스는 그의 탄생을 둘러싸고 일어나는 벅찬 신비를 해결하기 위해서, 옛날 태어나자마자 그를 죽이라는 명령을 받았던 목자(牧者)를 불렀다. 이 목자는 과연 오이디푸스가 옛날 그의 어머니와 결혼하게 되었는지를 가려내는 유일한 열쇠를 가진 사람이었다. 소포클레스의 극본에 따르면 이오카스테가 방해를 하지만 결국 오이디푸스의 주장대로 그 목자에게서 진실을 알아낸다.

오이디푸스는 자신의 아버지를 자신이 죽이고 어머니와 결혼하게 되었다는 사실을 알게 되자 자기 두 눈을 빼버렸다. 이것은 매우 상징적인 행동인데, '스스로 장님이 되는 것'은 사람이 심한 내적 갈등을 가졌을 때 하는 행동이다. 즉 안팎으로 닥친 고뇌를 잊고서 보지 않기 위해 눈을 감는 것이 된다. 오이디푸스가 스스로 얼마나 어리석은 망상의 세계에 살고 있었는가 하는 사실은, 모든 인간은 자신이나 사물의 근본에 대한 진리를 보지 못한 채 '유한(有限)' 하고 '눈먼' 상태에 있음을 말하는 것이 된다.

오이디푸스의 경우는 물론 극단적이다. 그러나 그가 당면한 진리와 우리가 당면한 진리 사이에는 질적인 차이가 아니라 단지 양적인 차이가 있을 뿐이다. 이 신화를 선택할 수 있었던 것은 바로 프로이트의 천재성이다. 진리를 탐구하려면 보고 싶지 않은 사실을 알게 되는 위험성이 언제나 따르게 된다. 즉 자신이 무심코 살아왔지만, 자신과의 관계, 최종적 가치에 대한 신념을 송두리째 흔들고 바꾸어놓을 위험성(?)도 없지 않은 것이다. 그래서 파스칼도 말했지만 "삶에서, 지혜를 순수하게 사랑한다는 것은 비교적 드문 일이 된다."

진리를 깨닫는다는 것은 우리가 논의해온 독특한 것들과도 같이 그야말로 인간이 자기 자신을 의식하는 능력에 달렸다. 그렇게 함으로써 인간은 그 즉시의 상황을 초월할 수 있으며 상상력을 동원하여 삶을 착실하고 전체적으로 볼 수 있다. 또한 자기의식만 있으면 그는 그 후에 일어나는 일을 연구할 수도 있고, 듣는 귀가 있다면 누구나 말하는 지혜를 발견할 수도 있다.

플라톤이 말한 바와 같이 고대 그리스인들은 자신의 경험을 직관적으로 살펴보는 과정, 즉 상기나 회고의 과정을 통해서 진리를 발견할 수 있다고 믿었다. 여기에 대한 유명한 예가 있다. 소크라테스가 메노(Meno)라는 노예 소년을 데리고 와서 피타고라스의 원리에 대답하도록 했던 것이다. 플라톤은 인간이 하늘나라에 살던 전생(前生)의 경험이 이데아(Idea, 이념)로서 마음속에 심어지는데 이들을 모으면 지식이 된다고 믿었다. 그러나 우리가 이와 같은 신화적인 설명을 그대로 믿을 필요는 없다. 모든 인간은 자신의 삶을 통해서 관찰, 경험, 학습을 하게 되는데(특히 유년기의 경험이 중요하다) 불행히도 우리는 부모, 선생, 사회적 전통 등에 맞추어 나가려고 이 경험들을 무의식 속에 가두어놓아야 한다.

"아이들과 미친 이들은 진리를 말한다"는 속담이 있는데 아이들은 점차 자라나면서 바른말을 하지 못하게 된다. 이와 같은 '잊어버린 세계'인 무의식의 창고는 훗날 우리가 충분히 또렷한 관점을 가지게 되고 모든 일에 민감하며 충분한 용기가 있을 때 다시 끄집어 올려 이용할 수 있다.

사람들이 진리를 보지 못하는 것은 그들의 생활이 진리 속에 있지 않기 때문이라는 일반적인 생각은 옳지 못하다. 어두운 유리를 통해서 보게 하고 따라서 우리가 보는 바를 왜곡시키는 것은 자신이 아니다. 오히려 자기 자신이라기보다는 신경증적 욕구나 억압 및 갈등 때문에 우리는 진리를 보지 못한다. 이러하기 때문에 우리는 어떤 편견이나 우리 자신의 기대를 주위 사람이나 주위 세계에 전이(轉移)시킨다. 단적으로 말한다면 우리가 진리를 못 보는 것은 자기 통찰이 없기 때문이다. 즉 자기 통찰이 결여되면 될수록 불안이나 비합리적 분노나 노여움에 빠지기가 쉽다. 불안 때문에 진리를 보는 직관적인 방법이 차단되면 될수록, 우리는 성장을 하지 못하고 발달이 중지된다.

또한 어떤 사람이 진리를 보는 데 있어 자신을 제외한다면 그는 결국 더 큰 망상의 희생자가 된다. 그는 자기가 보는 진리는 절대적이고, 어떤 개인의 취미 등에 의해서 영향을 받지 않는다고 믿기 때문에 위험한 독단론에 빠지고 말 위험이 있다. 그렇게 되면 인간이 그 즉시의 욕구와 욕망 및 투쟁에서부터 추상화시키는 기술적인 문제만이 진실이라는 결론이 나온다. 정신치료에서 특히 지식인들 사이에 흔히 볼 수 있는 '저항'은 환자가 자신 속에 있는 진실을 보지 않고 외면하려는 수단으로서 나타나는데, 저항은 부닥친 문제들을 가지고 어떤 추상적이거나 논리적인 원칙을 만들려는 것이고, 적어도 겉으로는 그럴싸하게 보이도록 영리하게 이론을 세우는 것이다. 그러나 이와 같은 그럴듯한 이론을 세운다고 해서 문제를 현실에 맞게 잘 푼다고 할 수는 없으며, 또한 이것이 문제를 회피하는 방법이 되지도 못함을 뒤늦게 발견하게 될 것이다.

진리를 본다는 것은 어떤 분리된 지성의 기능이 아니고 총체적인 인간의 기능이다. 즉 진리를 보는 게 아니고 사유, 감정, 행동의 통합 작용으로 우리는 진리를 '경험'하는 것이라 하겠다. "우리는 단지 지식이 아니라 인간 전체를 대결해서 진리에 접근하노라…… 나는 온 생애를 통해서 학습의 태도를 버린 일이 없다"라고 베르댜예프는 자서전에서 말했다. "…… 나는 나의 자유를 단련시키면, 내 속에서 우주적인 진리를 발견한다. 그리고 나의 진리에 대한 식견은 바로 나의 진리에 대한 관계를 말하는 것이다."

앞 장에서 오레스테스의 선언을 보았는데, 유아적이고 근친상간적인 유대에서 자유롭게 되었을 때, 그는 또한 미케네의 편견에서도 자유롭게 되었고, 자신의 진정한 모습을 타인과 모든 세상 사람들의 눈으로 판단하는 습성에서 자유롭게 될 수 있었다. 그러므로 우리가 진리를 보려고 한다면 감정적이고 윤리적인 성숙이 앞서야 한다. 이와 같이 해서 진리를 볼 수 있게 되면 비로소 우리가 말하는 데 대한 자신(自信)을 가질 수 있다. 이렇게 되면 마음속에서 우러나는 자신감을 갖게 되고, 추상적인 이론이나 남들이 하는 이야기가 아닌 진정한 자기 목소리를 낼 수 있다. 우리는 또한 우리가 보고 믿는 것이 언제나 불완전한 요소를 지니고 있기 때문에 때로는 고집을 꺾고 겸손할 줄도 알게 된다. 이러한 겸양지덕(謙讓之德)은 결코 자아의 내적인 힘이나 신념을 약화시킨다고는 할 수 없고, 내일의 진리에 대한 새로운 학습이나 발견을 위한 문을 열어주는 것이 된다.

## 4. 시간의 초월자로서의 인간

어떤 독자는 질문을 던질 것이다. "성숙(成熟)의 목표에 대해서 논의하는 일은 매우 훌륭하다"라고 말하면서 "그러나 시계는 달음박질해서 세계는 반정신병(半精神病) 상태로 되었고, 3차대전이 일어나려고도 하는 판에, 어떻게 그런 장기적이고 꾸준한 발전을 이룩하며 자기 실현의 작업을 이룰 수 있겠느냐 말인가?" 하고.

이 질문을 더 구체적으로 생각해보자. 예컨대 2차대전 때 중위를 지냈던 젊은 남편이 있다고 하자. 그리고 현재 신문사에서 편집업무를 한다고 하자. 그는 용기나 정력이 다른 사람 못지않았다. 해외로 나가기 전에 그는 매력적이고 세련된 여인과 결혼했다. 그러나 이제 와서는 그와 아내 사이에 심한 문제가 생겼음을 깨닫고, 몇 개월 또는 몇 년 동안 정신요법을 받게 되었다. "과연 노력하고 투쟁할 가치가 있는 일인가"라고 그는 자기 자신과 치료자에게 물어보았다. "자칫 잘못하면 나는 머지않아서 영장을 받게 될 것이고 그 다음은 어떻게 될 것인가? 내 결혼생활이 어떻게 될지도 모르며 임시로 좋아졌다 하더라도 몇 년 후에는 어떻게 될지 알 수 없지 않은가?"

또 다른 예를 들어보자. 촉망되는 젊은 대학 강사가 있다. 마음속으로 책을 쓸 생각을 하는데, 5년 정도 걸릴 것이고 그 방면에 공헌하는 일이 될 것이다. 그는 자신의 책을 가장 잘 만들기 위해서, 그것을 저해하는 요소를 극복하려고 치료를 받기 시작했다. "그러나 통합성을 지닌 책을 어떻게 쓸 수가 있겠는가" 하고 반문했다. "책을 쓰는 동안 혹시 뉴욕 한복판에 핵탄이 떨어질지도 모르는데 지금 책을 쓸 필요가 있을까?" 이와 같은 의문은 현대인이 당면하는 불안의 파도다.

분명히 현대인의 개인적 문제나 불안은, 전 세계 속에서 달리고 있는 시계와 관계를 맺고 있다. 누구나 잘 알듯이 현대인의 노이로제의 원인이 이 시대적 불안정에 있다고 하면 매우 편리하다. 그리고 다만 "시대가 잘못 돌아간단 말이야" 하고서 한탄만 하면 된다. 그렇게 원인을 돌려버리면 우리 마음속에서 일어나는 심한 갈등에 대해서는 물음을 던지는 것을 피할 수 있을 것이다.

그러나 우리가 "천지개벽과 같은 세계적인 상태"라는 말을 통해서 자신의 문제를 숨기려 할지라도 그것은 어리석은 일이 된다. 불안의 시대인 우리의 세계는 당분간 더 지속될 것이다. 그러므로 현대를 사는 사람은 누구나 불안정 상태와 당면하면서 살아야 하고 그 방법을 배워야만 한다. 가령 예술가나 지식인들 사이에 오가는 말을 들어보면 앞에서 예를 든 두 사람에게서 나타난 불안이 잘 표현된다. "우리는 정말 시대를 잘못 선택해서 태어났단 말이야." 이런 말을 계속하면 필경 그들은 자기가 차라리 르네상스기나 고전적인 시기의 아테네나 중세기 파리 등에서 태어났더라면 좋았으리라 푸념한다.

이런 질문을 가지고 "우리는 이 시대에 태어났다. 그래서 우리는 우리 나름대로 노력하면서 살면 된다"라는 식으로 질문을 피하는 태도를 취해서는 안 된다. 그것보다 우리는 인간과 시간의 관계를 살펴보아야 할 것이다. 그래야만 우리는 시간을 우리의 적(敵)이 아니라 협조자로 만드는 데 도움을 줄 통찰을 얻을 수가 있다.

### 객관적 시간과 주관적 시간

인간의 특별한 성질 가운데 하나는 그가 다만 현재에 사는 것이 아니라, 자신의 앞을 바라볼 미래와 지난날을 되돌아보는 과거란 것을 상상할 수 있는 존재라는 것이다.

다음 주 또는 다음 달에 전투를 계획하는 장군은 적이 이쪽으로 공격해오는 포는 언제 열 것인가 하는 것을 예상한다. 그래서 그는 며칠 또는 몇 주 전부터 가능한 전투의 생활을 예상하면서 작전을 짠다.

또한 하원 의장은 중대 연설을 하려고 할 적에 지난날의 경험을 살려서 연설을 짜나간다. 그는 청중이 어떻게 반응했던가, 어떤 연설이 성공적이고 어떤 것이 실패했던가, 어떤 태도가 가장 효과적이었던가 하는 것을 회상한다. 상상 속에서 자신의 행동을 더듬어

보면서 그는 과거의 경험을 토대로 현실에 어떻게 적응할 것인가를 배우게 된다.

이처럼 과거와 미래를 왔다 갔다 할 수 있는 힘은 인간의 자기의식이다. 식물과 동물은 양적인 시간 속에 산다. 한 시간, 한 주일, 일 년이 지나가면 나무 둥치는 또 하나의 나이테를 그린다. 그러나 인간에게는 시간이 그렇게 되는 것이 아니다. 인간은 시간을 넘어서는 포유동물이다. 알프레드 콜지프스키는 그의 저서를 마무리하면서 인간이 다른 생물과 다른 점은 시간을 묶는 능력에 있다고 주장했다. "그 말은 인간의 과거의 노동과 경험을 현재의 발전을 위한 지적(知的)·정신적인 경험으로 삼을 수 있다는 뜻이다…… 즉 이는 물려받은 지혜를 토대로 삶을 영위해 나갈 능력을 의미한다. 이를테면 인간은 과거의 계승자요, 미래를 위한 보증자이다."

심리학적·정신적으로 보면 인간은 시계에 의해서만 살지는 않는다. 인간의 시간은 오히려 어떤 사건의 중요성에 따라 달라진다. 예컨대 한 청년은 그가 언제나 그런 것처럼 직장에 가기 위해 지하철에서 한 시간 소비를 하고, 별로 흥미도 없는 일을 가지고 여덟 시간을 보내고, 최근 사랑에 빠지고 혹시 결혼하게 될지도 모르는 여인과 10분 동안 잡담을 나누고, 그 후 두 시간을 야간 성인교육 교실에 참석한다. 그는 지하철에서의 두 시간을 별로 기억하지 못한다. 그것이 청년에게는 별로 중요하지 않은 시간이었기 때문에 눈을 감고 잠을 자려고 했으므로, 출퇴근 과정이 끝날 때까지 공중에 뜬 시간이 되고 말았다. 직장에서 근무한 여덟 시간도 그에게는 별로 의미가 없다. 야간 성인교육 교실의 일은 기억에 떠올랐다. 일 끝난 후 여자 친구와 나눈 10분 동안의 대화는 그에게 더욱 중요했다. 그는 밤에 네 가지 꿈을 꾸었는데, 하나는 성인교육 교실에 관한 꿈이고 세 가지는 그 여자 친구에 관한 꿈이었다. 즉 그녀와의 단 10분 동안이 그 외의 스무 시간보다 더 많은 시간을 차지한 셈이 되었다. 심리학적 시간이란 이처럼 단지 흘러만 가는 것이 아니고 인간의 경험에 의미를 부여한다. 즉 인간의 희망, 불안, 성장에 대한 어떤 계기의 뜻을 지닌다.

또 다른 예로서 서른 살 되는 사람의 소년기를 살펴보자. 다섯 살일 때 몇천 가지 일들이 그에게 일어났다. 그러나 서른이 되자, 어린 시절의 경험 중 서너 가지밖에는 그의 기억에 남지 않았다. 친구에게 놀러갔는데 친구는 이미 나이 많은 녀석과 달아난 일, 어느 날 술에 만취되어 들어온 아버지가 엄마를 때린 일, 사랑하는 개를 잃어버린 오후의 일 등. 그러나 묘한 것은 25년 전에 일어난 몇 가지 일을 기억하면서 어제 일어났던 일들의 99퍼센트는 잊어버리고 있다는 사실이다.

기억이란 다만 지나간 일을 그대로 우리 마음속에 수록한 것은 아니다. 그것은 인간의 가장 깊은 곳에 있는 희망과 공포에 대해 의미 있는 일들을 보관하는 곳이다. 그렇게 보면 인간의 기억이란 시간에 대해서 융통성 있고 창조적으로 관계를 맺는다는 증거가 된다. 즉 시계가 문제가 아니라 인간의 경험에 대한 질적인 의미가 문제이다.

그렇다고 해서 양적인 시간은 소홀히 해도 좋다는 뜻은 아니다. 우리가 양적인 시간만으로 살고 있지는 않다는 사실을 지적했을 뿐이다. 인간은 언제나 자연 세계의 한 부분에 불과하다. 즉 모든 점에서 자연 속에 포함되어 있다. 그래서 우리가 무엇을 생각하든 인생은 칠팔십 살 이상 살기가 매우 힘들다. 우리는 늙게 되고 너무 열심히 일하면 지치기도 하며 시계와 달력의 현실성을 외면할 수도 없다. 인간은 모든 생물과 같이 죽지 않을 수 없다. 그러나 인간만이 자신의 죽음을 통찰하고 예견한다. 시간에 대한 통찰이 있어서 우리는 그것을 어떤 방면으로 이용할 수 있다.

한 인간이 자기의식적으로 삶의 방향을 틀 수 있다면 그는 시간을 건설적인 이익을 위해 쓸 수 있다. 그러나 만일 그가 남의 추종자가 되어 자유가 없이 살며, 개성을 확립하지 못하며, 자신의 자유로운 선택 대신 외적인 강박에 지배된다면 그는 양적인 시간을 보낸다고 할 수 있다. 그는 시계의 노예이다. 그는 일주일 동안 짜여진 수업을 하고 따라서 일이 시작되는 월요일에는 기분이 나쁘고 일이 끝나는 금요일에는 기분이 좋을 것이다. 그는 일한 만큼 보수를 받는다. 즉 그는 교도소에 갇힌 사람처럼 정확하게 짜인 시간의 노예가 된다. 자기 삶의 방향에 생명성이 없는 그는, 시간의 노예가 된다. 생명성이 있으면 있을수록 그는 질적(質的)인 시간을 사는 것이 된다.

오늘날 '시간이 지나가버리고 있다'는 식의 불안감이 드는 데는 곧 원자폭탄 전쟁이 일어날 것이라는 위협보다는 더 깊은 원인이 있는 듯하다. 어떤 시대에도 시간이 지나간다는 것은 인간을 위협하는 힘이었다. 개는 시간이 몇 개월, 몇 년 지나갔다고 걱정하지 않는다. 그러나 많은 사람들은 시간이 짧다는 생각에 사로잡혀 있다. "시간이 화살 같도다"라는 말을 하면서 그들은 한숨짓는다. 시간에 대해서 인간이 놀라는 것을 보여주는 가장 좋은 예는 늙는 데 대한 사람들의 생각이다. 그러나 그러한 공포는 그들이 과연 참답게 살고 있는가, 성숙의 방향으로 가는가, 혹은 최종적인 부패나 소멸의 방향으로 가지는 않는가 하는 것을 의식하기 때문에 오는 현상이다. 한때 C. 융은 인간이 진정한 삶을 살지 못한다면 그는 늙는 것을 두려워하는 것이라고 했는데, 정말 옳은 말이다. 따라서 늙는다는 불안에 대처하기 위해서 가장 좋은 방법은 순간순간을 충분하게 사는 것이다.

그러나 더 심각한 일은, 사람들이 혼자 있는 것을 두려워하는 것인데, 혼자 있는 순간에는 공허감을 느끼게 되어 견딜 수 없기 때문이다. 이런 현상은 일상생활에서 보면 하나의 권태로서 나타난다. "인간은 권태를 느낄 줄 아는 유일한 존재"라고 에리히 프롬은 말했는데, 이 짧은 말 속에 깊은 함축성이 있다. 권태는 사람으로 존재하는 과업에서 오는 '직업적인 병'이다. 만일 인간이 단지 가을이 가고 겨울이 오고, 시간이 지나갈 뿐 아무 일도 일어나지 않는다 하는 식으로만 시간의 흐름을 의식한다면 그는 이런 따위의 민감성을 탈감각(脫感覺)시켜야 한다. 그렇지 않으면 견딜 수 없이 괴로운 권태나 공허에 빠지게 될 것이다. 우리가 권태를 느끼면 곧 잠이 오게 된다는 것은 매우 흥미로운 일이다. 즉 될 수 있는 대로 우리 의식을 도려내어 거의 소멸 상태에 빠지고 마는 것과 같다. 모든 인간은 어느 정도 권태감을 느낀다. 매일 하는 일을 되풀이할 적에도 권태롭기는 하다. 그러나 그 일이 자신이 자유로이 선택한 일이 아니거나, 자신이 더 높은 목표로 가는 데 도움이 되지 않는다면, 그 권태는 절정에 달하고 견디기가 어렵게 된다.

 일상적인 정도가 아니고 심한 공허감을 예상하는 경우가 있는데, 가령 데이트도 않고 규칙적인 계획도 없이 아무 일도 하지 않고 그냥 지낸다고 생각하면, 아마도 그는 미칠 지경에 이를 것이다. 가령 맥베스의 경우처럼 어떤 죄악감과 불안이 특별히 떠오르거나, 아니면 모든 현대인의 경우처럼 내적인 공허감이 지배하기 때문에 삶의 의미를 잃는다면 큰일이다. 그렇게 되면 다음의 시와 같은 결과가 되고 만다.

 내일, 내일, 그리고 내일
 나날이 작은 걸음으로 기어가도다.
 기록되는 마지막 날을 향해서,
 그리고!
 모든 어제들은 어리석었고
 먼지에 덮인 죽음의 길이었도다.

 여기서 말한 바 있지만 인간의 주요한 바람은 셰익스피어가 이

4. 시간의 초월자로서의 인간 **283**

미 말했듯이 자신을 마취시키고 의식을 도려내는 바와 같다. 이와 같은 노력을 하면 마침내 중독이 되고 약물 중독증에 빠지며 다만 "세월아 가거라!" 하는 식이 되고 만다. 가령 프랑스어나 그리스어에서 보면 휴가를 간다는 말을 "나는 시간을 이렇게 저렇게 써버렸다(spend)"라고 표현한다. 미국에서도 비슷한 양적(量的)인 용어를 쓰는데, "나는 이렇고 저런 시간을 썼다(spend)……"고 한다. 즉 자신도 모르게 지나가버린 시간일 경우에는 이들은 모두 시간이 간 것이 두렵기 때문에 기왕이면 '좋은 시간'을 보냈다고 믿고자 하는 것이다. 따라서 '좋은 시간'이란 말은 삶의 권태를 쫓아버린 시간을 의미하게 된다.

인간이 시간을 의식하는 능력을 잘 사용하지 못하고 신경증적이고 비건설적으로 시간을 보내면, 삶을 의미 없이 연장하는 결과를 낳는다. 인간은 나무나 동물과 달라서 현재 밖으로 뛰어나갈 수 있고 과거와 미래의 시간 개념을 도피 목적으로 쓸 수가 있기 때문이다. 현실 도피를 위해 미래를 정해놓고 그것을 향해 사는 경우가 있는데, 이들은 미래 속에서만 살면 하늘이 도와서 잘되게 할 것이고, 현실의 잘못이 저절로 시정되면 가부간 상벌(賞罰)의 결론이 내려진다는 퇴폐적인 믿음을 갖는다. 가령 제정(帝政) 러시아 시대와 같은 때는 보수적 경향이 짙은 종교가 지배했는데, 이 종교는 사회적·경제적 부정의(不正義)에 대한 인민의 관심을 미래에 대한 약속으로 얼버무리는 역할을 했다고 마르크스주의자들은 주장했다. 따라서 마르크스주의자들의 말을 빌리면 종교는 아편이요, 시민의 비판적 민감성을 둔화시키는 중독약이다.

일상생활에서 보면 많은 사람들이 어떤 현실적 문제에 당면하면 "내가 결혼만 하면 좋아지겠지", "대학만 나오면 만사 해결될 거야", "새로운 직업을 잡기만 하면……" 하고 생각한다. 정말이지 어떤 불행감이나 목적 없이 방황하는 기분을 느낄 적에는 현실에서 미래로 도피하여 "나는 미래에 어떤 즐거운 일을 할 수 있을까?" 하고 생각하는데 이렇게 해서 앞날에 대한 '희망'이 현실을 죽이는 결과를 낳고 만다. 그러나 희망이 이런 식으로 '아편'과 같은 것으로 쓰여서는 안 된다. 어떤 종교적 성취나 행복한 결혼이나 자기 직업상의 완성 따위와 같이 창조적이고 건강한 의미의 희망은 어떤 힘을 북돋워주어야 하며, 그런 미래의 희망 아래 현실을 더욱 생동적으로 지낼 수 있어야 하고 또 그럴 수 있게 된다.

지난날을 생각한다는 것은 미래에 대한 생각과 유사한 도피적인 기능을 나타낸다. 현실에서 어떤 어려운 문제가 나타나면 "그때는 정말 좋았는데……" 하면서 옛날을 회상하게 된다. 모든 문화에는 과거나 미래의 신화 속에서 기쁨을 찾으려는 경향이 있는데, 가령 에덴 동산이나 걱정 없는 어린 시절의 행복한 상태를 그리워하거나 영원하고 자동적인 발전을 기약하는 일이나 지상의 낙원을 꿈꾼다.

보통 무지한 사람들이 미래에 대한 꿈을 통해서 도피를 하듯이, 지식인들은 과거를 향해서 도피하는 경향이 짙다. 정신치료적인 견지에서 보면 미래를 향해서 희망을 걸고 막연히 하늘이 돌보아주리라 생각하는 태도는 그렇게 바람직하지 않다. 오히려 지나간 일을 중히 여기고 회고하며 말하는 것이 바람직스럽다. 한 인간의 근본적인 문제는 어린 시절의 경험들에 뿌리를 박고 있는 게 아니던가. 이와 같은 사실은 깔끔한 합리화를 위해서 쓰일 수도 있다. 어떤 남성이 아내와 싸운 후에 치료를 받으러 올 경우 그는 화제를 옛 시절로 돌리고 어릴 적에 그의 어머니가 어떻게 대했다느니, 처음 여자 친구를 사귈 때 어떠했다느니 하는 말을 한다. 이 남성으로서는 과거지사를 말하는 것이 현재 아내와의 잘못된 관계의 원인이 어디 있는지를 말하는 것보다 훨씬 쉽기 때문이다. 물론 이 경우 정신치료자는 환자가 현실의 고통을 면하기 위해서 과거로 도피하려는 행위를 용납하지 않는다. 왜냐하면 그런 도피가 결코 환자에게는 바람직스러운 심리적 변화를 주지 못하기 때문이다.

그렇다면 시간을 건설적으로 초월하는 방법이 무엇인가를 살펴볼 때가 되었다. 흔히들 "우리가 시간을 도피하기 위해서 멍하니 자신을 잃어버린 채 지내는 것보다는 현실의 순간마다 즐겁고 생동감 있는 삶을 살게 되면 시간이 지나가는 줄도 모른다"는 말들을 한다. 이것은 사실이다. 가령 멍하니 자신을 잃어버리고 지내는 경우는 시간이 소걸음으로 가서 괴로울 지경이다. 반면 즐겁게만 지내면 마치 일주일이 한 시간처럼 빠르게 지나가고 언제 시간이 흘러갔는지조차 알 수 없게 된다.

시간을 초월하고 분투하는 모습은 괴테의 훌륭한 작품 《파우스트》에서 볼 수 있다. 파우스트는 권태롭고, 불만에 빠져 있고, 무위

도식하면서 자신의 행동에 만족할 수 없으며, 어떤 삶의 바람을 찾을 수 없기 때문에 악마인 메피스토펠레스와 계약을 맺었다. 악마는 게으른 자에게 일을 준다는 말이 전해내려오는데, 괴테는 이를 시적으로 표현했다.

> 우리에게 좋은 일은 끝없이 창조하는 것……
> 한 번도 그것이 존재하지 않았던 것처럼,
> 그러면서도 원을 그리며 돌아가고 있도다.
> 나는, 그러나, 영구히 공허의 세계를 택하겠노라.

여기서 메피스토펠레스의 왕국이 얼마나 단조롭고 권태로운 세계인가 하는 것이 역력히 표현된다.

이야기가 진행됨에 따라 파우스트는 그가 원하는 모든 것을 얻는데, 그의 애인 마르가레테와 그 다음 애인 트로이의 헬레네를 맞이하게 되고, 지식과 힘을 얻으며 마침내 총독과 황제에까지 오른다. 그 후 나이가 들자 그는 둑을 쌓아서 괴어 있는 웅덩이에 바닷물을 넣고 푸른 밭을 이룩한다. 그 땅에 사는 그의 백성들은 밭을 갈고 곡식을 기르며 그 풍요로운 땅에서 짐승들도 살지게 길렀다. 파우스트의 자연 개발에 대한 결과를 백성들이 환희로써 맞이함을 보자, 파우스트는 전에는 맛보지 못한 느낌, 즉 영원한 순간의 기쁨을 느낀다.

### 수용된 순간들

시간을 건설적으로 다루는 데 있어 첫째로 필요한 일은 현재의 순간인 현실을 사는 법을 배우는 것이다. 과거와 미래는 현재의 한 부분으로서 의미가 있을 뿐이다. 과거지사란 우리가 현실의 순간에 그것을 생각하기 때문에 존재한다. 또는 과거가 영향을 주는 것은 우리가 여러 가지로 다른 상태인 현실 속에 존재하고 있기 때문이다. 미래가 문제가 되는 것은 그것을 현실에서 머릿속에 생각하기 때문이다. 과거는 한때 현실이었고 미래는 닥쳐올 어떤 순간에는 현실이 된다. 우리가 과거의 '그 당시'나 미래의 '그날이 오면' 속에 살게 되면 자아는 항시 현실에서 분리되는 결과가 된다. 왜냐하면 아무리 그런 생각을 해도 사람은 실제로는 현실에 존재하기 때문이다. 과거는 현재에 불빛을 던져줄 때 의미가 있고 미래는 현실을 더욱 풍요롭고 심오하게 해줄 때 의미가 있다.

사람들이 자신을 직접적으로 들여다볼 때, 그가 알게 되는 자아의 전부란 어떤 현실의 순간순간마다 느껴지는 의식의 부분에 지나지 않는다. 그 의식의 순간은 가장 현실적인 것이고, 그곳에서 도망칠 수 없다.

오토 랭크 박사는 과거와 미래는 심리적 현실 속에 존재한다는 사실을 가장 설득력 있게 지적했다. 1920년대에 전통적 정신분석학은 현실과는 동떨어진 환자의 과거만 가지고 물고 늘어졌는데, 그것은 마치 고고학자들의 탐구와 같이 어떤 사람도 변화시킬 수 있는 힘을 잃고 있었다. 랭크는 정신치료의 초점을 과거에서 현재로 가져오게 했던 것인데, 과거 특히 어릴 적 부모와의 관계가 중요하기는 하지만, 이들의 경험이 현재에 어떤 영향을 미치는가가 더욱 중요한 의미를 가진다. 환자의 어린 시절 부모와의 관계는 치료하는 의사나 아내, 직장 상사와의 관계를 통해서 되풀이되며, 프로이트는 이를 전이 현상이라 불렀다. 어떤 환자는 치료 중에 그러한 과거의 경험과 관계를 말할 필요가 없다. 이야기로 하는 것보다는 행동이 더욱 강력한 표현이라 할 수 있는데, 환자들은 치료 중 진료실에서 노여움, 의존 욕구, 사랑, 그 밖의 무의식의 감정을 의사에게 나타냈다. 물론 환자는 왜 그런 행동을 하는지 알지 못한다. 그래서 치료에 있어서는 자신의 경험을 말로 하는 것보다는 '경험을 재현(再現)하기'가 언제나 더욱 효과가 있다.[1]

직접적으로 현재 속에 산다는 것은 그리 쉬운 일이 아니다. 왜냐하면 그렇게 하려면 언제나 '나'라는 경험이 있어서 자아에 대한 충분한 통찰이 뒷받침해야 하기 때문이다. 인간이 행동할 때 자기의식이 적으면 자유가 적고, 자동적으로 움직이는 사람은 직접적인 현재를 잘 알지 못한다. 자신의 권태를 피하기 위해서 아무 의미도 없는 일상적인 일에 열중하는 사람은 "나는 마치 정신 나간 사람처럼 또는 나 자신이 아닌 것처럼 일해왔어요"라고 말하곤 한

---

[1] 이때 환자가 자기 무의식의 본태, 정신역동적 관계, 상징적 의미 따위를 통찰하여 인격 재구성 작업을 하지 않으면 아무리 강력한 '경험하기'가 있어도 근사치가 되지 않음을 알아야 한다.

다. 이럴 경우 우리는 행동하고 일을 하면서도 몇백 마일이나 자기 자신과 동떨어진 것처럼 느끼고, 자신의 현재와 자기 자신 간에는 벽이 쌓여 있거나, 반쯤 졸거나, 꿈속에서 느끼는 것과 같은 상태에 있게 된다.

그러나 자신이 행농할 때 스스로 자신을 느끼고 자신이 스스로 지시를 하게 되면, 더욱 생동성이 있게 되고 현실의 순간에 더욱 반응적이 된다. 자기의식과 마찬가지로, 현재라는 속성을 경험하는 것도 계발할 수가 있다. 자기 자신에게 물음을 던져보는 것이 항상 도움이 된다. "바로 이 순간에 나는 어떻게 느끼는가", "나는 어디에 와 있는가", "이 주어진 순간에 나는 무엇을 느끼는가" 하고.

현실에서 순간순간마다 당면하는 일에는 흔히 불안이 따른다. 가장 근본적인 단계에서 볼 때 이 불안은 '벌거벗었다'는 일종의 막연한 심리적인 경험이다. 어쩔 도리가 없으면서, 후퇴하거나 숨어버릴 수도 없는 어떤 중요한 현실에 당면했을 때 느끼는 묘한 불안감이라 할 수 있다. 우리가 마음속으로 사랑하거나 존경하는 사람을 갑자기 뜻하지 않게 만날 적에 느끼는 당혹스러움이라고도 할 수 있다. 즉 무엇인가를 해야 하고 어떤 반응이라도 보여야 할 어떤 사람을 만나게 되는 데서 느끼는 감정일 것이다. 이와 같은 강렬한 경험은 현실의 순간과 직접적으로 당면할 때 오는데, 때로는 창조적 활동을 할 때에도 올 수 있으며, 창조적 불안이나 창조적 기쁨이라고도 표현할 수 있다.

현실과 당면할 적에 어찌하여 불안이 생기는가 하는 이유는 명백한데, 그것은 결단성과 책임성이 따르기 때문이다. 우리는 이미 지나가버린 과거에 대해서는 별도리가 없고 먼 장래의 일에 대해서도 당장 할 일은 없다. 따라서 이들 과거와 미래에 대한 꿈을 꾸는 것은 얼마나 즐거운 일인가! 삶을 영위하면서 닥치는 골치 아픈 생각에서 자유로워져 얼마나 해방감을 느끼겠는가. 아내와 싸운 남성은 그 일을 어머니에게 이야기하면서 위로받는다. 그러나 아내와 이야기하려고 들면, 당장 어떤 회답을 내려주어야 하니 얼마나 골치가 아플 것인가? "나는 왜 이렇게 사회생활을 못하는가?" 하는 것을 따지기보다는 "내가 결혼만 하면……" 하고 생각하는 것이 훨씬 쉬운 일이다. "왜 공부가 이다지도 재미없을까?" 또는 "내가 대학에 다니는 이유는 무엇일까?" 하고 묻기보다는 "대학을 졸업하고 직장을 구한다면……" 하고 꿈을 꾸는 것이 훨씬 편한 상태임에 틀림없다.

　미래를 가치 있게 만들 수 있는 가장 효과적인 방식은 이미 언급했듯이 용기 있고 건설적으로 현재와 직면하는 일이다. 왜냐하면 미래는 현재에서 탄생하며 현재에 의해서 만들어지기 때문이다. 모든 창조적인 행동은 언제나 영원한 측면을 내포한다. 구태여 현실의 영향은 불멸(不滅)이라는 생각을 하지 않더라도, 인간의 의식 속에서 일어난 창조적인 활동의 중요한 특성은 그것이 양적으로 국한된 문제는 아니란 것이다. 우리가 그림의 가치를 따질 적에, 그림의 가치는 그 그림을 그리는 데 쓰인 기간이 얼마라든가 혹은 그 그림의 크기가 얼마라는 데 있는 것은 아니다. 하물며 우리의 행동을 평가함에 있어 그림을 평가하기보다 더 피상적으로 임해서야 되겠는가 말이다.

종교에서 말하는 '영원한 삶'이라는 생각도 바로 이와 같이 타락된 형태를 취하는 생각 때문에 나온다. '영원한 삶'이란 용어는 끝없는 시간을 나타낸다. 영원함이란 말은 마치 몇 년이 지나도 아무 끝이 없는 긴 세월을 산다는 말처럼 쓰인다. 이때 "당신은 영원한 삶을 어디에다 써버리겠습니까?" 하고 묻는다면 좀 이상한 질문이 남게 된다. 그러나 우리가 영생(永生)을 가정할 때 그것을 반, 또는 3분의 1쯤 써버릴 수가 있겠는가? 이와 같은 영생의 개념은 심리학적으로 볼 때 맞지 아니하고 권태로울뿐더러 논리학적으로 모순을 나타내고 신학적으로 볼 때도 불건전한 것이다.

영원(eternity)은 시간의 양적인 개념이 아니다. 영원은 시간을 초월하는 개념이다. 즉 시간에 대한 어떤 질적인 의미를 가진다. '영원'이라는 신학적인 개념은 내일 뒤에 모레가 오고 그 후 한없이 많은 세월이 가서 영원을 이룬다는 뜻으로 해석되어서는 안 된다. 영원이란 삶에 대한 관계를 맺는 방식이라고 이해해야 할 것이다. 가령 음악을 듣는 일이나 사랑이나 그 외 인간의 내적인 통합성에서 일어나는 어떤 일도 양적 개념으로 이해되는 것이 아님을 알아야 한다.

예수는 "천국이 너희 마음속에 있도다" 하시지 않았던가. 다시 말하면, 영원에의 경험은 주어진 순간순간 어떻게 관계 맺는가에 좌우된다. 괴테는 파우스트의 입을 빌려 "고귀한 심연과 같은 전

단계의 느낌이여"라고 말했다. 영원이란 존재성의 질적 표현으로서 현재의 순간 속에 들어오는 것이다.

'영원'이란 용어를 유치하게 해석했기 때문에 많은 지식인들이 이 말을 쓰기를 피해온 것이 사실이다. 그것은 매우 유감스런 일이었다. 우리는 이 단어를 회피함으로써 인간 경험의 중요한 측면을 보지 못하고 지나는 결과가 되었고, 심리학적으로나 철학적인 인생관을 좁히는 결과를 가져왔다. "시간의 문제는 아마도 철학의 가장 중요한 과제가 될 것이다"라고 베르댜예프는 말한다. 그는 계속해서 "시간에 있어서의 순간이란…… 영원과 통하는 가치가 있는 것으로, 바로 이 시간의 문제는 모든 문제의 시발이 된다"라고 말한다.

그러므로 현재라는 것은 시계가 가리키는 어느 점에서 어느 점까지로 한정된 것은 아니다. 이것은 언제나 '수용'되어 있고 언제나 열릴 준비가 되어 있으며 새로운 삶을 탄생시킬 준비가 되어 있는 것이다. 우리가 다만 자신의 마음속을 깊숙이 들여다보고, 떠오르는 여러 가지 사념(思念)들을 따라가며, 인간의 의식 세계를 성찰해갈 때 번쩍하는 깨달음의 불빛이 빛나고, 이 불빛은 사방을 밝혀줄 것이다. 가령 꿈은 순간에 번뜩하고 지나가는 현상이지만 이 꿈을 꾼 사람이 그것을 설명하려면 오랜 시간이 걸리지 않던가! 이 꿈은 순식간에 지나가지만, 이것을 가지고 정신분석하는 의사는 낱낱이 관련되는 일들을 상기시키고, 그것이 말해주는 진정한 의미를 찾게 하여, 실생활에 숨은 가능성의 세계를 밝혀준다. 그래서

'순간'은 철학적인 용어를 빌린다면, 유한성(finiteness)을 지닌 것으로, 성숙된 인간은 이것을 결코 잊지 않는다. 유한성을 가지고 있는 이 '순간'은 언제나 새로운 가능성을 내포한다. 인간에게 시간은 막혀 있는 집 안의 복도가 아니고 계속적으로 개방되어 있는 길이다.

### 영원으로 향하는 진리

시간을 양적인 것으로 느끼게 하는 인간의 경험에는 여러 가지가 있다. 그러나 그중에서도 가장 중요한 역할을 하는 것이 바로 '죽는다'는 생각이다. 현대의 어떤 영국 작가는 전통적인 방법으로 작품을 쓰려고 몇 년 동안 노력했다. 그는 범용한 수준에서 "나는 정말 내가 원하는 바를 쓰기보다는 작품을 쓰는 어떤 공식을 쓸 수가 있다고 믿었다"라는 말을 했는데, 그것을 쓰는 동안 전쟁이 일어났다. 그가 계속 말하기를, "나는 내가 왜 나의 저서를 발간하지 않았는가를 깨닫게 되었다…… 내가 만일 다음 날 사망할지 모른다고 생각한다면 나는 내가 원하는 바를 쓰기로 결심하게 되는 것이다."

그는 자신이 원하는 바를 썼고 실제로 성공을 거두었는데, 다른 사람들은 이러한 전통적인 성공을 도덕적인 것으로 설명할 것이다. "만약 당신이 성공하기를 원한다면 당신의 마음이 내키는 대로 써야 합니다." 그러나 이것은, 도덕은 물론 핵심을 잃은 이야기가 된다. 이 작가가 애당초 시도했던 바와 같은 외부적인 표준과 장래의 목적을 위해서만 글을 썼다면, 그는 작가로서의 능력과 힘을 충분히 발휘하지 못했을 것이다. 그래서 그는 죽음에 당면해서야 비로소 이와 같은 외부적 표준에 의한 글쓰기를 포기했던 것이다. 만일 사람이 내일 죽는다고 가정한다면 그는 외부적 표준이나 삶의 공식인 도리(道理) 따위에서 빠져나오려고 할 것이 아닌가? 순전히 기존 도덕이나 남의 비위 따위를 맞추고자 글을 쓴다면 그는 필경 보상을 받게 될 것이다. 따라서 자신의 통합성에서 우러나오는 자기 자신의 소리를 할 수 있다는 것이 얼마나 중요한 일이겠는가?

죽음의 가능성 때문에, 인간은 구질구질한 생활만을 할 수는 없다. 왜냐하면 우리는 죽음을 회피할 수 없고 끝없이 오랫동안 이 지구상에 머물 수도 없기 때문이다. 죽음이 있다는 문제는 우리가 현재를 진지하게 살지 않을 수 없도록 해준다. 터키 격언에, 삶을 연장시키는 것이 좋다는 것을 합리화해주는 말이 있다. "내일은 또 한 축복받는 날이다." 그러나 이 말은 아무런 기쁨도 주지 못하고 구실도 되어주지 못할 것이다. 우리가 영구히 기다릴 수만은 없기 때문이다. 우리는 삶의 순간에 죽지는 않는다 하더라도 언젠가는 죽음에 임할 것이다. 그렇다면 어찌하여 순간순간의 기쁨을 선택할 수 없단 말인가. 구약성서의 이른바 번역가로 알려진 에클레시아스테스는 이 점에 있어서 매우 타당한 소리를 한다. 현자(賢者)는 훗날의 보상이나 처벌을 위해 기다릴 수 없다는 사실을 지적한다. "너희 손으로 할 수 있는 일을 보면, 너희 힘으로 그것을 행하여라. 왜냐하면 무덤에 가면 일도 물질도 지식도 지혜도 아무런 소용이 없느니라."

스피노자는 인간이 "영원의 형태 아래" 행동해야 한다는 말을 자주 썼다. 그가 말하기를, "나는 영원이란 그 자체가 존재하려는 것으로 이해한다…… 왜냐하면 영원한 진리와 같이 사물의 실존 문제는 시간의 길이로 설명될 수 없기 때문이다……." 그는 이렇게 말하면서 어떤 사물의 실존은 그 본질에 따라 달라진다고 주장했던 것인데, 이 말은 얼핏 보면 난해하게 들릴지 모른다. 이 말을 인간 개체에 응용해보면, 한 인간은 자신의 본질적 중심에서 우러나는 행동을 할 수 있을 때 "영원의 형태 아래" 행동한다고 할 수 있다. 앞에서 든 영국 작가의 예에서 보면, 그가 글을 쓰기로 결정한 이유는 매주 달라지는 어떤 변덕 때문이 아니다. 그는 오히려 자신에게 개성을 부여하는 특성과 내적이고 고유한 원래의 성품 때문에 펜을 들게 되었다. 우리가 말하는 "영원한 순간"이란 용어는 반드시 격렬한 삶을 가져야 한다는 뜻은 아니다. 물론 자기 통찰과 한 개인의 실존성은 한 인간의 경험에 어느 정도의 격렬성을 부가한다. "영원한 순간"이란 말은 또한 우리가 어떤 절대적인 독단이나 종교나 도덕적 규제 속에 살아야 한다는 뜻으로 쓴 것은 아니다. 오히려 이 말은 인간이 자유와 책임을 가지고 스스로 결심을 해야 함을 말한다. 이러한 결심은 또한 자기 통찰이 가능할 때 특히 자기가 고유한 존재로서의 주체임을 깨달았을 때 내릴 수 있다.

**시대의 초월자**

이 장에서 살펴본 우리의 과제는 결론에 도달하고 있다. 즉 우리 인간이 어느 시대에 사는가 하는 질문은 별 의미가 없다.

중요한 문제는 우선 인간이 자기 자신이 사는 시대에 대해서 통찰을 가져야 한다는 것이다. 이런 통찰을 바탕으로 해서, 인간은 자신의 내적인 자유를 체득해야 하고, 자신의 인격적 통일성에 입각한 삶을 영위하는 방법을 배워야 한다. 우리가 르네상스 시대에 살든, 13세기 프랑스나 몰락기 로마 시대에 살든, 인간은 모든 점에서 시대의 한 중요한 부분이다. 즉 전쟁, 경제적 갈등, 불안, 목표 달성 등의 주체는 바로 인간이 아닌가. 그러나 "잘 통합된 사회(well-integrated society)"라 할지라도, 그 사회가 곧 인간으로 하여금 자기의식을 이룩하고 책임 있는 자신의 결단을 할 수 있도록 도와주는 것은 아니다. 이와 반대로 어떠한 위협적인 세계적 상황이 전개된다 하더라도, 인간이 스스로 최종적 결단을 내리고 자신의 운명을 선택할 기회마저 빼앗는다고 할 수가 없다. 우리는 그리스나 르네상스 시대와 같은 이른바 "황금 시대"를 부러워할지도 모르며 표면적으로는 그런 시대에 적응하기가 쉬울지 모른다. 그러나 우리는 환상 속에서 그런 시대에 대한 관계를 잘못 이해한 것이 분명하다. 그런 시대라 할지라도 인간이 자기 발견과 자기 선택을 하기가 결코 쉽지는 않았다는 것을 알아야 할 것이다. 현대에 와서는 매사를 자신이 결정해야 하고, 역사의 어느 시대보다도 "어머니의 품 안에서 쉴 수가" 없게 된 것이 사실이다. 그렇게 본다면 현대가 오히려 자기 발견의 과제가 주어진 시대라 할 수 있지 않겠는가? 표면상으로 보면 어떤 시대는 살기가 편한 것처럼 보일 수 있다. 그러나 조금 더 심층에서 살펴보면 인간은 언제나 자기의식을 이룩해야 하고, 그렇게 하기 위해서는 자신이 사는 특정한 시대를 초월하지 않으면 안 된다.

이와 같은 논조로서 우리는 인간의 나이(chronological age)에 대해서도 같은 말을 할 수 있다. 중요한 사실은 한 사람이 스무 살이나 마흔 살이 되었다는 식의 나이에 있는 게 아니다. 오히려 주어진 발달 단계에서 충분한 자기의식에 입각한 선택을 할 수 있는 능력이 있느냐가 중요하다. 이런 이유 때문에 건강하게 자란 여덟 살 되는 아이가 신경증에 걸린 어른보다 나을 수 있다. 어린아이는 나이로 보아 성숙했다고 할 수 없고 어른처럼 일을 하거나 자신을 돌볼 수도 없다. 그러나 자신의 나이에 알맞게 사리분별을 할 줄 안다면 그런 어린이는 성숙한 상태에 있다고 할 수 있다. 스무 살 된 사람이 "나는 서른다섯 살부터 참다운 삶을 시작하겠다"고 말한다면 분명 그릇된 생각이다. 이와 반대로 마흔이나 쉰 살 된 사람이 "나는 이미 젊음을 잃었기 때문에 삶다운 삶을 살 수 없단 말이야" 하고 한탄한다면 그 또한 무엇인가 잘못되어 있다. 흥미롭게도 자세히 관찰해보면 이들 양자는, 삶을 제대로 충실하게 산다고 할 수 없다.

시간을 초월한다는 예를 우리는 오레스테스의 드라마에서 볼 수 있다.

우리가 제2부 2장에서 본 바와 같이 오레스테스는 "자기 자신을 오직 타인의 눈을 통해서만 볼 수 있는" 성질이 있었는데, 그는 얼마간 이런 상태를 초월할 수 있었고, 어느 정도 객관적으로 진실을 볼 수 있었으며, 외부적으로 사랑을 줄 수도 있었다. 이 모든 것은 스피노자가 말하는 "영원의 형태 속에" 사는 방식이다. 이 예화(例話)는 인간에게 주어진 순간의 상황을 초월할 수 있는 능력이 있음을 보여준다. 즉 미케네를 초월하는 것이 되고, 오레스테스가 상징적으로 표현한 바와 같이 "도시의 경계선에서 걸어 나와서 인간성을 향해서" 발을 내디딜 수 있다.

인간의 숙제와 가능성은 그의 본래적 상황에서 빠져나오는 것인데, 초기에는 아무 생각도 없고 단지 태아로서 모체의 일부에 지나지 않았던 상태에서 출발한다. 어머니 자궁에서부터 그는 첫 단계인 근친상간적 영향권에 머물다가, 더 나아가면 자기의식이 싹트고, 그 다음 성장, 투쟁, 선택, 낯선 세계에로의 전진, 자기의식 및 자유와 책임의 확대 단계로 나아가게 된다. 마지막으로 인간은 더 분화되는 높은 수준에 이르는데, 여기서 인간은 사랑과 창조적인 과업을 자유로이 선택할 수 있고, 점차 남들과 조화로운 자기형성을 할 수 있다. 이와 같은 인간 성장의 각 단계를 볼 때, 사람은 자동적으로 움직이는 시간의 노예가 아니고, 자신이 선택하며 의미를 가지고 삶을 영위해 나가는 시간의 초월자다. 그러므로 서른 살에 용기 있게 죽을 수 있는 사람은, 여든 살이 되어도 죽음이라는 운명적인 현실과 당면할 용기가 없어 안타까워하고 안절부절 못하는 사람보다는 훨씬 더 성숙되었다고 할 수 있다. 이 사람은 그의 생명을 포기하지 않으면 안 된다는 현실에 당면했을 적에는 용기 있게 그것을 맞을 수 있을 정도로 자유롭고 고도로 성숙되어 있다고 하겠다.

우리는 지금, 인생의 목표는 매 순간 자유와 성실함과 책임을 가지고 삶을 영위하는 것임을 말하고자 한다. 이렇게 살면 매 순간 자신의 본성(nature)과 발전적 과업을 완성할 수 있다는 결론이 나온다. 그리하여 우리는 자신의 본성을 완성하는 데서 오는 기쁨과 만족을 맛볼 수 있다. 젊은 대학 강사가 그의 책을 완성할 수 있느냐 없느냐 하는 것은 별개의 문제다. 문제가 되는 것은, 그가 글을 쓸 적에 '남들의 칭찬을 받기 위해서' 쓰는가, 아니면 그가 주어진 순간에 진정으로 자신이 진실이라 믿는 바를 쓰는가에 따라서 달라진다. 앞에서 예로 든 그 젊은 남편은 분명히 지난 5년 동안 그의 아내와 어떤 관계를 맺어왔던가를 알지 못했던 것이다.

그러나 역사의 어느 시기에 인간이 일주일이나 한 달을 완전히 성실하게 살았다고 할 수 있을까? 우리의 시간은 불확실하다는 사실을 알게 되었는데, 이것은 가장 중요한 교훈이 된다. 즉 인간의 가장 궁극적인 범주(ultimate criteria)는 우리가 주어진 순간마다 관계를 맺는 데 있어 정직하고 통합적이어야 하며 용기와 사랑이 있어야 한다는 것이다. 이러한 것들을 가지고 있지 못하다면 어쨌든 미래를 건설한다고는 할 수 없다. 그리고 이러한 것들을 갖추고 있다면 우리는 우리의 미래를 믿어도 좋을 것이다.

자유, 책임, 용기, 사랑, 그리고 내적인 통합성 등은 인간의 가장 이상적인 성질이 될 수 있으나, 모든 사람에게서 완전하게 실현되는 것은 결코 아니다. 이것들이야말로 인간이 인격적 통합성을 향해 나아갈 때 어떤 의미를 부여해주는 심리적 목표라고 할 수 있다. 소크라테스가 이상적인 삶의 방식이나 이상 사회에 대해 설명하고 있었을 적에, 글라우콘은 소크라테스를 반박하면서 "소크라테스 선생! 내가 보기에는 이 지구상에 신(神)의 도시란 없는 것이오"라고 말했다. 여기에 대해서 소크라테스는 "그런 도시가 하늘나라에 있었든, 아니면 앞으로 지구상에 존재하든 현자(賢者)는 그 도시의 표준에 따라 살아가게 될 것이오. 서로서로는 관계를 맺거나 서로 얽매이거나 하는 일 없이 차례로 자기 자신의 집을 짓게 될 것이오"라고 외쳤다.

## 옮긴이의 말

이 책은 실존분석(實存分析, Dasein Analyse)의 거장인 롤로 메이 박사의 《Man's Search for Himself》의 번역서다.

19세기 말엽에 S. 프로이트가 창시한 정신분석학(Psychoanalysis)은 정신병이나 노이로제의 치료에 가장 근본적인 방법을 제시해주었다. 그 후에 정신분석학이 그의 제자들인 C. G. 융 박사, 알프레드 아들러 박사를 위시해서 소위 문화학파(文化學派)라 불린 H. S. 설리번(Henry S. Sullivan), K. 호나이(Karen Horney), E. 프롬(Erich Fromm), F. 프롬 라이히만(Frieda Fromm Reichman) 등에 의해서 여러 가지로 수정을 당한 것도 사실이지만, 아직도 가장 중요한 정신요법의 근간을 이루고 있다.

정신분석학은 비단 치료의학으로서뿐만 아니라, 인간의 심층심리(深層心理, Depth Psychology)인 무의식 세계를 탐구함으로써 지금까지 베일에 싸였던 인간의 정신을 환하게 밝혀주었고, 이로 말미암아 19세기 말엽에서 20세기에 이르기까지 인간 세상의 모든 영역인 정치, 경제, 사회, 예술, 종교, 철학, 인류학, 법학 등에 근본적인 영향을 미쳤다는 데 재언의 여지가 없다.

그러나 일부에서는 정신분석학이 인간을 지나치게 메커니즘적으로만 취급했고, 인간을 마치 본능의 노예인 것처럼 보았으며, 모든 인간 행위를 리비도(libido)에 갖다 붙여 해석하기 때문에, 그야말로 화학물질을 분석하듯이 인간도 몇 가지 요인으로 환원시켜버림으로써 생(生)의 존엄성, 고도의 윤리의식, 인생의 의미 따위를 등한히 해버렸다는 비난을 하기 시작했다.

전통적인 정신분석에 인간적인 측면을 보완해야 한다고 주장한 것이 바로 2차대전을 전후해 유럽 각지에서 생긴 이른바 실존분석학파(Dasein Analyst)이다.

이 책의 저자인 롤로 메이를 위시해서 M. 보스(Medard Boss), E. 민콘스키(Eugene Minkonski), V. E. 프랭클(Viktor E. Frankl) 등 유럽 각 지역에서 나타난 이들 실존분석 학자들은 인간을 지나치게 분석만 하는 정신분석에 반기를 들었다.

이들은, 인간은 프로이트식으로 분석만 해서는 이해되지 않으며, 또한 정신분석에서 하는 것처럼 지나치게 환자의 과거 경험(특히 오이디푸스 콤플렉스)을 분석하여 의미를 찾는다는 것은 어리석기까지 한 일이라고 보았다. 따라서 실존분석학파는 인간의 과거보다는 살아 있는 현실, 즉 현재가 중요하고, 나아가 닥쳐올 미래에 어떻게 임하는가가 문제라고 했다.

실존분석학은 정신요법의 기술 문제에서는 획기적인 공헌을 못했다 하더라도, 종래의 정신분석학이 미처 생각지 못했던 몇 가지 영역에서 분명히 커다란 공헌을 한 것이 사실이다.

이 책은 이미 서두에 지적한 실존분석의 거장 롤로 메이 박사가 심혈을 기울여 쓴 역작 가운데 하나다. 이 책의 제목이 암시하는 것처럼 저자는, 모든 현대인은 자기 자신을 상실한 채 메커니즘의 노예가 되었고, 따라서 방황하면서 살아간다고 말한다. 이러한 방황자로서의 현대인은 마침내 고독과 공허감에 압도되어 자신의 존재자로서의 의미를 상실하고 만다.

이 같은 존재 의미의 상실은 마침내 일상적인 상식에서는 이해되기 어려운 노이로제 상태에 빠지게 하는데, 저자는 현대 화가인 피카소, 문학가인 도스토예프스키, 광란하는 재즈 음악에서 이러한 현상이 잘 드러난다고 말한다.

이 책에서도 시도한 인간의 실존적 분석은 롤로 메이 자신의 임상적 경험에 바탕을 두고 있다. 그는 자신이 다룬 사례를 관찰하고 내면 세계에 참여한 인간의 문제에 대한 자신의 경험을 정리했으며, 풍부한 철학적 지식과 예술적 감각을 십분 동원하여 한 권의 책으로 엮어냈다.

그는 키르케고르를 위시해서 사르트르, 카뮈, 카프카 등 실존주의 학자 내지 문학가는 물론, 그리스 신화에 나오는 각종 인물도 유감없이 인용하면서 풍부한 지식을 보여준다.

그러나 이러한 방대한 인용과 예시는 단지 그의 지식의 표면에 그치지 않고 현대 정신의학을 위시한 인간학이 당면한 제 문제에 대한 의미 깊은 암시를 던지며, 인간의 삶의 방법과 방향에 대한 나름대로의 처방을 제시한다.

이 책에서는 종래의 정신분석학이 깊이 다루지 못한 부분인 인간의 창조적 양심의 문제, 죽음의 문제, 죽음을 전제로 한 삶의 문제, 시간과 그 초월의 문제, 그리고 저자가 명명(命名)한 소위 오레스테스 콤플렉스(Orestes Complex)란 용어가 내포하는 모자 관계(母子關係)의 문제 따위를 진지하고 깊이 있게 다룬다.

이 책은 저자 자신이 말하는 것처럼 불안을 안고 살아가는 현대인에게는 누구에게나 필요한 것으로 인정받으며, 특히 정신분석학도를 위시해서 카운슬링 교사 그리고 심리학, 철학, 종교학, 교회심리학, 사회학 등을 전공하는 사람에게는 필독서라 생각한다.

이 책을 번역함에 있어 옮긴이는 특히 정신분석의로서 임하는 자세나, 치료의 궁극적 목표, 인간성의 양태(樣態)에 대한 이해, 그리고 삶에서 선택의 용기가 얼마나 중요한가 하는 것 따위에 대한 새로운 식견을 적지 않게 갖게 되었음을 부언해둔다.

'백상창 신경정신과' 진료실에서

백 상 창

옮긴이 **백상창**

연세대학교 의과대학을 졸업하고 미국 베데스다 해군병원에서 수학했다.
국립정신병원 과장 및 서울가정법원(정신분석학) 조사관을 지냈으며
서울대학교 대학원에서 의학박사 학위를 취득했다.
한국정신분석정치학학회장, 세계정신분석정치학회 부회장,
건강사회를 위한 시민연합 총재를 역임했다.
현재 한국사회병리연구소장과 백상창 신경정신과 원장 및
연세대학교 의대 임상교수로 재직 중이다.
주요 저서로는 《민족의 한(恨)》, 《이 어둠에 빛이 있다면》,
《한국사회병리연구총서(1~12)》가 있고 번역서로 《성욕론》(S. 프로이트),
《정신과 이상의 분석》(H. A. 오버스트리트), 《석가, 마르크스 그리고 예수》(T. L. 링),
《프로이트 심리학》(C. S. 홀) 외 다수가 있다.

## 자아를 잃어버린 현대인

1판 1쇄 발행 1974년 7월 31일
2판 재쇄 발행 2023년 10월 30일

지은이 롤로 메이 | 옮긴이 백상창
펴낸곳 (주)문예출판사 | 펴낸이 전준배
출판등록 2004. 02. 12. 제 2013-000360호 (1966. 12. 2. 제 1-134호)
주소 04001 서울시 마포구 월드컵북로 21
전화 393-5681 | 팩스 393-5685
홈페이지 www.moonye.com | 블로그 blog.naver.com/imoonye
페이스북 www.facebook.com/moonyepublishing | 이메일 info@moonye.com

ISBN 978-89-310-0012-2 03180

◦ 잘못 만든 책은 구입하신 서점에서 바꿔드립니다.

문예출판사® 상표등록 제 40-0833187호, 제 41-0200044호